T0277676

MESSI 10 MIRADAS SOBRE EL 10

MESSI

10 MIRADAS SOBRE EL

PABLO BRESCIA
RUBÉN COSTA ULLUA
DANIEL GARNICA
SERGIO LEVINSKY
ANA MERINO

PATRICK MIGNON
DIEGO MURZI
ANA MARÍA OSPINA
CLAUDIO VIVAS
JOHN WILLIAMS

· FERNANDO SEGURA M. TREJO (COMP.) ·

TENDENCIAS

Argentina – Chile – Colombia – España
Estados Unidos – México – Perú – Uruguay

Índice

Prólogo

Fernando Segura Millán Trejo, el compilador de esta obra colectiva, ha indagado sobre el fútbol en los grandes templos de esa religión y en los espacios más pobres y silenciosos del planeta. Conoce los fabulosos estadios y los baldíos de tierra y pequeñas matas de pasto. Ha vivido de cerca y ha divulgado como nadie el fútbol de las calles, con sus tribunas de ventanas abiertas donde se mira el espectáculo mientras se cuelga la ropa mojada en los balcones. Ha convertido en libros y artículos académicos de enorme valía la experiencia de ese mundo anónimo en el que nacen los sueños de purretes, chiquilines, pibes, chavales, botijas, gurises, pebetes, chamacos, críos, mocosos y todas las denominaciones destinadas afectuosamente a los niños. Conoce la historia de Messi. Del Lionel físico, público y mediático, pero más aún del Messi simbólico. El que lleva la bandera de las fantasías paseándola por las grandes ciudades, estremeciendo las orillas de los mares y los desiertos, ganando mundiales en batallas a nombre de los quiméricos, utópicos jugadorcitos que quiebran el cuerpo como Messi al golpear la pelota, que se perfilan y enganchan creyéndose la divinidad ya consagrada por la historia.

Uno de los capítulos más gloriosos de su deporte ha sido Qatar. «Aladino eterno», Messi fue la lámpara y el genio que hizo inolvidable aquel mundial. Promovió el más grande amor futbolero que se haya tributado a un país, a la Argentina. En sí, escribió una historia cuya nacionalidad ha sido el fútbol mismo. Conmovió a la inmensa mayoría de apasionados y curiosos de las citas mundialistas en el mundo que se ilusionaron con verlo campeón. Sucedió en esa ciudad donde por las noches podían percibirse los cantos y rezos religiosos o los gritos de goles de jugadores que levantaban polvareda con sus túnicas largas hasta los pies, ocultados como un secreto sagrado entre los monumentales edificios de Doha. Era la convivencia de lo divino con lo humano. Dioses cuyas voces llegaban a las ventanas de algunos hoteles o complejos habitacionales para cargar las alforjas de los viajeros.

Pero Qatar es solo un episodio. Esta obra de inmenso valor literario ha querido un recorrido en el que destacadas figuras internacionales que describen al fútbol desde sus ópticas narrativas tiraran paredes con Lionel Messi hasta construir esta jugada magnífica en la que podemos acercarnos a su historia de manera diversa. Cada apartado de este libro transita aventuras, personajes, momentos que van perfilando la figura del crack, llevándonos a caminar por esa historia fabulosa de un Midas que toca la pelota y la convierte en oro. Y que, sin embargo, por encima de todo, sigue siendo un pibe que escruta, en la oscuridad incipiente del atardecer, en la despareja alfombra de tierra de un potrero, a otro niño al que debe driblear para llevar la pelota hasta un pequeño arco hecho con las ropitas que amontonaron a un lado y otro por donde debe pasar el gol, *le but* o la reta. Porque Messi es todos los chicos del mundo y todo el fútbol posible.

Víctor Hugo Morales

Introducción

I

El año 2024 ve despertar todas las mañanas a Lionel Messi en un escenario que lo posiciona entre el disfrute del final de su carrera y el goce pleno de ver crecer a sus hijos junto a su esposa Antonela. Esto se debe a que el año anterior fue de muchas celebraciones, pero también de cambios para el número 10.

El 23 de marzo de 2023 se presentó como capitán de la selección campeona del mundo por primera vez en un estadio argentino. La fiesta fue en el Monumental de Núñez, casa de River Plate, recientemente ampliado en su capacidad, frente a 83 mil personas. La fiesta incluyó DJs, bandas de música popular, no podía faltar, claro está, la cumbia y luego la entonación por el autor de la canción *Muchachos*[1], hit absoluto del Mundial 2022, coreada con el alma por todo un estadio eufórico en medio de fuegos de artificio que podían divisarse a kilómetros para iluminar la noche. El Himno Nacional, lógicamente, fue interpretado con el corazón a todo palpitar.

Las siluetas de los jugadores, emocionados ante tanto delirio, dibujaban la escena central. Lo que tanto deseó por años Lionel, y por lo cual luchó implacablemente, yacía por fin plasmado en

---

1. Fernando Romero, el autor, estuvo presente ese día. Las letras fueron retomadas por el grupo La Mosca luego de la conquista de Argentina en la Copa América ganada en Brasil en 2021.

realidad. Su expresión combinaba sonrisas con destellos de lágrimas y mordidas de lengua, como si su rostro fuera una metáfora de sus destrezas para los giros repentinos de sus movimientos en las canchas. El otro Lionel, Scaloni, el director técnico, emulaba el canto de la hinchada feliz junto a los futbolistas al sentir semejante agasajo. Muchos ojos rojos se vislumbraban entre los protagonistas, que estaban acompañados por sus familias.

Como parte del tributo, un estante con una pequeña réplica de la Copa del Mundo fue puesto delante de cada jugador, y para Lionel Messi se reservó el micrófono con otra réplica de mayor tamaño. Su mensaje, siempre con un arranque de timidez, fue de agradecimiento al público por el apoyo. Recalcó que siempre soñó con ese momento, en otras palabras, traer a la Argentina el trofeo más codiciado para el *ethos* histórico del fútbol. Su sensatez lo llevó a mencionar a los excompañeros que ahí no estaban, pero que también lucharon por conseguir «esta», mientras le daba unas palmadas al duplicado del objeto dorado. Se refería a aquellos con los que disputó los cuatro Mundiales anteriores al triunfo de Qatar 2022. Los aplausos y las vibraciones energéticas inundaron el ambiente.

La anécdota dice que se jugó un partido amistoso ante la selección de Panamá en el que Thiago Almada, el delantero del Atlanta United —de la Major League Soccer, en Estados Unidos—, abrió el marcador, y que luego de varios intentos de tiro libre, Lionel Messi marcó por la misma vía su gol al minuto ochenta y nueve, el número ochocientos en su carrera. Unos días después, la celebración fue llevada al Estadio Madre de Ciudades en Santiago del Estero, una forma de hacer llegar simbólicamente la Copa al interior del país. Se trató realmente de un partido de exhibición. Con su sello, Lionel convirtió tres tantos de los siete frente a Curaçao.

Poco menos de un mes antes, vestido con traje de etiqueta negro y moño del mismo color en los premios The Best, otorgados en la sede de la FIFA en Zurich el 27 de febrero de 2023, dijo estar muy nervioso al recibir el galardón mientras sonreía y titubeaba para hilvanar sus palabras. Su característica verbalización no incorpora las eses al final de las frases. Aquel jugador que se devoró el Mundial de Qatar y tantos otros encuentros de altísima adrenalina transmitía una suerte de inocencia en su lenguaje corporal. Fiel a su estilo de expresión, quiso agradecer primero a sus compañeros, y a su técnico, Scaloni, porque sin ellos no estaría ahí, aclaró. En referencia a 2022, afirmó que había sido una locura y lo más hermoso que le pasó en su carrera. De la misma manera, dio gratitud a Dios.

En la rama femenina, Alexia Putellas se llevó en la gala el premio a la mejor jugadora, formada en la cantera del FC Barcelona, múltiple campeona con la escuadra catalana, y a la postre también ganadora con la selección española en el siguiente Mundial, el femenino en Australia-Nueva Zelanda disputado en agosto. Esa noche de febrero, en Zurich, los demás representantes de Argentina se hicieron con los premios al mejor equipo del año anterior, Lionel Scaloni lo obtuvo como el mejor entrenador, y la hinchada albiceleste como la mejor afición a través de la figura del Tula, el hombre octogenario del bombo que recibió la estatuilla en representación del aliento de miles de seguidores en Qatar 2022.

Unos meses después, el 24 de junio, día de su cumpleaños número treinta y seis, fue recibido con bombos y platillos en la despedida de uno de sus grandes amigos, compañero por años en la selección, Maxi Rodríguez, quien era originario de Newell's Old Boys, de linaje común con Lionel, exjugador del Espanyol de Barcelona, el Atlético Madrid y el Liverpool, antes de retirarse en el club de sus amores. Luego del anuncio de la superestrella en los altoparlantes, Messi alzó los brazos para saludar al público de su afiliación afectiva y ciudad natal. Al día siguiente se presentó en la Bombonera para el homenaje a otro ícono del fútbol nacional en Buenos Aires, Juan Román Riquelme. Fue ovacionado a todo trapo, pero la hinchada le pidió dos cosas: perdón, por considerar a Román como el mayor estandarte de aquella noche, y le sugirieron vestir, al menos un instante, la camiseta de Boca Juniors, situación que no ocurrió. Lionel se divirtió en ambas despedidas al reencontrarse con viejos compañeros. El clima de festejos probablemente le hacía olvidar, o quizás recordar con genuina sanación, críticas y derrotas por las que fue señalado en el pasado. Ahora podía sentir con tranquilidad que el exigente mandato que se propuso y le fue reclamado durante años ya estaba cumplido al haber levantado trofeos con la selección mayor y recibir, así, el cabal reconocimiento que siempre anheló. El fantasma de la Copa del Mundo, esa de la que había podido presumir Diego Armando Maradona, dejó de perseguirle desde el 18 de diciembre de 2022 en la vertiginosa final de Doha en el Mundial de Qatar.

II

El año 2023 fue igualmente decisivo en varios aspectos. No solo dejó el Paris Saint-Germain en junio, y por consiguiente la «ciudad luz», donde muchos soñarían siquiera pasar unos días, ni se diga vivir en la abundancia. Durante los dos años que residió allí, su familia y él mismo no se adaptaron del todo. Su partida en llanto del FC Barcelona en agosto de 2021, el lugar donde desarrollaron una feliz vida hogareña, fue angustiosa y no fue compensada por el tránsito parisino. Decidió entonces, en cónclave con el seno familiar, marcharse a Miami por sobre las opciones que se le presentaron, entre las cuales figuró el Barcelona más por deseos que por viabilidad en cuanto a proyecto deportivo.

El 16 de julio era presentado, pasada una ráfaga de tormenta con tintes tropicales, en el estadio Drive Pink, recinto del Inter de Miami. Para mencionar la escena debemos referirnos al simbolismo de la ciudad, tierra de palmeras en la que han recaído miles de latinos como trabajadores así como empresarios de las telecomunicaciones y otras ramas, polo de poder para familias contrarias a sistemas políticos en América Latina. Urbe donde han florecido proyectos inmobiliarios. Messi, de hecho, ya era dueño de un superdepartamento en la Porsche Design Tower.

Su nuevo club es propiedad de los hermanos Mas Santos, hijos de Jorge Mas Canosa, exiliado fundador de la Asociación Nacional Cubano Americana, sumados en el negocio de la franquicia futbolística a David Beckham, quien además de copropietario es presidente de operaciones del club y fue el principal responsable de convencer a Messi y su entorno de unirse al joven Inter de Miami, fundado apenas en 2018.

En la gala, con un discurso en inglés y en español, Jorge Mas describió a la lluvia como agua bendita para recibir al mejor jugador del mundo. Se proyectó un vídeo con saludos de bienvenida por parte de celebridades, Steph Curry, jugador base de los Golden States Warriors, cuatros veces campeón de la National Basketball Association (NBA), Tom Brady, leyenda de la National Football League (NFL), deporte que se distingue del soccer, que es en teoría a lo que Lionel fue a dedicarse a Estados Unidos. En realidad, deberíamos plantearnos si Messi juega al soccer, al football association o «fubol», como él lo pronuncia, o practica algo diferente.

Su compatriota Manu Ginóbili, exbasquetbolista, ícono de los San Antonio Spurs, campeón olímpico y emblema del deporte argentino, le profirió un «gracias totales» en su saludo. A Manu se agregó Juan Manuel del Potro, campeón del US Open en 2009, fanático del fútbol. Estrellas de la música como Marc Anthony, Alejandro Sanz, Ricardo Montaner, Gloria y Emilio Estefan, Maluma, DJ Khaled, J. Balvin, Mau y Ricky, y Sebastián Yatra también dejaron su tributo.

Deporte y política no se mezclan, profiere un irreal credo. Fútbol y política siempre se entrecruzan y se influyen mutuamente en mayor o menor medida según el contexto y el momento. En ese instante particular no faltó la bienvenida en el mismo vídeo del alcalde de la ciudad, Francis Suárez, quien invitó a Messi al ayuntamiento, en registro de tuteo, para recibir un «símbolo» de Miami: «tu primer café cubano».

Lionel arribó a tiempo para disputar el estreno del nuevo formato de la Leagues Cup, competición lanzada en 2019 entre cuatro equipos de la Major League Soccer (MLS), que incluye a Estados Unidos y algunos de Canadá, y cuatro de México de la Liga MX. A partir de julio de 2023, la competencia ha incluido cuarenta y siete equipos, veintinueve de la MLS y dieciocho de la Liga MX repartidos en grupos de tres, de los cuales dos avanzaron a los dieciseisavos de final y así consecutivamente.

El Inter Miami debutó en su estadio frente al Cruz Azul de México el 21 de julio. Para la ocasión se hicieron presentes en las tribunas LeBron James, Serena Williams y Marc Anthony, entre otros famosos, para filmar con sus celulares el evento. En el banquillo como director técnico ya se encontraba el viejo conocido, originario de Newell's, Gerardo Martino, el Tata, quien lo dirigió en el Barcelona, en la selección albiceleste, y lo enfrentó en el Mundial de Qatar cuando comandaba al combinado mexicano. Messi arrancó en el banco de suplentes, hacía pocos días que estaba en la ciudad y la idea era que tuviera acción unos minutos en el segundo tiempo. Su equipo la pasó mal en la primera mitad, pero se fue arriba en el marcador. Lionel ingresó en el segundo tiempo, al minuto cincuenta y cuatro, y algo cambió el ambiente; sin embargo, el Cruz Azul empató. El partido se hizo más entretenido, el número 10 con la camiseta rosa inició su destello de pases en profundidad, asociaciones con sus compañeros a través de paredes cortas y cambios de ritmo repentinos. Pero aun con ocasiones para ambos lados se mantenía el empate, hasta que en el tercer minuto de descuento fabricó un penal al borde del área. Se ubicó, midió visualmente la portería, la barrera, la posición del arquero y colocó la pelota al ángulo para avisar que estaba en Miami.

Para la industria del soccer, y si lo vemos con ojos más amplios, para el fútbol mundial, la figura de Messi es un producto de imagen perfecto. Los partidos del Inter Miami son transmitidos por la plataforma de AppleTV, que por su presencia en el menú multiplica las suscripciones en la difusión de la MLS en su streaming. Para la marca de indumentaria deportiva con la que el número 10 tiene contrato hace años y es patrocinadora de la vestimenta de su club en Estados Unidos, las ventas de jerseys y demás objetos de merchandising han crecido de manera considerable.

La historia de Lionel es ideal para la era globalizada del fútbol, capitalizada en todo su esplendor por los socios comerciales y sobre todo por quienes tienen derechos de exclusividad, pero incluso para los que no poseen este privilegio levanta audiencias por su sola mención en programas televisivos, radiales o simplemente en redes sociales. Su trayectoria humana, de la cual se ocupará este libro, encaja a la perfección en una narrativa que lo convierte en un héroe especial. Claro que este recorrido debe ser desmenuzado e interpretado desde diferentes ópticas, pero la imagen que ha proyectado en los últimos años ha sido la de un ser destinado al éxito, que tuvo sus pruebas de fuego y, aunque por momentos se lo notó agotado, nunca claudicó. Una persona tranquila fuera de los estadios. Un hombre de familia, padre ejemplar, esposo amoroso, hijo y nieto agradecido y, sobre todo, un deportista de élite modelo para nuevas generaciones. Algunos lo perciben incluso como una especie de superhéroe de carne y hueso. A esto le agregamos en su nueva faceta en Estados Unidos su promoción, por las razones que fueren —comerciales, de gustos personales, suyos o de sus hijos, o por qué no todo esto junto— del universo cinematográfico de Marvel y sus personajes comprendidos en series, películas y cómics.

En su primera edición de la Leagues Cup anotó diez goles e hizo al menos uno en cada encuentro. En sus festejos emuló a superhéroes como Thorn, Black-Panther y Spiderman. Contribuyó de forma estelar al primer título para un equipo cuya posición era la de último en la temporada regular de la MLS. Para David Beckham y los socios involucrados en la inversión de las negociaciones, salario, bonos, prestaciones, todo lo que pueda concebirse como desembolsos pactados, generó un rendimiento inmediato en todos los sentidos económicos y deportivos. Acompañado de otras incorporaciones, sus viejos compañeros en el Barcelona Sergio Busquet y Jordi Alba, la dirección del Tata Martino, más los jugadores que hasta ese entonces no eran tan conocidos fuera de los seguidores de la MLS, el impacto en su primer mes en Estados Unidos fue total.

Sus gestos al festejar con sus hijos, intercambiar miradas de amor con Antonela o abrazado a David Beckham encuadran maravillosamente en pantalla y en extractos para redes. El público se puso de pie ante su magia y, al igual que lo que ocurría en los estadios de Qatar 2022, sus goles son sujeto de aplausos por aficionados de equipos rivales. Sus detalles, como entregarle la banda al anterior capitán del Inter Miami, DeAndre Yedlin, para cederle protagonismo al levantar el trofeo obtenido frente al Nashville, adicionan más dosis de asombro entre los testigos de estos actos.

Tan solo cuatro días después de la celebración, el Inter Miami disputó un duelo contra el Cincinnati por el US Open, uno de los torneos con más historia en Estados Unidos. El equipo lucía algo cansado, lógicamente. Para inicios del segundo tiempo, el 2 a 0 abajo hacía imaginar la primera derrota. Luego descontaron en el marcador, pero parecía que no alcanzaría. En el minuto siete del tiempo de descuento, un centro cruzado de afuera del área de Lionel hacia Leonardo Campana dio el empate agónico a los de camisetas rosas. El partido terminó 3 a 3 en el alargue y en los penales clasificaron a la final a disputarse con el Houston Dynamo. Los primeros treinta días del número 10 en Estados Unidos fueron perfectos. Pero en el fútbol tampoco se puede ganar siempre. En septiembre, Lionel Messi sufrió una molestia en un partido con la selección argentina frente a Ecuador, motivo por el cual estuvo ausente varios partidos con el Inter Miami. Sin él, perdieron una seguidilla de encuentros, incluida la final con el Houston Dynamo y otros de la MLS. Muchos comentaristas esperan con ansias el mínimo tropiezo para caerle encima; siempre ha sido así desde que su amplitud profesional tomó vuelo en el FC Barcelona y se anunciaba como un nuevo talento creativo en la selección argentina. Lo que se evidenció claramente en esta serie de derrotas fue la gravitación en el campo. Una cosa es el Inter Miami con él y otra distinta en su ausencia.

En lo que al año 2023 respecta, su decisión de radicarse en la MLS y proyectarse en 2024 en suelo estadounidense puede leerse con interpretaciones sobre varios aspectos que pesan en la balanza del fútbol mundial.

III

Treinta años atrás, el Mundial de la FIFA de 1994 había tenido como objetivo principal desarrollar el fútbol (soccer) como negocio rentable en Estados Unidos, un mercado fértil pero incierto. Era un vasto territorio dominado por las preferencias del béisbol, el básquetbol y el fútbol americano en sus versiones profesionales o en la pasión de ligas colegiales. Quienes practicaban soccer eran las mujeres, que para ese entonces ya habían ganado el primer Mundial Femenino oficial bajo la esfera de FIFA en 1991 en China; en Suecia, en 1995, quedarían en tercer lugar; y en 1999, en California, se alzarían con su segundo título. Años después, otras generaciones ganarían el trofeo mayor en 2015 y en 2019. Además, las estudiantes lo jugaban desde hacía décadas de forma masiva en las universidades y escuelas.

La MLS fue fundada en 1993 con vistas concretas al Mundial 1994, por cierto el último de Maradona, quien fue expulsado en un escándalo por ingerir un cóctel de efedrina —comprado en una farmacia por su *personal trainer*— para paliar un resfrío. El torneo vio a Brasil coronarse de nuevo después del lejano México 1970, pero a la MLS le llevó tiempo generar arraigo, altas audiencias televisivas, interés foráneo por sus derechos de transmisión y afluencia masiva a los estadios.

En años más recientes, la planificación para expandir el soccer masculino como negocio-espectáculo se volcó hacia figuras ya consagradas en Europa. En general se trataba de grandes nombres que ya habían triunfado y se encontraban cercanos a su retiro. El traspaso a suelo estadounidense ofrecía un ritmo de vida más relajado, menos intensidad en los partidos, excelentes condiciones materiales y, por supuesto, elevados salarios en dólares. David Beckham fue parte de estos perfiles cuando en 2007 se unió al LA Galaxy tras sus recordadas etapas en el Manchester United y el Real Madrid. Beckham había regresado a Europa en 2012, primero al AC Milan y fue a retirarse en 2013 en el Paris Saint-Germain, club que había sido adquirido por el fondo Qatar Investment, propiedad del Emirato de Qatar, en sus movimientos de geopolítica vinculados a la noción de *soft-power*[2], cuyo horizonte rector era el Mundial de 2022. Fue ahí, en la entidad parisina-qatarí, donde Lionel se «exilió» del FC Barcelona por dos años hasta aceptar la propuesta del ahora copropietario y lobista del Inter Miami, David Beckham.

Mientras tanto, la MLS apostaba claramente por jugadores de renombre que agregaran valor, según su estrategia de crecimiento a mediano (y largo) plazo. Esto no constituía una novedad absoluta, como veremos, pero sí una decisión sostenida, traducida, por ejemplo, en la llegada de Thierry Henry, campeón mundial con Francia en 1998, figura en el Arsenal inglés y luego en el Barcelona, donde llegó a ser compañero de un joven Lionel Messi que se afianzaba en su trascendencia hacia la temprana adultez. El talentoso francés recayó en el New York

---

2. En castellano lo podemos traducir como «poder blando», un poder que tiene la intención de generar influencia mundial vía inversiones en áreas como el deporte, la cultura, el cine, el arte, entre otros vehículos. Ya regresaremos a esta noción más adelante.

Red Bulls en 2010. Su estancia dejó huella en la afición y buen sabor en la Liga. Así, la lista empezó a incorporar en diferentes momentos a nombres como Zlatan Ibrahimovic en el LA Galaxy, el mexicano Cuauhtémoc Blanco en el Chicago Fire, White Rooney en el DC United, también al brasileño Kaká, a Didier Drogba, a otro campeón del mundo, el italiano Andrea Pirlo, a los excompañeros de Beckham, Steven Gerrard y Frank Lampard. Además de talentosos mexicanos con currículum europeo como Carlos Vela, Javier Hernández —el Chicharito—, y la lista incluirá ciertamente a varios otros que han preferido adherirse también al retiro estadounidense en cancha por encima de su país.

Así, la MLS se fue volviendo más atractiva. Además de los consagrados en edad cercana a la jubilación, se fue constituyendo un mercado para jóvenes colombianos, ecuatorianos, centroamericanos, africanos, mexico-americanos y también para argentinos, entre la diversidad de horizontes. Thiago Almada, compañero de Messi en Qatar 2022, se convirtió en el primer campeón del mundo en activo de la liga estadounidense. Está claro que el arribo de Lionel ha sido el más rimbombante, pero se sustenta en un contexto cada vez más jugoso para los agentes que mueven a los futbolistas, y para los propios protagonistas a la hora de barajar opciones.

IV

En 1975, casi cincuenta años antes de la llegada de Messi al Inter de Miami, Edson Arantes do Nascimento, alias «Pelé», optó en su tramo de despedida por el antiguo New York Cosmos. Si bien Pelé, tricampeón mundial con la selección de Brasil, tuvo ofertas nada menos que del Real Madrid, la Juventus, el AC Milan y también del América de México, un territorio donde se lo adoraba por su brillante actuación en el Mundial de 1970, el astro eligió apostar por la comodidad y las promisorias perspectivas en Estados Unidos. Partió así a jugar a la vieja North American Soccer League, que fue disuelta en 1984. Aunque el soccer no generaba aún locura en aquellos años, Pelé se anticipó en décadas a muchas de las estrellas que escogieron luego la MLS. Firmó contrato de publicidad con Pepsi, luego se iría con Coca-Cola, pero sus negocios se multiplicaron al punto de crear una empresa destinada a gestionar sus contratos: Pelé Sport & Marketing. Entre las ramas en las que incursionó se asoció con la firma Times Warner. Su gusto por la cinematografía lo impulsó a actuar en diez películas, de las cuales destacamos *Evasión o victoria* junto a Sylvester Stallone. Actualmente, la tendencia va hacia las plataformas de streaming, en las cuales abundan series, películas y documentales. Al igual que Pelé, Lionel Messi también está acorde con su tiempo en relación con la generación de contenido audiovisual.

Para abonar el suelo y presentarlo como una extensión del universo Disney, cabe destacar el hecho de que Estados Unidos haya dado un golpe sobre los escritorios del fútbol mundial cuando el FBI decidió involucrarse en el llamado FIFA-Gate, caso por el cual varios dirigentes, especialmente sudamericanos, fueron llevados al estrado a partir de 2015. En los relatos y ficciones que proyectan, siempre son los justicieros, los buenos de la película. Una de las hipótesis para su decidida intervención en el entramado viciado del fútbol fue la atribución del Mundial 2018 a Rusia y el de 2022 a Qatar. Estados Unidos pretendía el 2022 y, de repente, se enteró de la corrupción y la compra de sufragios cuando perdió en la votación. Para confirmar sus intenciones, además del FIFA-Gate, albergó la Copa América en 2016 en honor al centenario de la vieja competición sudamericana. Messi estuvo a punto de validar ahí su primer título con la selección mayor argentina, pero falló su penal y Chile se llevó el trofeo en Nueva York. Fue cuando casi abandonó los colores albicelestes, pero para fortuna de sus admiradores y de la industria del fútbol, no consumó aquella pulsión.

Aun así, con el sello Messi radicado en la costa sur del estado de Florida, las principales ligas europeas siguen siendo por ahora el cenit para el talento más prometedor. Bajo el dominio de la UEFA, la Champions League se mantiene como la cumbre internacional de las competiciones entre clubes. Pero en cuanto a ejes de poder, el albergar la Copa América 2024, preparar el Mundial masculino mayor de 2026, con sedes satélites en México y Canadá, sumado al aumento del interés por la MLS con la presencia del capitán campeón del mundo, la balanza comercial mejoró para Estados Unidos. En su suelo se organizará el primer mundial de clubes de la FIFA con treinta y dos equipos en 2025. Por añadidura, en julio de 2023 Estados Unidos presentó junto a México la candidatura para albergar el Mundial Femenino de 2027. Las ambiciones son claras.

El otro polo que compite para atraer estrellas y eventos deportivos a su cielo es Arabia Saudita. Lionel Messi fue invitado cuando su contrato con el Paris Saint-Germain estaba cercano a expirar. Los jeques confiaban en la oferta económica estratosférica y en el hecho de que el rosarino era ya embajador para promover el turismo del reino. Cristiano Ronaldo, su competidor por años, había optado por la península árabe justo después del Mundial de Qatar. La idea era replicar la rivalidad futbolística en el Medio Oriente. Messi se decidió finalmente por Miami, pero a Ronaldo lo siguieron Karim Benzema y Neymar. No es de extrañar entonces que en los resúmenes de los noticieros deportivos la Liga saudí, sus copas y los encuentros internacionales de sus clubes sean cada vez más mencionados. Tampoco sorprenderán sus anuncios en plataformas de *streaming* y televisión por cable como un nuevo, imperdible, producto. En cambio China, un país que crecía a pasos agigantados para atraer talentos consagrados y realizó inversiones multimillonarias para crear academias, quedó temporalmente rezagada por la explosión en 2021 de la burbuja inmobiliaria financiera de la firma Evergrande, también involucrada en el negocio del fútbol. No obstante, no debemos descartar al gigante asiático del mapa futuro. El deporte en general y el fútbol en particular forman parte de canales cada vez más importantes en la geopolítica global.

Lionel Messi constituyó así un importante activo para Qatar cuando se mudó del FC Barcelona al Paris Saint-Germain. Su imagen estuvo en las vitrinas de la preparación del Mundial 2022, el mismo que lo vio coronarse. En consecuencia, la asociación entre el Emirato y el apellido del número 10 estará por siempre vinculada en los libros de la historia del deporte. De la misma manera, su decisión —en junio de 2023— de indicar a los pilotos de su jet como destino Miami lo convierten en una de las principales cartas promocionales para Estadios Unidos y sus intereses en el soccer. Encaja, además, como un perfecto personaje de los buenos en las películas.

V

Lionel Messi lleva en sí, como astro futbolístico, algo de Maradona y de Pelé en su trayectoria, pero a su vez los trasciende, quizás, en algunos aspectos. Muchos dirán que no se pueden comparar, que cada ídolo tuvo su tiempo y su simbolismo. Es cierto, y también es válido que quienes vivieron los contextos del Rey o del Pelusa consideren a uno u otro por encima de la Pulga. Cada quien tiene sus motivos y sus argumentos. Pelé fue tres veces campeón del mundo con su selección, nunca jugó para un club europeo, pero con el Santos ganó el título intercontinental. Por entonces, un equipo sudamericano podía llegar a considerarse el mejor del mundo. En su forma de gestionar su carrera se tornó un exitoso empresario y funcionario de Estado a cargo del deporte en Brasil. Cercano a la FIFA, ayudó a promocionar el Mundial de 1994 al lado de João Havelange y Joseph Blatter, enemigos jurados de Diego Armando Maradona.

Maradona, mayor ícono popular en la Argentina de las últimas décadas del siglo XX, dejó testimonio de su huella en la sensibilidad nacional y la repercusión mundial con su partida de este mundo el 25 de noviembre de 2020. Su nivel de exposición, catarsis verbal, su épica en la selección argentina campeona en México en 1986, sus conquistas desde la trinchera del Napoli, entre muchas otras corajeadas, lo posicionarán siempre como un jugador rebelde, único en su simbología, pero atormentado por los excesos y las pérdidas de control emocional. Sus apodos lo definían: el Pelusa, Dieguito, el Pibe (de Oro), el Diego (de la Gente) y algunos más.

De Pelé y Maradona podemos estudiar su recorrido en las canchas y sus vidas concluidas, pues su legado es eterno para nuestras generaciones. En el momento en el que se escribe esta introducción, la carrera de Lionel Messi está en un tramo final, pero no ha terminado todavía. Su mote, «the GOAT» (en inglés The Greatest of All Times), en forma de #*hashtag* en redes sociales nos indica mucho acerca de las dinámicas actuales. Ahora bien, Messi no es solo un jugador de fútbol, es también una construcción social y mediática de su época, en la que otros actores han participado con empeño. De esto trata la presente obra.

VI

Lionel Andrés Messi Cuccittini nació en Argentina, en la ciudad de Rosario, empero, su acabado se consumó en Barcelona. Hay ahí un señalador diferente, una transición respecto de sus predecesores sudamericanos en el trono del fútbol mundial. Potenció lo mejor de ambas tradiciones, los quiebres de cintura y la valentía adquirida en los potreros de su patria, en esos campos de tierra, con la velocidad y la sofisticación táctica de uno de los centros formativos europeos más avanzados en la materia. Su camino no fue fácil, como se describirá a lo largo de los capítulos. Se trata de un ser humano que ha llorado de manera desconsolada en momentos de dolor, demostrando sin pudor que el llanto es parte del recorrido y que no implica necesariamente debilidad ni claudicación.

Su talento desde muy temprana edad era algo especial para quien lo viera. Sin embargo, muchos pequeños realizan demostraciones en canchas de tierra, descampados, esquinas en los barrios o planicies. Esto no significa que aquel chiquilín, o chiquilina, acceda a un club con proyecciones e inicie un camino hacia el profesionalismo. Muchas variables entran en juego. De ahí a identificar, entre millones de críos que patean balones, un potencial jugador o jugadora capaz de marcar una época existen universos llenos de posibilidades e imposibilidades.

Para Lionel, su familia fue un pilar clave en sus inicios, sus hermanos, primos, su abuela, su padre y su madre, así como la ciudad de Rosario y su país, Argentina. El contexto importa. Formadores, como Salvador Aparicio en el club Grandoli, sus entrenadores y compañeros en Newell's Old Boys, reflejan un entorno como lo fueron los Cebollitas para Maradona. En otros términos, un goce temprano y saludable en el que su capacidad era potenciada. La detección temprana de su problema de crecimiento hormonal y el tratamiento administrado, aunque puesto en riesgo circunstancialmente, entraron en juego.

El engranaje es complejo, involucra una serie de pruebas y la decisión de un club como el FC Barcelona de generar artilugios e incorporarlo, a sus doce años, a los circuitos de formación. Su historia de película involucra muchísimas interacciones, algunas con posibilidades de bifurcaciones que hubieran entregado otra serie. Si Julio Grondona, el mandamás del fútbol argentino, no hubiera subido el pulgar para asegurarlo bajo la órbita de las selecciones argentinas, tal vez hubiera vestido —aunque no era su voluntad de partida— los colores de España. Su meteórico desempeño en los equipos juveniles del Barcelona lo depositó en un contexto en el que un grupo de talentosos profesionales lo adoptaron en su cariño. Ronaldihno resalta, pero nuevamente fue el ecosistema favorable a su crecimiento lo que permitió su entrada al primer equipo. El resto se explica por su adaptación. Luego, los astros se alinearon para ubicarlo bajo un director técnico que atravesaría no solo su trayectoria, sino que imprimiría una marca de estética y triunfos difícil de alcanzar: Pep Guardiola.

Las sagas más entretenidas siempre tienen sus héroes y sus contrincantes. De 2008 a 2022, la figura de Cristiano Ronaldo ocupó ese espectro. Una rivalidad imposible de repetir, sobre todo cuando la Pulga defendía los colores azulgrana del Barcelona y el portugués la tradición merengue del Real Madrid. Punto y aparte.

VII

¿Qué decir de sus compañeros y entrenadores con la albiceleste? La lista es sumamente extensa. José Néstor Pekerman incluyó a Messi en la lista para el Mundial 2006 en Alemania a sus dieciocho años. Algunos recordarán que en el partido por cuartos de final ante los anfitriones el DT lo dejó en el banco de suplentes, para su enorme frustración y la de los aficionados. La eliminación y su primer desencanto no quita que haya acumulado una serie de experiencias con selecciones juveniles, en las cuales fue campeón Sub-20 y campeón olímpico. Aquel hombre que lo convocó para el Mundial mayor había sido un protagonista fundamental para el resurgimiento de las estructuras formativas en la Asociación de Fútbol Argentino (AFA).

En 1995, Argentina ganaba su segundo título Sub-20 en Doha al mando de Pekerman, el anterior había sido el lejano trofeo conquistado por la selección de Menotti en Japón 1979, cuya figura estelar fue Maradona. Pekerman inició una reestructuración que daría importantes frutos. Como dato para recordar, Argentina había sido inhabilitada por la FIFA para participar en el Sudamericano y el Mundial Sub-20 en 1993 debido a un escándalo por agresiones de sus futbolistas en la cita de 1991 en Portugal. De los pupilos de Pekerman varios serían posteriormente defensores de la selección mayor, además de nutrir a los equipos de primera división e incorporar una filosofía de *fair play* distintiva. Juan Pablo Sorín, por solo mencionar a uno, fue campeón Sub-20 en Qatar 1995 y un pilar del grupo mayor en Alemania 2006.

En el siguiente campeonato de la misma categoría, en Malasia 1997, talentos como Juan Román Riquelme, Pablo Aimar —el ídolo de Messi—, Walter Samuel, Lionel Scaloni, entre otros, se coronaban bajo la dirección del mismo señor. Dos ediciones después, en la cita organizada en Argentina 2001, el DT le entregaba a su sucesor, Hugo Tocalli, otra camada de campeones con nombres como Javier Saviola y Maxi Rodríguez (sí, el mismo que le posibilitaba a Lionel en su despedida en junio de 2023 ser aclamado en el estadio Marcelo Bielsa de Newell's Old Boys). En la cita de 2003, aunque Argentina no pudo defender su título, un capitán, apodado «el Jefecito», Javier Mascherano, tomaba las riendas. Fue en la edición en Holanda 2005, con un equipo también poblado de capacidades, con Pablo Zabaleta como estandarte y Oscar Ustari en el arco, cuando Lionel Messi se ganaría a pulso de actuaciones desequilibrantes su plena titularidad. Se coronaría además como el mejor jugador de la otra vez campeona Argentina en la categoría. Pero no todo acabó ahí, los clubes locales seguían fungiendo como semilleros de talento pulido. En Canadá 2007, Ángel Di María, Sergio Agüero y Ever Banega se encargaban de sumar la sexta conquista mundial. Es evidente que algunas cosas bien se hicieron durante años para brindar no solamente títulos, sino tal cantidad de futbolistas de talla mundial.

De las generaciones campeonas de 1995, 1997 y 2001, así como de las intermedias de 1999 y 2003 que no ganaron título, varios estarían en los equipos de la mayor cuando Lionel hizo su ingreso a los selectos grupos. A estas figuras se sumarían algunos de sus compañeros en Holanda 2005 y otros de Canadá 2007, entre ellos su socio de mil batallas Ángel Di María, quien estuvo a su lado tanto en escenarios de lágrimas como en momentos de inmensa felicidad desde los Juegos Olímpicos de Pekín 2008.

En los intentos por conquistar el trofeo más preciado, el sueño pasó cerca en Brasil 2014, con un conjunto que integraba el ímpetu de varios con pasado por las selecciones juveniles con jugadores que habían sido dirigidos en Estudiantes de La Plata por Alejandro Sabella. A lo largo de este libro se recordarán con más detalles estas sagas, pero lo que aquí se quiere apuntar es la diversidad de situaciones y personas que contribuyeron, de una u otra forma, a gestar la trayectoria que hoy presenta el capitán campeón del mundo. El propio DT Jorge Sampaoli, con quien diversas fuentes periodísticas indican que la relación no fue la mejor durante el Mundial de Rusia 2018, también formó parte del sendero. Hoy es fácil deslumbrarse por los mosqueteros que supieron atinar pases o goles en momentos precisos en la Copa América 2021, en Wembley en la Finalísima 2022 frente a Italia, y, lógico, en el Mundial 2022. Así, Lautaro Martínez y las revelaciones en Qatar Julián Álvarez, Alexis Mac Allister y Enzo Fernández, complementados por un arquero de carisma especial como el Dibu Martínez, lucen en las postales.

VIII

En los entretelones de sus actuaciones, el público ha disfrutado a Messi por el mundo, pues además de las competencias oficiales la AFA se ha encargado de sacarle jugo a cada amistoso donde su nombre eleva el valor del contrato por miles (sumada la cuenta, millones) de dólares. Así, en China, Alemania, Suiza, Francia, Escocia, el archivo documental podrá repasar cada rincón donde pisó suelo. Las pantallas de televisión e internet lo han proyectado y se lo ha idolatrado en India, Paquistán y Bangladesh. No olvidemos, sin embargo, que en su país fue hartamente criticado cuando los resultados no eran los aceptados por el exitismo imperante. Se le achacaba que no cantaba el himno, que no sentía realmente pasión por su país. En la Copa América

2011, por ejemplo, fue silbado en Argentina, y en un contexto muy diferente, pero por razones similares, el público del Parque de los Príncipes en París lo chifló en reiteradas ocasiones por considerar que no estaba comprometido con el club.

En la prensa, en particular en algunos paneles televisivos, periodistas que se ensañaban con vehemencia y pretendían decir «la verdad» argumentaban que no servía para la selección nacional mientras arañaban un poco más de visibilidad en viscerales polémicas, desprovistas de fondo, decoradas con gritos y tintes de machos cabreados. Una cosa es la crítica y el análisis táctico, incluso la interpretación sobre el estado anímico, otra es la miseria por unos puntos extras de rating o de vanidad. Fue así que forjaron un relato, encendieron redes sociales y llegaron a la sensibilidad de un jugador profesional que en silencio seguía entrenando y luciendo en las canchas. Este libro no se ocupará de darles más prensa a quienes ya la han tenido, nada más se los reconoce como actores en la historia.

De la misma manera, hay que darle crédito a la AFA. A pesar de la presión, siempre apostó por un proyecto alrededor del número 10. Se podría argüir que por momentos lo trataron como a un niño mimado, pero ellos veían claro el potencial y el negocio. No se les puede negar la vocación para explotar el valor comercial de la camiseta argentina y generar canales para captar talento. Tantos son los «pibes» que parten jóvenes a Europa, algunos emulando la tendencia de Messi, que han pasado desapercibidos a los ojos de planteles de primera división. Otros nacieron en el viejo continente de padre o madre argentinos. El Marbella Football Center, a sesenta kilómetros del aeropuerto de Málaga, operará en este sentido como centro de captación para la órbita de selecciones albicelestes y como base para entrenamientos en giras o preparación para competencias de los combinados ya constituidos. Todavía más en concordancia con la logística global actual, en agosto de 2023, tan solo unos días después del debut de Messi en el Inter, la AFA presentó un proyecto de infraestructura en Miami con la Copa América 2024 y el Mundial 2026 en el horizonte. Como vemos, el fenómeno Messi inspira y deriva en nuevos emprendimientos futbolísticos, audiovisuales e inmobiliarios, entre otras aristas.

IX

Este libro abre con una síntesis del recorrido de la Pulga desde sus tempranos pasos con el balón. Primero en la calle con sus hermanos y primos, luego en el club Grandoli, el transcurso por las inferiores de Newell's Old Boys, la partida hacia Barcelona y el resumen del encadenamiento que lleva hasta el momento más sublime de su carrera, la consagración como campeón del mundo con Argentina en Doha.

Acto seguido, el segundo capítulo parte de una conversación telefónica entre Claudio Vivas y Daniel Garnica. El primero, de amplia trayectoria en diferentes países, era asistente de Marcelo Bielsa cuando recibió durante una gira europea posterior al fracaso mundialista de Corea-Japón 2002 un compilado de jugadas de Lionel Messi en las categorías juveniles del FC Barcelona en un viejo casete VHS. El segundo, excolaborador de Claudio Vivas en diferentes clubes y con su propio recorrido profesional por varias latitudes. La conversación se extiende más allá del instante que dio inicio a una secuencia para asegurar al joven bajo la potestad argentina, hacia la historia del predio Malvinas Argentinas, la casa del fútbol infantil de Newell's Old Boys. La pasión por el fútbol, la rivalidad con Rosario Central y la gravitación del padre de Claudio, José Vivas, en los esfuerzos por erigir el predio infantil rinden tributo a una cuna por la cual pasaron muchos apellidos de renombre internacional en etapas formativas, marcadas por el juego y el disfrute.

A continuación, Rubén Costa, periodista rosarino radicado en Barcelona desde inicios de los años 2000, rememora el contexto político en España y en Cataluña a lo largo de toda la etapa que abarca la estancia de Lionel Messi. El capítulo pone en relieve a los presidentes del club, sus aspiraciones y enredos, los entrenadores y compañeros que cobijaron a la promesa, sus más brillantes actuaciones, los posteriores vaivenes, así como la partida en lágrimas del FC Barcelona y la ciudad en la que sus hijos nacieron. En definitiva, Rubén Costa contextualiza la etapa más importante del jugador en cuanto a formación y crecimiento, el club con el que quedará identificado para siempre por todo lo vivido ahí.

Sergio Levinsky, periodista, escritor y sociólogo argentino, también residente en España, en el cuarto capítulo hace un repaso por la sinuosa participación del actual número 10 en la selección mayor. Debutó en un partido amistoso en 2005 contra Hungría y en su primera acción fue expulsado. Algo indicaba que, a pesar de sus extraordinarias destrezas, no sería nada fácil. En el Mundial de Alemania 2006 debutó con un gol y el futuro parecía pertenecerle. La saga incluyó el título olímpico en Pekín 2008. Empero, con una cadena de destacadas actuaciones, varios fueron los títulos que se le escaparon entre copas América y Mundiales. Sergio Levinsky, quien acompañó de cerca toda la carrera del jugador, revisa los entornos de cada combinado nacional así como las críticas que le llovieron. La crónica explica cómo Lionel supo renovarse, en particular cuando ya era un capitán con sabia experiencia y fue rodeado por el nuevo director técnico, Lionel Scaloni, por una nueva camada de jóvenes que se propusieron torcer el karma de derrotas en finales a partir de la confianza generada en la Copa América 2019 en Brasil. Así se consumó el emotivo festejo en la siguiente edición en Brasil, en medio de la pandemia en 2021, con un Messi y sus compañeros alzando un trofeo que Argentina no conquistaba desde 1993. Esa nueva base, con un liderazgo basado en el respeto recíproco que emanaba el capitán, invitaba a nuevas ilusiones.

En sintonía con la perspectiva internacional del libro, John Williams escribe un capítulo, el quinto, que introduce a Lionel Messi desde una mirada británica, inglesa en particular. A partir de una lectura histórica sobre los encuentros futbolísticos y los personajes que fueron alimentando la rivalidad entre Inglaterra y Argentina, Williams enfatiza en la figura de Maradona como sinónimo de una serie de prejuicios sobre el fútbol argentino. Lionel Messi, por su estilo dentro y fuera de la cancha, vino a matizar esas arraigadas percepciones. El capítulo se detiene, además, en los partidos de Messi en territorio inglés, en especial en aquellos jugados con el Barcelona contra el Liverpool, entidad de la cual el autor es uno de los biógrafos. De esta manera, destaca cómo a pesar de las derrotas sufridas frente al equipo inglés el público en el estadio se emocionaba con su sola presencia.

La partida del Barcelona fue un parteaguas en la vida profesional y emocional, como da cuenta Rubén Costa en su capítulo. Su llegada al Paris Saint-Germain, llena de expectativas en la afición, no contemplaba la decepción de una parte y de otra. Patrick Mignon, autor del sexto capítulo, aporta una mirada acerca de la complejidad del club parisino, debatido históricamente entre las más altas aspiraciones y reiteradas frustraciones. El autor otorga peso a un actor del fútbol que muchas veces es despreciado, los grupos conocidos en Europa como ultras, quienes reclaman entrega a los jugadores y colocan presión en las cúpulas cuando consideran que las cosas no caminan en armonía con sus valores. La relación entre los ultras y Messi fue uno de los puntos de quiebre con el Paris Saint-Germain. Claro que no se puede reducir una explicación a una sola variable, pero este eje, el conflicto y el papel de individuos en varios sentidos militantes, sirve como hilo conductor para hacer visibles las tensiones que rodean a una entidad como el PSG. El desenlace, puesto en paralelo con otros jugadores emblemas y su contexto, da cuenta de la ruptura y la decisión del número 10 para no continuar más allá de junio de 2023.

De forma análoga y con el ojo puesto en el minuto a minuto del arribo de Messi a París en agosto de 2021, Ana María Ospina, periodista colombiana radicada en la capital francesa, comparte las peripecias de sus coberturas de los movimientos del astro argentino. Esto incluye su ferviente deseo y a la vez su frustración de encontrarse cerca del jugador sin poder entrevistarlo ni tampoco obtener al menos una declaración directa para su redacción en la zona mixta, es decir, los pasillos del Parque de los Príncipes. Ana María fue observadora de los quiebres de cintura, los pases milimétricos, los goles de emboquillada, la inteligencia táctica de un jugador que muchas veces se detiene en el campo de juego y camina, aspecto que no todos los aficionados en París entendieron y en sus últimos meses, por el contrario, lo percibían como una falta de compromiso. En Francia, Lionel se expresó poco, casi nada, en los medios de comunicación, a diferencia del Mundial de Qatar 2022 donde se paraba para atender a todos los vehículos, entre ellos Radio Francia Internacional en sus servicios en español.

En el siguiente acto, Diego Murzi, presente en Doha en cada uno de los partidos de Argentina en el Mundial 2022, junto al compilador del libro, conductor de la serie *Tertulias desde Qatar* para la cual pudo explorar calles y algunos suburbios para el Canal 14 y el Sistema de Radiodifusión del Estado Mexicano (SPR), se proponen una crónica acerca de las emociones vividas en los estadios y los rincones visitados. El capítulo va narrando, así, imágenes en las tribunas desde la inesperada derrota frente a Arabia Saudita, la salvación de Messi con su gol frente a México y el resto de los encuentros en sus momentos previos, durante los partidos y los festejos posteriores a partir de observaciones sobre el público, el metro, un circuito donde transitaban las aficiones para desplazarse hacia los estadios y en la zona industrial, lugar de residencia de muchos de los trabajadores que ayudaron a construir los modernos estadios. Aparece, también, el grupo de hinchas argentinos habitantes en el complejo Barwa, un suburbio en la ciudad de Al Wakra, a treinta kilómetros del centro. La bandera del Barwargento dibujaba, con los rostros de Maradona y de Messi, el sentir que se trasladó al Emirato.

En un libro sobre Lionel Messi, si bien aparece mencionado desde esta introducción y en la mayoría de los capítulos, no podía faltar precisamente un ensayo sobre la comparación con Diego Armando Maradona. Lejos de relacionarlos para iluminar u oscurecer a uno sobre otro, Pablo Brescia invoca coordenadas simbólicas que los unen. Por ejemplo, el día del debut mundialista en Alemania 2006 las cámaras de televisión enfocaban a Maradona en el instante en el que Lionel se aprestaba a entrar al campo; cada uno fue un representante de su tiempo. La mochila sobre la cual arrastraba el peso simbólico de las proezas futbolísticas de Maradona fue resignificada por la perseverancia de Messi en la selección nacional. Cada uno tuvo su gloria, así como ambos pasaron por duras evaluaciones. Las líricas de la canción *Muchachos*, celebración producto del triunfo en la Copa América 2021, posicionan al Diego y sus padres en el aliento a Lionel, en un baño por la ilusión de conquistar la tercera estrella para Argentina. Algo que finalmente sucede en Qatar 2022. En tanto compilador de dos importantes libros sobre Maradona, Pablo Brescia piensa el capítulo para una obra de teatro entre el siglo XX y el siglo XXI para incluir perspectivas sobre nuevas interpretaciones que emergen a partir de un Messi campeón del mundo.

La obra colectiva se cierra con la pluma de Ana Merino, escritora española, profesora en Estados Unidos, quien se plantea cuál es el legado que deja Lionel Messi en el fútbol y sus expansiones artísticas y literarias. La autora comenta varias aristas. Las metáforas con el universo de los superhéroes, los tatuajes en su cuerpo como marcas simbólicas de su historia, su madre, su esposa, sus hijos y Jesucristo recorren su piel, y, por lo tanto, su sentido de vida. Asimismo reflexiona sobre murales en su honor, expresiones urbanas que han tendido a multiplicarse. Ana Merino escoge historietas en cómics y piezas narrativas para indicarnos el valor y la dirección que va tomando Lionel como fuente inspiradora. El legado pasa también por la identificación de millones de niños y niñas, de adolescentes y adultos que lo admiran. Su decisión de radicarse en sus últimos momentos de disfrute como profesional en las canchas de Estados Unidos generará frutos diversos y su legado se seguirá escribiendo.

X

Mi madre, Laura Josefina Trejo Campos, marcó mi camino desde el amor y la ternura. Me alentó en todas las decisiones de mi vida, incluida, por supuesto, la elección de dedicarme a la sociología del deporte. Aunque no era nada aficionada al fútbol, cuando jugaba Messi se emocionaba; lo mismo le ocurría con Maradona. Siendo mexicana, la vida nos llevó a Argentina, donde crecimos con mi hermano. Con el tiempo regresamos a México. Poco antes del Mundial de Qatar dejó este mundo, cuando este cronista se encontraba preparando el proyecto de cobertura para la cita mundialista. Me tomó la mano dos días antes de partir y me pidió que le prometiera que no dejaría de viajar, pasara lo que pasase. Adriana Islas Govea, amiga socióloga de profesión, vino a visitarla en esos días y contó que según ciertos pronósticos Argentina sería campeona del mundo. Mamá exclamó con alegría: «Le toca a Messi y serás testigo allá». Así fue. Cuando Gonzalo Montiel anotó su penal en la definición con Francia me invadió una sensación que todavía me cuesta describir. Sentí que mi madre estaba feliz. Este libro es una continuación de esos instantes. Como a muchos nos ha pasado con deportistas que han estado de alguna forma en nuestras vidas y cuyos recuerdos nos remiten a momentos muy especiales.

La investigación en sí surgió en realidad en el Mundial de Brasil 2014, donde si bien no era la primera vez que el compilador se asombraba en un estadio con la capacidad del jugador, decidió ir a Rosario unos meses después a conocer los circuitos iniciales de Lionel Messi. Para esa ocasión, como para otras tantas, mi madre Laura me acompañó. Por consiguiente, ella ha estado en este recorrido, y lo sigue estando.

Después del Mundial de Qatar 2022, con la cobertura realizada a través de diecisiete programas de televisión producidos en términos de contenido, conversaciones con invitados, comentarios sobre los partidos, el ambiente en Doha, cuestiones de geopolítica y costumbres, como reportajes por las calles céntricas, mercados, suburbios y hasta un club de fútbol, Al Rayan, todos hablaban de Messi de alguna forma. Así surgió la idea concreta de realizar un libro. Desde las primeras conversaciones en enero de 2023 hasta la formalización de este, varias fueron lógicamente las etapas de la obra. Muchas conversaciones con los autores, con cada uno de ellos, acerca de sus capítulos y del desarrollo general del contenido, para estar todos en una misma sintonía. Decenas de reuniones virtuales con Lucía Méndez Negroni, nuestra editora de Ediciones Urano, una conexión que fluía entre Ciudad de México y Buenos Aires, siempre en relación con la sede en España en cuanto a los avances.

Para cerrar esta introducción, cabe mencionar las nominaciones para el Balón de Oro en 2023, la tradicional premiación de la revista *France Football*. Para el 30 de octubre, Lionel Messi, junto a la estrella noruega del Manchester City, Erling Haaland, y el excompañero del argentino en el PSG, el francés Kylian Mbappé, su competidor en dos citas mundialistas, sonaban desde hacía semanas como los principales aspirantes, en particular los dos primeros. El lector ya conoce el resultado de esta premiación (aunque al momento de escribir esta obra el evento todavía no tuvo lugar). Para Messi se trataba del octavo trofeo en este linaje simbólico como el mejor del mundo según los criterios de la votación. Para Haaland, el primero. Lo mismo sería para Mbappé en caso de ganarlo, aunque sus probabilidades, este año, eran menores. Lo que quedaba claro en el debate es que con Messi, aunque nunca se sabe por su capacidad de construir genialidades, se estaba cerrando una época. De ganar el octavo Balón de Oro marcaría otro récord difícil de igualar, la vara que deja es demasiado alta. Sus números son impresionantes, pero, como en todo récord, habrá jugadores que en el futuro vayan igualando marcas o superándolo en algunas medidas. Muy difícil que conquisten todo lo que él logró. Haaland detenta un talento que solamente el tiempo dirá hasta dónde puede llegar. No obstante, al ser noruego, es poco probable, aunque es este mundo nada es imposible, que pueda ganar una Eurocopa y menos un Mundial con su selección, por el simple registro histórico, las perspectivas de su liga y la escasez de compañeros de su nacionalidad de primera talla. En consecuencia, ser campeón del mundo con su país es algo que está afuera de la agenda. Ahora bien, si Messi no hubiera conquistado el Mundial de Qatar 2022, de todas formas para muchos sería el mejor de su época. Johan Cruyff no fue campeón con su selección holandesa y Alfredo Di Stéfano tampoco, ni con Argentina ni con España, e igualmente marcaron sus tiempos. En cambio, Mbappé ya lo fue a sus diecinueve años en Rusia 2018, y el potencial que representa Francia lo hace candidato a levantar más trofeos con su selección nacional.

Lo que se delinea aquí es un cambio de era, ¿quiénes serán los principales protagonistas a futuro y de qué forma lo serán? Siempre habrá jugadores que compitan por ser elegidos los mejores de un año, y con polémicas incluidas resaltarán en más de una ocasión. Pero ¿qué tipo de historias se relatarán desde la infancia de los nuevos futbolistas en ascenso y también de las mujeres que han conquistado importantes caudales de admiración masiva? Actualmente, aunque las distancias siguen siendo abismales a nivel global en cuanto a inversiones, salarios, audiencias y taquillas, el crecimiento del fútbol femenino va a un paso tan acelerado que, como ya ocurre en algunos países, la rama podrá ser más importante que la de sus pares masculinos en varias latitudes.

Plasmadas estas reflexiones, la historia de Messi es muy especial, es el parámetro para los jugadores en la actualidad y lo será para las generaciones que aún no han debutado en primeras planas. A Lamine Yamal, el joven español de padre marroquí y madre de la Guinea Ecuatorial, de reciente aparición, se lo tilda tempranamente como el posible nuevo Messi, como sucederá con otros casos. Es parte de las bases de comparación. Esto sucedió así cuando Pelé se retiró, también cuando Maradona dejó las canchas de manera definitiva. Al segundo lo comparaban con el primero, y a Messi con Maradona. El debate y sus argumentos a favor y en contra no se agotan. Los años dirán quién compite con el legado de Messi. Estas polémicas suelen ser abordadas por datos, o bien por emociones vividas respecto a los contextos. No quedan dudas de que la trayectoria de Lionel Messi merece ser interpretada por todo tipo de análisis. En esta obra se combinan, en particular, el periodismo, el testimonio de entrenadores de fútbol y la sociología para apuntar una reconstrucción reflexiva de una historia por etapas y por momentos a partir de diferentes perspectivas.

Fernando Segura M. Trejo

Messi en la cima del mundo a partir de canchas de tierra en Rosario

Fernando Segura M. Trejo

En el podio del luminoso estadio Lusail, el emir Tamim Bin Hamad Al-Thani cubre en un gesto de admiración y respeto a Lionel Messi con un *bisht*, un manto tradicional tejido en color negro adornado con fragmentos de oro, símbolo de identidad árabe en momentos de gloria y prestigio. La selección argentina acaba de conquistar en Doha, en el lejano golfo Pérsico, su tercer título mundial tras una épica final empatada a tres con Francia. Messi hizo dos goles y su socio de siempre, Ángel Di María, uno memorable por la jugada colectiva y la definición. Mbappé convirtió tres y casi opaca el sueño argentino. Dibu Martínez, el carismático arquero, se lució con una salvada cardíaca en los últimos instantes del tiempo extra para que el duelo pudiera ser destrabado en la tanda de penales.

En la vertiginosa noche del 18 de diciembre de 2022, los ojos de Lionel parpadean alegres al dirigirse a la tan deseada copa, que estática y brillante parecería expresarle: «Te he esperado y sé que nadie más que tú merece levantarme». El presidente de la FIFA, Gianni Infantino, toma el trofeo, el emir se le une y le entregan al capitán el objeto que condensa todo el simbolismo de confirmarse como campeón del mundo. Lionel besa la copa, la acaricia. Con una sonrisa pícara y unos pasitos arropados en pequeños saltos se acerca a sus compañeros, quienes lo esperan aguantando la algarabía. Al llegar al centro del estrado levanta el trofeo y lo agita. El grupo explota de emoción. Los fuegos de artificio y las luces del imponente marco acompañan la celebración.

El Mundial 2022 fue durante años sujeto de severas acusaciones en cuanto a las condiciones para la primera cita en suelo árabe en la vigésima segunda versión mundialista desde aquella de Uruguay en 1930. El de Qatar fue quizás el mundial más cuestionado de la historia por su atribución, plagada de acusaciones de sobornos, la mudanza de las tradicionales fechas de junio-julio hacia noviembre debido a las altas temperaturas de la región. Un país regido por una monarquía, la obligación de las mujeres locales de cubrirse por completo el cuerpo y el rostro, las prohibiciones para grupos sexualmente diversos, reportes de organizaciones y prensa internacional sobre fallecimientos de obreros en la construcción de estadios, entre otras genuinas preocupaciones de países occidentales que, a su vez, desprecian a inmigrantes provenientes del sur y revisten una historia de colonialismo no tan lejana, de la que parecen haberse lavado la conciencia.

El Mundial resultó ser, empero, uno de los más emocionantes en su desenlace. Partidos con altas dosis de adrenalina, juegos dinámicos y una serie de sagas épicas para la narrativa futbolística. Al menos un equipo de cada confederación se ubicó en los octavos de final. Francia, en tanto campeón defensor, fue tejiendo camino con base en su letal poder ofensivo. Brasil coqueteó con destellos de *jogo bonito* hasta los cuartos de final, cuando quedó eliminado en penales por una Croacia orgullosa de sus pergaminos en su reciente historia futbolística. Inglaterra mostró un ímpetu lleno de juventud, aunque insuficiente para acceder al trono de los cuatro mejores. Marruecos fue una de las grandes sensaciones al desplazar a Bélgica en primera fase, luego a España y a la selección portuguesa de un Cristiano Ronaldo que tuvo un torneo y una despedida con tintes de frustración. Marruecos alcanzó una inédita semifinal para el delirio del mundo árabe.

Argentina, por su parte, arrancó con un inesperado mazazo. En su debut, y a pesar de que Lionel Messi abrió el marcador de penal, terminó sucumbiendo 2 a 1 frente a Arabia Saudita. Un resultado desfavorable en su segundo partido frente a México podía consumar un rotundo fracaso con triste final para su protagonista principal. Pero en un encuentro plagado de tensión, fue precisamente Messi el que quebró el cerrojo que impuso la selección mexicana y con un gol clínico hizo latir al estadio Lusail en el segundo tiempo. A partir de ahí su figura se fue agigantando. Lionel Scaloni y el resto del cuerpo técnico le encontraron socios ideales en Alexis Mac Allister, Enzo Fernández y Julián Álvarez en un ajuste de cambios efectuados como consecuencia del traspié inicial. El resto de la travesía se fue escribiendo como un cuento mágico entre el desierto y las estrellas.

Si algo fue caracterizando al acontecimiento fue su clima festivo en las calles y en el moderno metro de Doha. En la primera fase, el ambiente fue creado por los seguidores de Arabia Saudita, México, Argentina, Brasil, grupos dispersos de uruguayos, ecuatorianos, surcoreanos, japoneses, sumados a unos pocos europeos que se acercaban los días de partido, aterrizados en general desde Dubai, donde el alcohol no estaba restringido. El cántico que se iba expandiendo en rincones habitados por seguidores de Argentina —«Muchaaachos, ahora nos volvimo a ilusionar, quiero ganar la tercera, quiero ser campeón Mundial. Y al Dieeego, desde el cielo lo podemos ver, con don Diego y con la Tota[3] alentándolo a Lionel...»— fue tomando vigor. Cada vez más atuendos poblaban la ilusión. Argentina y Messi en particular no solo contaban con el respaldo de numerosos compatriotas.

Trabajadores originarios de India, Bangladesh, Paquistán, Irak, Afganistán y Nepal agitaban banderas en cada sendero, estación de metro, mercado o barrio que los encontrara. En los estadios, jeques y amigos con túnicas blancas también celebraban. En el mercado de artesanías y especias Souq Waqif, los banderazos argentinos que retumbaron con frecuencia a lo largo de treinta días eran filmados por cientos de celulares. Los residentes locales se levantaban en los restaurantes para captar ritmos y coreografías entre las banderas que portaban iconografías de Maradona y de Messi. Los esfuerzos por imitarlos no siempre podían acompañar las elaboradas líricas, pero una exclamación se prestaba como común denominador en estadios, *fan zones*, transporte y vías públicas: «¡Messi, Messi!».

En un recorrido realizado por la zona industrial, en el barrio Asian Town a diecisiete kilómetros del centro de Doha, fue sorprendente ver la cantidad de camisetas estampadas con el apellido Messi. Las peluquerías adornadas con imágenes del jugador en paralelo a unas cuantas de Neymar y Cristiano Ronaldo. Los jóvenes hombres que atendían tiendas de ropa y dulces

---

3. En alusión a los padres de Diego Maradona, don Diego y la Tota.

se emocionaban al ser consultados por su preferencia[4]. La respuesta en un noventa por ciento, si no más, era clara: «*¡Argentina, Lionel Messi!*», En la *fan zone* de la FIFA en el mismo suburbio los trabajadores aliviaban algo de su tiempo libre delirando con cada partido de la selección argentina.

Consumada la noche del 18 de diciembre, los destellos de la luna que se colaban entre la bruma de la bahía de Doha iluminaban una sensación de liberación emocional. La energía ahí condensada por el deseo de millones se pudo cristalizar al saber, finalmente, a Lionel Messi campeón del mundo con su selección mayor. Cuando culminaron los alargados festejos en el estadio, los jugadores subieron a un autobús para un desfile a lo largo del Boulevard Lusail. Escoltados por la elegante caballería policial, eran aclamados en el delirio de los transeúntes. En los rostros de bangladesíes, indios, paquistaníes, ni se diga de los argentinos presentes, la ovación transmitía inconmensurable felicidad.

El *New York Times* titulaba esa misma noche en su portal: «Coronación completa. Lionel Messi reclama su corona y Argentina se regocija». El *Washington Post* anunciaba: «Una Copa del Mundo inmortal recompensa a la Argentina de Lionel Messi por fin». El periódico inglés *The Sun*, al día siguiente, publicaba en su portada la imagen del número 10 levantando la copa con el título: «En la mano de Dios», en una sutil alusión al controvertido gol con la mano de Maradona a los ingleses en México 1986. El subtítulo de la tapa aclaraba: «Messi gana el Santo Grial». El matutino francés *Le Figaro*, en primera plana: «Dentro de la Leyenda». *El País*, en España: «La Argentina de

---

4. Visita efectuada para la serie *Tertulias desde Qatar*, del Canal 14 en México. Las escenas se encuentran el episodio del día 12 de diciembre de 2022 en YouTube.

Messi se corona tras una final memorable». El deportivo catalán *Sport*: «¡Argentina, campeona del mundo!», con la foto de Messi envuelto en el *bisht* levantando al trofeo. El *Times of India*: «Lionel Messi gana el Premio Final». El *Gulf Times*, editado en Doha: «Argentina en la cima del mundo». En tierras brasileñas, *O Globo* decía «Messi inmortal». En México, *La Jornada* sentenciaba «El Olimpo lo recibe». Ningún jugador había recibido tanta atención por su papel protagónico desde Diego Armando Maradona en el estadio Azteca. Messi, incluso, por la inmediatez de los portarles en línea y redes sociales, ha superado a cualquier otro futbolista.

En Argentina, el delirio que desató el tercer título de la selección masculina también fue motivo de asombro para el mundo. La postal del avión con bandera nacional recién aterrizado y la copa en manos del capitán dio vueltas a las redacciones. Pero lo que fue una verdadera locura fue el recorrido del autobús que dirigía a los campeones hacia el corazón de Buenos Aires, el Obelisco. Tanta era la marea, entre cinco y seis millones de personas en el trayecto —imposible saber el número exacto—, que los jugadores debieron seguir el rumbo en helicóptero. Recibirlos generó, por lo visto, la mayor alegría popular en lo que va del siglo XXI. Similar y diferente a su vez a lo que provocó el título de 1986, considerado el furor emocional del siglo pasado. El capitán, otrora cuestionado en medios de comunicación y silbado alguna vez en estadios domésticos por no hallarlo a la altura de Maradona, se reconfirmó como el estandarte sublime de adoración para las generaciones posteriores a 1986.

¿Pero de dónde y cómo surgió este jugador que con su metro setenta y su timidez fuera de las canchas ha conmovido no solo a su patria sino a millones en el planeta? Qatar lo vio en la cima, pero su recorrido reviste una secuencia peculiar desde los aromas a tierra en las canchas de Rosario en la provincia de Santa Fe hasta el máximo logro que siempre quiso y le reclamaban alcanzar. A continuación, una pincelada de un camino estelar en el fútbol mundial con sus naturales pasajes sinuosos.

Su infancia en Rosario, Argentina: puro fútbol

En una familia y una ciudad que respiran fútbol, Lionel acostumbraba disputar la pelota en las apacibles calles de entonces con sus hermanos y primos[5]. A sus cuatro años ya se animaba a luchar por el esférico con Rodrigo y Matías, sus hermanos, a quienes se sumaba el primo Maximiliano Biancucchi, siete, cinco y tres años mayores respectivamente. Luego se sumaría Emanuel a los duelos, hermano de Maxi, un año menor que Lionel. Mañanas, mediodías y tardes enteras se diluían alrededor de la pelota en el cemento de la calle Estado de Israel, zona sur de Rosario. Los desafíos no eran precisamente tiernos, ninguno quería perder y las rodillas muchas veces terminaban desangradas, en especial las de Lionel. Escenas familiares entrelazadas entre el goce y el orgullo. Su tenacidad fue impresionando paulatinamente. Quizás podamos aquí esbozar dos hipótesis que den cuenta de importantes revelaciones. Del lado del crío, el saberse capaz de jugar con y contra sus hermanos le inculcaba una temprana confianza en su interior. Por otro, su desempeño suscitaba

---

5. En la biografía escrita por Balagué se detallan varias escenas en las que el pequeñito terminó por impresionar a sus familiares. Balagué, Guillem (2014), *Messi,* Ciudad Autónoma de Buenos Aires, Principio Editorial.

admiración, y eso evidentemente retroalimentaba la sensación de sentirse reconocido en el seno más preciado. Rodrigo y Matías se hallaban en la tentativa de integrar los circuitos futbolísticos de la ciudad. Su padre, Jorge, también había ensayado en su juventud una experiencia. Sus primos denotaban la misma predisposición. Por lo tanto, había fundamentos para comentar las cualidades de Lionel. Aunque a su mamá, Celia, le preocupaba que pudiera lastimarse en los embates de las partidas callejeras, la mirada de su padre valoró el talento y la valentía del menor de sus hijos varones. Por su parte, la bendición y el empuje de la abuela materna, Celia, jugaron su papel en el desenlace.

A inicios del año 1993, cuando tenía tan solo cinco años, su mamá y su abuela lo llevaron una tarde al club Grandoli, a unas quince cuadras de su casa. De bebé ya había sentido la emoción en esas gradas ahí donde sus hermanos solían desempeñarse. La categoría del año 1986 se encontraba calentando para iniciar. Lionel Andrés Messi Cuccittini había visto la luz el 24 de junio de 1987, es decir, era un año menor que los presentes. Casualidad o no, faltaba un jugador. La abuela le insistió a Salvador Aparicio para que diera una oportunidad a su nieto. Aparicio era uno de esos profesores formadores preocupados por el bienestar de sus pupilos y mostró cierta renuencia. La negociación de la abuela no falló. Si no conseguía adaptarse, se iban. Al segundo pase recibido, inició una carrera con sutiles toques diagonales hacia la portería, gambeteando a todo niño que se cruzara frente a su eje. Desde ese día, Aparicio no volvió a sacarlo del campo.

Grandoli es un club de barrio, con una sola cancha de tierra, algo de pasto en los costados, baches, desniveles y unas gradas laterales de cemento para los espectadores. El acercarse al terreno hace vislumbrar un potrero[6], aquellos donde se tejen las ilusiones de críos —y de sus familias también— entre corridas, gambetas y el polvo que se sacude. Salvador Aparicio, además de cariño y protección, le transmitía la necesidad de aprender a dar pases. Habituado a acaparar la pelota y dirigirse hacia el arco rival mientras esquivaba contrarios en malabares por sortear baches, el detalle de levantar la cabeza en velocidad e identificar compañeros fue una forma de estimular la visión periférica desde una temprana edad. El pequeño se convirtió en el as goleador y ganó su primer título de niñez con su primo Emanuel en el equipo.

Los campos de tierra, como el de Grandoli y los otros tantos a donde iban a disputar partidos, ayudaron a entrenar el control en situaciones en las que el balón podía desplazarse en direcciones diferentes a las deseadas. El antropólogo Eduardo Archetti, pionero en el estudio del potrero como una expresión de identidad criolla en la Argentina a partir inicios del siglo xx[7], puso de relieve el desarrollo de un estilo asociado a los inmigrantes, obreros en su mayoría, que jugaban generalmente en los arrabales y alrededor de la construcción de las vías del ferrocarril. La espontaneidad y la gambeta fueron imponiéndose como una marca distintiva de picardía y audacia. Archetti vinculaba el fútbol con otros medios culturales emergentes como el tango, sinónimo de destreza, practicado en tabernas antes de convertirse, como el fútbol, en materia de exportación de talento. La relación entre el tango y el fútbol, según Archetti, se anclaba en los cortes y quebradas del movimiento de cintura.

---

6. El autor de este texto realizó una visita de campo de varios días en noviembre de 2014 para explorar los orígenes de la niñez de Lionel Messi.

7. Archetti, Eduardo (2001), *El potrero, la pista y el ring. Las patrias del deporte argentino*, Buenos Aires, Fondo de Cultura Económica.

Tanto en las ciudades como sus periferias, así como en pueblos del interior, las canchitas de tierra, los descampados y las calles fueron pilares para una niñez que, emulando a sus padres, hermanos y referentes del barrio, fue adhiriendo al entretenido juego, creando sus propios universos envueltos en gambetas a sus compañeros, a la precariedad material y al tiempo. José Manuel Moreno, ícono del fútbol argentino admirado por Di Stéfano y Maradona, encendió su proeza en los potreros de Merlo a inicios de 1920 en el cinturón urbano de la zona del Gran Buenos Aires, destreza que luego sería pulida en River Plate en la siguiente década. Moreno, en su otro pasatiempo recurrente cuando ya brillaba en los estadios, se lucía en el baile del tango. Alfredo Di Stéfano, en la transición de las décadas de 1920 y 1930, emprendió sus primeras experiencias en las calles de adoquín del barrio obrero de Barracas, en Buenos Aires, donde la pelota rebotaba y rebotaba. Tempranas muestras de talento y coraje en sus entornos. De las calles, el joven Di Stéfano se fue al Club Social y Deportivo Unión Progresista hasta que recibió un telegrama citatorio para una prueba en River Plate. Ambos, Moreno y Di Stéfano, encarnaron características que el fútbol argentino exportó. Moreno pasó por México, Colombia y Chile. Di Stéfano conquistó al Real Madrid. No fueron los primeros en salir, pero sí ilustres representantes de un flujo incipiente desde los barrios futboleros al mundo. Otros grandes habilidosos, de primera talla, no llegaron a clubes en el exterior. Tan solo basta citar a René Houseman y a Ricardo Bochini, campeones del mundo con Argentina en 1978. El primero se adentró en el balón en los antiguos tugurios del bajo Belgrano en Buenos Aires. El segundo lo hizo en su Zárate natal, a setenta y cinco kilómetros de la capital en el club Belgrano antes de su épica saga en Independiente de Avellaneda. De la primera selección argentina campeona mundial, el único jugador que militaba en el exterior era Mario Alberto Kempes, quien brillaba en el Valencia C.F. desde 1976. Todos los demás se destacaban en el ámbito local. Kempes comenzó en las canchitas de Bell Ville, en el sur de la provincia de Córdoba, en la segunda parte de la década de 1950. Su paso por clubes con paisajes de tierra sirvió para germinar la vocación.

Si de potreros se trata, no hay quizás historia más imbricada que la de Diego Armando Maradona y su Villa Fiorito a lo largo de la década de 1960. Eduardo Archetti plantea, en su lectura antropológica[8], el hecho de que Dieguito, como lo llamaban en el barrio, desarrolló ahí la dosis necesaria de valentía y picardía cuando jugaba con compañeros y rivales mayores para afincar plena confianza en sus habilidades. Todos elementos que luego fueron útiles para el más alto exponente del fútbol argentino en el siglo xx.

Por lo tanto, Lionel Messi nació en una nación de fútbol, su surgimiento y su talento —descomunal— tienen una correlación con un linaje de grandes futbolistas emergidos de potreros, cuyas demostraciones en clubes de barrio fueron claves para luego ponerse a prueba en escalafones de otro nivel. La trayectoria de Messi se asemeja en algunos matices. Su aparición presenta una expresión de ciertas continuidades. Las canchas de tierra

---

8. En su libro *Masculinidades*, Archetti dedica un capítulo a Maradona como la encarnación del tango *El sueño del pibe*, escrito en los años 1930. El pibe que sueña con ser jugador y cuenta a su madre que será un Baldonedo, Martino o Boyé, íconos de la época. Le dicen los Muchachos del Oeste argentino, en referencia al conurbano del Gran Buenos Aires, y así, podemos inferir, a los potreros de la zona, que superará a Bernabé, en alusión a Bernabé Ferreyra, ídolo de River Plate. Maradona cantó el tango en reiteradas ocasiones. Archetti, Eduardo (2003), *Masculinidades, fútbol, tango y polo en la Argentina*, Buenos Aires, Editorial Antropofagia.

como parte del camino iniciático en una construcción colectiva. El terreno donde se forjan estilos de guapeza futbolística. Por supuesto, esta dimensión sola es insuficiente para atestiguar el periplo que recorrió. Además que miles, si no millones, de críos se adentran en la ilusión del fútbol a lo largo del territorio argentino. Su historia permite trazar paralelos con predecesores, pero también cambios que marcaron épocas y, a su vez, elementos únicos de su camino.

En la minúscula utilería de Grandoli, para regresar a su primera entidad deportiva, se guarda una serie de fotos que el portero Carlos Gómez muestra orgulloso[9]. Los edificios estilo monoblocs que lo rodean afrontan la humedad del río Paraná con sus paredes decoloradas, testigos de los sueños de quienes acuden al club. En al menos cuatro retratos aparece el diminuto Lionel con seis años. Sentado con un balón entre sus manos, en otras con sus compañeros, su papá y el profesor Aparicio. Los diplomas y trofeos en los estantes impactan como testimonios de un club que ha generado arraigo. Produce asombro el solo pensar que de ahí surgió el jugador emblema del siglo XXI, uno de los mejores y para algunos el mejor de todos los tiempos.

En Rosario y sus alrededores, el destaque de algún prospecto llamativo llega rápido a oídos de avispados cazatalentos. Sin embargo, la detección por parte de figuras confiables en el ecosistema es clave para cualquier posible encadenamiento ascendente. Las fuentes indican que Jorge Griffa, devenido con el tiempo en toda una institución por la que pasaron decenas de

---

9. En noviembre de 2014, cuando el autor pudo visitar el club Grandoli, Carlos Gómez abrió atentamente las puertas del club y se prestó con paciencia a mostrar las instalaciones. Un primer artículo académico en coautoría con John Williams fue publicado en la revista *Soccer & Society*, de título «One hell of a player, the social construction of the early career of Lionel Messi: towards a sociological analysis», vol. 3, N° 3, 2020.

profesionales, convenció a Jorge Messi y a Lionel de unirse a la cantera de Newell's Old Boys (NOB), una de las cunas de futbolistas más gloriosas del país, embrionaria de Jorge Valdano, el Tata Martino, Gabriel Batistuta, Lionel Scaloni, Maxi Rodríguez, entre varios renombrados internacionales. Newell's Old Boys es uno de los clubes emblema de la ciudad de Rosario, el otro es Rosario Central, y los futbolistas nombrados nacieron todos en la provincia de Santa Fe, si bien no todos en Rosario, algunos en ciudades más chicas: Valdano, por ejemplo, es de Las Parejas, Scaloni de Pujato y Batistuta de Reconquista.

El 30 marzo de 1994 la ficha impresa de Lionel fue registrada en NOB. Ernesto Vecchio, su primer entrenador, reveló en las entrevistas realizadas en Rosario [10] el hecho de que no tuvo que trabajar en sus habilidades sino en diferentes posiciones para ubicarlo en zona de defensa con el fin de organizar al equipo. En otras, como centrodelantero para recibir el balón de espaldas en el formato de fútbol con siete jugadores en la modalidad rosarina de *baby fútbol*. En Argentina, el pasaje por fútbol en espacios reducidos es algo característico en el tránsito previo o durante las divisiones de base.

La llegada a NOB constituye un nítido punto de inflexión. De ser un miembro importante en un club completamente amateur pasaba a los escalones formativos de una entidad nacional. Vecchio recuerda, desde el taller mecánico en que concedió ser entrevistado, el contexto y la gravitación: «Esos chicos eran

---

10. Un segundo texto académico fue publicado sobre este estudio de campo junto con el profesor de la Universidad de Leicester en Inglaterra John Williams y la colaboración de Diego Roldán, profesor en la Universidad Nacional de Rosario e investigador del Conicet. Segura M. Trejo, Fernando, Williams, John y Roldán, Diego (2020), «Trayectoria, inflexiones y variables en la carrera de Lionel Messi: un análisis sociológico de sus inicios y su excepcionalidad», *Lúdicamente*, N° 18, vol. 9.

todos talentosos, pero teníamos a Lionel que siempre hacía la diferencia. Por un lado, tenía una extraordinaria capacidad para gambetear, convertir goles y asistir. Por otro, era muy importante para el grupo». Comenzó así a disputar partidos en la exigente Liga Rosarina representando a NOB, donde lo que seguía primando eran las canchas de tierra mezcladas con pasto según la temporada del año.

El sendero exitoso se relaciona, en efecto, con su camada en las divisiones inferiores. Esos chicos fueron apodados la Máquina del 87, por el año en el que nació la mayoría. La cohesión de sus integrantes y la dupla con Lucas Scaglia acompañaban el desempeño de Lionel. Néstor Rozín, responsable en aquel tiempo de la pensión donde vivían las ilusiones provenientes de otros pueblos y ciudades, subrayó en el estudio de campo de este cronista: «Solía quedarse en la casa del club durante varios fines de semana en lugar de la comodidad de su hogar [...] Le gustaba mucho pasar tiempo con sus compañeros». Entre 1994 y 1999 jugó 176 partidos con NOB y marcó 234 goles. En la mayoría, su equipo arrasaba y él anotaba por duplicado o más. No obstante, los clásicos frente a Rosario Central eran duros y en ocasiones lo dejaban frustrado al no poder quebrar el arco e incluso conocer la derrota. Algo que también contribuía a la formación de su carácter. Un detalle expresivo se manifestaba frente a sus compañeros. Cuando no ganaban, Lionel descargaba su despecho en lágrimas. En la siguiente oportunidad regresaba con mayor fuerza.

En esas temporadas de goce futbolístico germinaron otros encuentros que marcarían su vida. De ahí que detenerse en esos años es fundamental para comprender su historia. En un verano conoció a Antonela Roccuzzo, un año menor que él, prima de Lucas Scaglia. Se sembraba así una semilla de amor que se convertiría, posteriormente, en un pilar fundamental para la construcción de su personalidad estable. A sus nueve años, Messi lideraba un equipo con el cual todo parecía posible; su nombre y su prestigio estaban alcanzando reconocimiento más allá de Rosario. La reputación creciente les hacía recibir invitaciones internacionales como la de la Academia Cantolao en Perú. La transición hacia niveles superiores parecía asegurada.

Empero, no existen trayectorias lineales. Su abuela se despidió de este mundo antes de que Lionel cumpliera diez años. Esa figura que cobijó sus sueños, que lo apapachaba los lunes, miércoles y viernes en Grandoli, dejaba a la familia. Fue un golpe anímico muy duro. Muchos festejos del jugador, ya consagrado, han apuntado al cielo en forma de dedicatoria. Además, si bien Lionel contaba ya a esa altura con una férrea determinación, sus entrenadores en NOB identificaron poco tiempo después una estatura y una masa corporal menores al promedio de su edad. Se le aconsejó entonces visitar al endocrinólogo Diego Schwarztein, un médico que ya había trabajado con talentos del club. Cuando lo recibió, Schwarztein explicó a este cronista: «La *única preocupación del niño era saber si podía convertirse en futbolista profesional*». Así comenzó el procedimiento para apuntalar el déficit de la hormona de crecimiento.

Con el tratamiento en curso y la disciplina de Lionel para inyectarse día a día la dosis necesaria para alcanzar su desarrollo normal, la crisis económica por la que atravesaba el país golpeaba duramente a la industria siderúrgica. Los reembolsos de los gastos por parte de la fundación de la empresa de acero donde trabajaba Jorge Messi empezaron a demorar semanas. Para la familia, la carga financiera se tornó insostenible. Los padres decidieron pedir mayor apoyo a NOB, pero eran tiempos turbulentos bajo la administración de Eduardo López, un hombre al mando del club desde 1994, acusado de manejos fraudulentos. Los entrenadores han destacado que hicieron todo lo posible por ayudar, una posición desafiada en reiteradas ocasiones por la familia. Cada parte mantiene su versión de los hechos. En este ambiente incierto en cuanto a las mejores posibilidades futuras, las dudas llevaron a buscar otras alternativas. Como consecuencia, Jorge viajó con su hijo a Buenos Aires en 1999 para una prueba en River Plate. Su actuación impresionó a los observadores en uno de los gigantes del país, pero no tanto como para arriesgarse a un conflicto por un adolescente registrado en el club rosarino. Aunque ese año anotó cincuenta y cinco goles con NOB, la situación no convencía a las aspiraciones de los Messi.

Fue ahí, casualmente, cuando aparecieron personas con contactos en equipos europeos. En esta parte, la investigación se topa con una nebulosa para conocer cómo los agentes intervinieron para organizar el viaje y la prueba en el Fútbol Club Barcelona en septiembre de 2000. Según nuestros entrevistados, actuaron como si estuvieran dando «una mano». Los conflictos legales han persistido y está fuera del presente propósito comprobar alegatos. Lo cierto es que luego de varios días en la capital catalana, recién cuando el exfutbolista Carles Rexach, responsable técnico del célebre centro de formación La Masía regresó de los Juegos Olímpicos de Sydney, pudo corroborar con sus propios ojos los atributos diferenciales del argentino frente a juveniles de élite de la cantera, dos o incluso tres años mayores. Ese fue el puntapié inicial de un proceso largo y lleno de discusiones.

En 2000, los clubes europeos no tenían el hábito de reclutar directamente de Sudamérica a prospectos de trece años. Los observaban y esperaban su confirmación temprana en una primera división para hacerse de sus capacidades. Por lo tanto, la familia tuvo que esperar en Rosario el llamado definitivo. Mientras, los altos funcionarios del Barcelona reflexionaban y debatían acaloradamente. Los entrenadores fueron decisivos. Insistieron en que este pequeño de verdad era diferente y podría convertirse en el «nuevo Maradona», a quien por cierto el club había comprado en 1982 por una cifra récord, equivalente a más de unos ocho millones de euros. Hasta ahí el traspaso más caro de la historia. Visto de esa manera, convenía en esta oportunidad invertir antes que enfrentarse al costo de pujar por sus servicios en el futuro.

No obstante, la legislación no permitía el fichaje de un joven de esa edad. Para facilitar las negociaciones, el FC Barcelona ofreció entonces un contrato a su padre, Jorge Messi, en una empresa relacionada con el club. Por consiguiente, el estatus migratorio se abría para la familia en España. La decisión se basó en la esperanza de éxito de un adolescente con una destreza fuera de lo común.

La incorporación a la cantera del Barcelona: entre ilusiones, gambetas y llantos

Las trayectorias de los jugadores sudamericanos que marcaron épocas permiten describir aspectos globales del fútbol. Alfredo Di Stéfano se formó en River Plate e integró una época dorada en el club argentino. Por una huelga de jugadores en el fútbol nacional se marchó en 1949 a Millonarios de Colombia. Fruto de negociaciones políticas de todo tipo, su talento recayó, unos años después, en el Real Madrid, en donde se convirtió en todo un estandarte. Su integración a España fue tal que se unió a la selección ibérica. Pelé, por su parte, emergió de la cantera del Santos Futebol Clube. Su aparición estelar en la Copa de Suecia 1958, a sus diecisiete años, lo confirmó como la perla del fútbol brasileño. Incluso así, realizó toda la plenitud de su carrera en el club que lo vio nacer, algo que sería impensado hoy en día. Un jugador novato que brilla en un Mundial es disputado de inmediato por clubes europeos. Pelé se coronó campeón del mundo tres veces y en todas ellas seguía en el Santos. Solamente retirado de su selección se fue a incursionar en 1974 al Cosmos de Nueva York por unas temporadas, adelantándose así en décadas a lo que puede ser hoy uno de los enclaves más atractivos para aspirantes de la profesión, así como para nombres que han certificado su éxito en grandes ligas europeas. El circuito en el que jugó Pelé no es la actual MLS, pero lo que supo interpretar el astro brasileño fue a Estados Unidos como plaza futura para el espectáculo internacional del fútbol. Messi, a sus treinta y seis años, haría una maniobra muy similar en 2023 con destino Miami.

Luego de Pelé, Maradona fue lógicamente la figura sudamericana que firmó el sello de máxima estrella del fútbol. La secuencia fue una clásica etapa por todas las divisiones formativas antes de debutar en primera división con Argentinos Juniors en 1976. Y aunque pretendido por la Juventus, el propio Barcelona y el Sheffield United, las circunstancias políticas bajo la dictadura de turno no le permitieron salir del país hasta casi llegados sus veintidós años, cuando ya contaba en sus espaldas con un título obtenido con Boca Juniors.

En cambio, la historia de Lionel Messi remite a una apuesta muy temprana que no implicó pulir sus habilidades en su propio país, sino encarar la inmersión profesional en una academia de excelencia en el viejo continente. En efecto, las condiciones del FC Barcelona presentaban un entorno distinto al conocido. Un apartamento cercano al centro de formación, el salario en una empresa para su padre sumado a una bonificación por la presencia del jugador en el club, la continuidad del tratamiento médico, entrenamientos en un marco de instalaciones de primer nivel. En una entrevista con Víctor Hugo Morales en la serie *Ídolos por el mundo*, emitida por la Televisión Pública argentina en los meses anteriores al Mundial de Brasil 2014, el jugador reconoció la importancia del cambio de estándares: «Estaba acostumbrado a jugar en terrenos casi sin césped en Argentina, algunos llenos de piedritas. Aquí [en Barcelona] todos los campos de entrenamiento están hechos de césped sintético. Era más fácil para mí conducir el balón cuando llegué». Ahora bien, esos potreros rosarinos le habían permitido desarrollar el quiebre de cintura que ahora lucía en los engramados sintéticos, una característica que propulsaba sus letales cambios de velocidad.

En las inferiores del Barcelona pasó por todos los equipos de base. En el lapso que abarca las temporadas de 2000-2001 hasta la de 2004-2005 disputó ochenta y nueve partidos y anotó noventa y siete goles entre el Infantil B, Cadet B, Cadet A, Juvenil B, Juvenil A, Barça C y Barça B. Los datos dan cuenta por sí solos de su desempeño. Empero y lógicamente no todo se resume a números. Después de debutar con un gol, sufrió una fractura de peroné en su segundo partido en el Infantil B. Transitó unos meses en muletas, observando a sus compañeros desde las gradas.

Al poco tiempo de retornar a su deleite, su madre y sus hermanos decidieron regresar a Rosario. La menor, Marisol, no se adaptaba a las clases en catalán y padecía una fuerte tristeza, sensación compartida por Rodrigo y Matías. Lionel tomó la difícil pero valiente decisión de permanecer en Barcelona. Su padre se quedaría con él para hacer frente a la ausencia del resto del núcleo.

Pocas veces nos imaginamos lo que realmente siente una persona adolescente al afrontar el desarraigo y la soledad en la persecución de sus sueños. Los recuerdos de Rosario o los mates compartidos con los suyos en el apartamento en Barcelona se traducían en nostalgia. La presencia del padre era una contención, pero solo Lionel sabe cuánto extrañó la cotidianidad con su madre, las bromas con los hermanos en los desayunos o al regresar de la jornada. En épocas no tan lejanas, la forma de comunicación eran unas cuantas llamadas telefónicas a la semana, al término de las cuales Lionel se encerraba a llorar. De igual forma, es muy difícil dimensionar cuánto dolor le causaba a Jorge percibir a su hijo en llanto detrás de una puerta, ni se diga situarnos en los sentimientos de su mamá al colgar el teléfono del otro lado del océano.

En este periodo se impone otra hipótesis para entender la fuerza interior que le producía su destaque con los equipos del Barcelona. Una recompensa llena de endorfinas que daban sentido a la tristeza en su alma y le devolvían una retroalimentación positiva en cuanto a su decisión. En la categoría Cadet B encontró precisamente a uno de esos entrenadores, entre todos lo que marcaron su carrera, que imprimiría una dosis extra de confianza, de esas tan necesarias en procesos formativos. En sus primeros partidos solían ubicarlo por los extremos, con una idea técnica interesante y sin dudas útil en la acumulación de recursos. Desde un costado podía recibir y encarar el ataque con la opción de llevar la jugada por la banda para luego quebrar hacia una posición central, o bien terminar el desborde con la capacidad de dotar a un compañero con una asistencia. La intervención de Tito Vilanova lo animó a desarrollarse en su posición favorita —como un número 10 clásico y creativo, situado en el centro— y no como «ala» por derecha o izquierda. De alguna forma esto lo reconectó con sus memorias de los campos rosarinos [11].

Pero si de vicisitudes y posibilidades de rupturas se construyen los andamiajes biográficos, un nuevo director del centro de formación del FC Barcelona se mostró renuente a continuar pagando la prima prometida por el prospecto, pues le parecía un despropósito. En ese contexto, el interés extraoficial del Real Madrid llamó la atención de Jorge Messi. Dos opciones, muy diferentes, estaban en juego. Renegociar con el Barça o romper con el club catalán para tener una oportunidad con su máximo rival. Los agentes en posición exigían una comisión para asegurar la transferencia, acelerando así no solo un nuevo acuerdo con el FC Barcelona, sino también el hecho de que, a partir de ese episodio, Jorge Messi sería el único manager de su hijo.

A todo esto, el desempeño fue sin dudas la variable para encaminar el ascenso meteórico en las categorías de base. El año futbolístico 2003-2004 fue brutal. Su brillo fue tal que llegaba a jugar en más de un combinado el mismo fin de semana. Entre el Juvenil B y el A, el Barça C y el Barça B —este último el más cercano al equipo mayor— marcó treinta y cinco goles en treinta y siete encuentros. Los entrenadores solicitaban, lógicamente, su talento diferencial. También llamó la atención del primer equipo y debutó con dieciséis años de edad en un amistoso frente al Oporto, en Portugal. Unos meses después, cuando sus habituales gambetas, cambios de velocidad y goles se compartían entre el

---

11. Varios años después, Vilanova volvería a ser capital en el primer equipo del Barcelona.

Barça C y el B, lo solicitaron tres categorías abajo durante tres jornadas para afrontar el clásico contra el Espanyol, arrebatarle el título al rival y coronar al Juvenil B de su club.

Los medios de comunicación, vehículo clave para promover y representar socialmente el talento futbolístico, comenzaron a notar el nombre de Lionel Messi. *El Gráfico* había publicado en Argentina una nota sobre él en agosto de 2003 y *Mundo Deportivo*, importante periódico de Barcelona, le dedicó la portada de noviembre al nuevo crack. La temporada siguiente fue la hora de incorporarse de pleno al primer equipo. De ahí en más, la vertiginosa historia parece poner el acelerador en las gambetas, pero también en caídas, llantos y resurgimientos deportivos.

La reputación que imprimió su desempeño en el centro de formación del Barça le generó la oferta de formar parte de las selecciones menores de España, con lo cual se le podía abrir una puerta a una generación que alimentaría al combinado mayor. Algunos de ellos serían campeones del mundo en Sudáfrica 2010. Pero su convicción absoluta siempre fue estar con la bandera argentina. Otros capítulos de este libro colocarán la lupa sobre ese periplo. Su elección, a pesar de una serie de idas y vueltas por las instancias decisivas del fútbol de su país, lo llevó a un nuevo salto cuando triunfó como goleador con la albiceleste en el Mundial FIFA Sub-20 en Holanda 2005. El Inter en Italia manifestó por ese entonces intenciones de ficharlo y claramente su historia hubiera sido diferente de haber cambiado de club. La vitrina de un mundial juvenil precipitó la firma de un mejor contrato con la entidad catalana.

El guion en desarrollo lo indicaba, con sus dieciocho años recién cumplidos, promesa argentina y prospecto en el Barcelona, como una figura más que interesante para el escenario global. A diferencia de décadas anteriores, ya era habitual poder captar en directo en los paquetes de televisión por cable a las principales ligas europeas desde las más diversas latitudes. La carrera proseguía su curso en esos carriles.

El vertiginoso ascenso y el sostén en el amor familiar

El plantel de primera división se encontraba en 2005 poblado por protagonistas como el astro brasileño Ronaldinho, el capitán de la selección de Camerún Samuel Eto'o, el portugués Deco, el mexicano Rafael Márquez, Charles Puyol, el joven Andrés Iniesta, entre otros. La dimensión del cariño en la integración de una nueva presencia a un grupo consolidado nunca debe subestimarse, ni tampoco asumirse como la fluidez en cualquier vestuario. El equipo lo conocía por sus incursiones cuando lo enviaban a entrenarse mientras su lugar yacía aún en las categorías juveniles. Si a muchos su rostro les resultaba tierno a sus treinta y cinco años durante el Mundial Qatar 2022, en aquella adolescencia su perfil de pícaro, con desfachatado talento y a la vez humilde actitud puede explicar quizá el acogimiento que le brindó el plantel dirigido por Frank Rijkaard.

El gol que tanto se recuerda, el 1 de mayo de 2005, es la prueba más visible del afecto para el debutante en la Liga con el dorsal número 30 en la espalda. Además de la pared, el pase exquisito del brasileño y la definición de emboquillada, el cariño se cristaliza cuando Ronaldinho se acerca y Lionel se trepa en su espalda para festejar rodeado por varios compañeros en un instante de deleite para el repleto Camp Nou.

Otros mimos llegaron unos meses después, cuando fue invitado a la estelar serie del Canal 13 argentino *La Noche del 10,* conducida en Buenos Aires por Diego Maradona. El icónico e histórico capitán lo anunciaba de esta manera: «Fue elegido el mejor jugador del mundo del juvenil 2005. Deslumbra a Europa, está jugando en el Barcelona. La está rompiendo, tiene dieciocho años. Es el futuro de todos nosotros, los argentinos: ¡Lionel Messssssi!». Con el ritmo de Lenny Kravitz a todo volumen hizo su aparición en el estudio. Maradona exclamó: «¡Grande, Lionel!». Y se abrazaron. Era la primera constelación cara a cara en sus vidas; el amo de la número 10 en Argentina y su posible sucesor.

Si el trazado se enfoca y elige mieles de éxito en una suerte de atajo, el 1 de diciembre de 2009 su nombre aparecía en la portada de la prestigiosa revista *France Football*. Acababa de recibir su primer Balón de Oro, reconocimiento equivalente al mejor del mundo del calendario anual. El 27 de mayo anterior había brillado en final de la Champions League frente al Manchester United. Incluso marcó un gol de cabeza con un salto de cintura memorable. Para esa temporada ya portaba firme el 10 en su camiseta. En la revista francesa se referían al rosarino como el heredero de Johan Cryuff en Barcelona. Pero cada historia requiere de contextos.

Dos años antes, el 18 de abril de 2007 para ser exactos, Lionel recibió la pelota atrás de la mitad de cancha, replegado en el costado derecho hizo una gambeta corta, estado puro de potrero. En el acto realizó un recorte y eliminó al segundo jugador, luego aceleró hacia un grado de velocidad inatrapable. Al acercarse al área se escabulló entre tres defensores, le salió el arquero, amagó hacia la derecha e inclinado, casi cayéndose, la empujó directo a la red ante la desesperación del último adversario. La analogía del gol en términos del vértigo fue comparada a una acción maradoniana, parecida a aquella frente a los ingleses en 1986. Claro que los entornos no tenían punto de comparación, pero sí en cuanto a celebraciones sobre la explosión de habilidad. El resultado fue un 5 a 2 asestado al Getafe. Unas semanas después, el rival le devolvió un 4 a 0 y despidió al Barcelona de la Copa del Rey. La lectura que haría su siguiente entrenador, Pep Guardiola, al analizar esa jugada ilustraba un desequilibrio imperante. Messi no podía recibir constantemente en esa posición y transitar a todo ritmo para luego anotar. Había que reubicar a todo el equipo. Esta historia se contará también en otro capítulo, pero volvemos a la importancia de pulir el talento.

La era de Guardiola como director técnico en aquel nuevo Barcelona que supo reinar en España, Europa y el mundo se sustentó con un esquema rodeado por Xavi Hernández, Andrés Iniesta y Sergio Busquet en la orquestación de los avances. Messi gravitaba entre ellos y siempre tenía por delante a un centrodelantero clásico como referencia. No está de más subrayar que en el club venían controlando su alimentación. Su deleite por las milanesas con papas fritas y flanes con dulce de leche argentino no podían formar parte de la dieta de un jugador del más alto nivel.

Sabido es que los títulos llovieron. Pero a excepción de la medalla dorada con la escuadra albiceleste en los Juegos Olímpicos de Pekín 2008, con la selección argentina mayor iba de frustración en frustración. Sus expresiones faciales eran elocuentes. Masticó rabia en el banco de suplentes cuando se escapó el partido en cuartos de final frente a Alemania en 2006. Se lo vio casi petrificado en su lenguaje corporal cuando otra vez Alemania expulsó en 2010, con un 4 a 0, a la Argentina dirigida por Maradona. Fue silbado en el estadio de Colón de Santa Fe en la Copa América 2011 en su país al sucumbir en penales con

Uruguay. Las señales, a menudo engañosas y reduccionistas, indicaban que su papel era triunfar con el Barcelona y fracasar con Argentina, aunque se esforzara con goles y asistencias en ambos escenarios.

En 2010 anotó sesenta y dos en el total de partidos disputados, cifra que valió el segundo Balón de Oro. En 2011, campeón otra vez con el Barça en la Champions League, registró un total de setenta y tres tantos en el calendario. Descomunal y tercer Balón de Oro a la bolsa. En 2012, volvió a repetir el premio. Sus noventa y un goles en sesenta y nueve partidos fueron fulminantes, récord histórico. En la sede de la FIFA, vestido con un saco negro brillante lleno de círculos blancos y un moño del mismo estilo en su cuello, se levantó al oír su nombre. Muchos medios de comunicación especularon con el gesto de su rival en el Real Madrid, el portugués Ronaldo, como si sus entrañas se revolvieran al aplaudir al argentino. El presidente de FIFA, Joseph Blatter, risueño y seguro de sí mismo en el trono de la administración del fútbol, sonreía en el estrado al pasar el trofeo. Lionel exclamó con muletillas en sus agradecimientos que se encontraba muy nervioso. Su rostro emanaba ternura, como cuando le reclamaba alfajores a Carlos Marconi, coordinador del complejo de formación Malvinas Argentinas en su época en NOB. Al finalizar su discurso en Zúrich agradeció a su mujer Antonela y a su hijo Thiago como lo más lindo que Dios le había dado.

En el Mundial de Brasil 2014, este cronista vio cómo sus goles en la primera fase eran celebrados con locura por los miles de hinchas argentinos, pero también, y a pesar de la rivalidad, aclamado por brasileños que en su mayoría iban a alentar a todo oponente que jugara contra Argentina. En la segunda fase dio asistencias, desplegó muchos amagues, pero no pudo hacer goles. El sufrimiento del equipo, del cual su cara fue más que expresiva, marcó el dolor y el llanto de haber perdido la final en el Maracaná contra Alemania.

En las derrotas solo es posible imaginar el consuelo de regresar con su familia. Tras la final perdida en la Copa América frente a Chile, unos meses después, el 11 de septiembre de 2015 nació su segundo hijo, Mateo. Su casa, mansión, en Bellamar de Castelldefels, a unos treinta y cinco minutos en automóvil de Barcelona sobre la costa, era refugio en las caricias recibidas en sillones, un amplio exterior para tomar mate, jugar con sus hijos y su dogo de Burdeos llamado Hulk. Ahí Lionel podía reabsorber energías. Además, aquel 2015 volvió a ser de plenitud en el club catalán con el fabuloso tridente junto a sus amigos, el uruguayo Luis Suárez y el brasileño Neymar. Messi se hizo de su quinto Balón de Oro en Zúrich, aunque Joseph Blatter ya no presidiría la ceremonia. El *FIFA Gate*, con las detenciones por parte del FBI de altos funcionarios del Comité Ejecutivo y socios empresariales, puso en un rincón al mandamás, quien tuvo que renunciar luego de diecisiete años consecutivos en la presidencia. Ironía del escándalo, fueron parte de los negociados los que ubicaron a una edición de la Copa América en Estados Unidos para celebrar el centenario de la competición de origen sudamericano en 2016. Lionel y sus compañeros lo intentaron nuevamente, pero el número 10 falló su tiro y Argentina sucumbió en penales otra vez frente a Chile. Al término del partido anunció su renuncia. Lo hizo en caliente, con la herida abierta.

Es menester nuevamente considerar el inconmensurable afecto de sus seres queridos como fuente vital para recuperar sus emociones. Al poco tiempo volvió a la Selección por amor: «Amo demasiado a mí país», expresó. La voluntad de intentar ganar algo con la mayor fue siempre un objetivo irrenunciable en su espíritu y su mente.

La superestrella mundial con un déficit saldado en su haber

A lo largo de su carrera varias marcas comerciales han acompañado y vestido su éxito. La firma de indumentaria deportiva Adidas lo abrazó desde el año 2006[12]. Sin pretender un estado del arte ni una actualización de sus contratos, con solo mencionar algunas transnacionales que han recurrido a su reputación, Gillette lo celebró con bombos y platillos en 2014 cuando lo anunció embajador mundial de la campaña Hombre de Acero, que además de buscar vender más productos para afeitar aludía a la fuerza mental y a la determinación. Unos años antes, la compañía internacional mexicana Bimbo lo solicitó para promocionar su pan para hacer sándwiches. La lista de comerciales incluye a Pepsi, papas fritas de la multinacional Lay's, productos de Herbalife, así como el famoso vídeo del duelo con el basquetbolista Kobe Bryant para procurarse el autógrafo de un niño en la primera clase de Turkish Airlines. Entre la cartera millonaria han figurado también una firma de criptomonedas, la cervecera Budweiser, la telefónica Ooredoo —uno de los sponsors principales en el Mundial de Qatar—, Pro Evolution Soccer, Louis Vuitton, la tecnológica israelí Orcam, la manufacturera y distribuidora de lácteos china Mengniu y el espectáculo Cirque du Soleil en su honor, entre otros canales comerciales.

---

12. Por el beneficio de su imagen, Lionel fue incrementando a 1,6 millones de dólares sus ingresos mensuales extras —estimados a noviembre de 2022— en virtud de esa alianza.

En cuanto a su compromiso social, en 2010 la Unicef lo nombró Embajador de Buena Voluntad, y ha realizado con ellos, entre otras acciones, campañas para prevenir el dengue en África. En 2013 estuvo en el partido por la paz en Roma organizado por la iniciativa vinculada al papa Francisco, Scholas Ocurrentes, donde se plantó un olivo. Messi dedicó unas palabras en su encuentro con el pontífice para promover la iniciativa. La lista de filantropía es extensa, como las donaciones de su propia Fundación a hospitales en Barcelona y Buenos Aires.

Su imagen es tan atractiva que no solo las marcas o agencias mundiales lo buscan. Arabia Saudita lo contrató recientemente como Embajador de Turismo para promocionar paisajes diversos en la península. En su cuenta de Instagram Lionel cuenta con más de 370 millones de seguidores. Ahí ha posteado su silueta con el mar Rojo de fondo e imágenes de un fin de semana en familia como parte de su invitación a visitar el reino. Todo esto mientras aún jugaba para el Paris Saint-Germain, propiedad del emirato de Qatar, competidor en la geopolítica del deporte del territorio saudí. Por los aires Lionel ha podido circular en su avión privado, un Gulfstream V con todas las comodidades, alquilado con una cláusula de exclusividad.

En el plano deportivo el mundo lo vio aliviarse en 2021, arrodillándose de emoción en el Maracaná ante el silbatazo final de la Copa América obtenida frente al Brasil de su amigo Neymar. Por fin se le daba un título con la selección mayor. Los analistas deportivos indicaron que fue como despojarse de una mochila que pesaba sobre su espalda. Sin embargo, la discusión sobre la importancia de ganar un Mundial siguió como temática de eternas polémicas y comparaciones con Maradona. El traspié con Arabia Saudita y la posibilidad de perder con México iniciada la cita en Qatar pusieron en jaque su sueño infinito.

Pasado el sufrimiento de ambos partidos desplegó su fútbol como en las viejas canchas de tierra. Sacó a pasear a cuanto defensor se le interpusiera, se asoció con sus compañeros como en épocas rosarinas, plagado de picardía.

En las calles de Daca, en Bangladesh, deliraron. Lo mismo en Calcuta en la India. En el metro de Doha su nombre fue sinónimo de comunión. Se lo festejó en bares de Nueva York, Sydney, Shangai, Montreal, Barcelona, en la fuente de Cibeles en la Ciudad de México, y así puede seguir la lista extensa de urbes, como también periferias urbanas y aldeas recónditas en el mundo. Su celebración en el estadio Lusail sigue dando vueltas en imágenes. A su alrededor estaban Antonela y sus tres hijos, Thiago, Mateo y Ciro. Por ellos se decidió por el Inter de Miami en junio de 2023.

Si de dinero solamente se tratara, Arabia Saudita le ofrecía un contrato imposible de igualar. Su padre, Jorge, estuvo a cargo de revisar ofertas y negociaciones. Lionel eligió privilegiar el disfrute de su familia en un entorno más calmo que las ligas europeas, seguir por un tiempo dedicado a la práctica con la sensación de haber ya ganado todo desde que inició su sueño. Más allá de sus motivaciones personales, el destino Miami, rodeado de algunos viejos conocidos y jóvenes prospectos en la MLS, se relaciona con contratos por participación en producciones audiovisuales y también con el país sede de la Copa América 2024. Su presencia en Estados Unidos lo ubica, además, participe o no finalmente, en el epicentro del Mundial 2026.

El 18 de diciembre de 2022 alcanzó en Doha la inmortalidad. Todo pasado en su recorrido, las alegrías y el dolor, así como lo que podía proseguir se reubicaría a partir de otras interpretaciones. De esto tratarán los capítulos que a continuación desmenuzarán diferentes segmentos y tramas en el camino del jugador mito.

Un vídeo de un adolescente rosarino en el FC Barcelona: un linaje de Newell's Old Boys

Claudio Vivas y Daniel Garnica

Sin casete de por medio

Es sábado a media mañana, Claudio toma unos mates mientras su mente reposa pensamientos y diagrama proyecciones en San José de Costa Rica. Nacido en Rosario, Argentina, en 1968, Claudio Alejandro Vivas es director técnico de fútbol de profesión desde hace más de treinta y cinco años. Entre sus cargos fue director infanto-juvenil de clubes argentinos como Boca Juniors, Independiente de Avellaneda y Estudiantes de La Plata, además de haber acompañado, como asistente principal, el proceso de Marcelo Bielsa al frente del seleccionado nacional de Argentina, el Real Club Deportivo Espanyol de Barcelona y el Athletic Club de Bilbao. En sus pasos ha circulado también por clubes en México, Perú, Bolivia y Chile. Su experiencia le ha llevado, así, al mando de la Dirección General de Selecciones Nacionales en Costa Rica. De repente suena su teléfono.

Claudio intuye que se trata de algún familiar de su ciudad natal, o bien de alguna urgencia de la Federación Costarricense de Fútbol. Para su sorpresa, se trata de Daniel Garnica, su amigo y antiguo colaborador.

Los autores de este texto, Claudio y Daniel, con el deseo de presentarle una narración original al lector recrean la secuencia de conversaciones y los momentos futbolísticos y urbanos mencionados a partir de un relato que navega por instantes con una distancia hacia nosotros mismos. Por lo tanto, el capítulo introduce la descripción a través de una tercera persona imaginada que comenta el desenlace y la investigación desarrollada con extractos textuales de las entrevistas realizadas por Daniel a Claudio[13].

Así, Daniel se encuentra en Guadalajara, ciudad conocida como «la perla de Occidente» en lo que a geografía mexicana se refiere, la cual hace sentir con fuerza su distintivo calor primaveral desde las primeras horas del día. El café no deja de ser parte del ritual matutino. Luego de encender la cafetera y disfrutar unos cuantos sorbos, Daniel toma la iniciativa de entrar en comunicación con Claudio. Desde hace varios días quería conversar largo y tendido acerca de Lionel Messi.

Claudio fue la primera persona con quien el entorno de Lionel se puso en contacto para activar una posible convocatoria a selecciones argentinas del joven que por entonces brillaba en las divisiones inferiores del FC Barcelona. De inmediato brota por el teléfono la naturalidad y la sencillez en el trato. Además de una amistad, Daniel está unido a Claudio por un profundo agradecimiento. Básicamente por haberle dado la posibilidad de

---

13. Asimismo, los comentarios paralelos y las reacciones sobre los hechos citados por Claudio Vivas en las entrevistas efectuadas son responsabilidad de Daniel Garnica, a cuyo cargo estuvo la investigación histórica y estadística para el presente trabajo.

desarrollar una carrera profesional ligada al mundo del fútbol. En un par de etapas, tanto en México en el Atlas de Guadalajara como en Argentina, en Independiente de Avellaneda y en Boca Juniors fue parte de su equipo mientras Claudio ejercía cargos de coordinación.

Para encender la charla luego de los saludos y preguntas acerca de la familia, Daniel lanza la interrogación que todos sabemos que genera debates y afirmaciones, pero que nos encanta, sobre todo cuando va destinada a un amigo argentino: «¿Crees que Messi es el mejor futbolista de la historia?». Claudio ríe y pregunta si realmente lo llamó para eso. No se hace problemas y responde con un ejemplo: «Mira, previo a la final de Copa del Rey en 2012, trabajando en Athletic de Bilbao, donde enfrentamos al FC Barcelona, se analizaron sesenta y siete partidos de ellos, nuestros rivales. Marcelo (Bielsa), después del partido le obsequió a Pep (Guardiola) una carpeta con el análisis detallado, por escrito, de cada uno de esos partidos… sesenta y siete partidos que tuve que observar a detalle, está claro que tengo a Messi en la retina, y le he analizado no solo como admirador, por tanto, creo que sí, que es el mejor futbolista de la historia y eso lo pienso desde hace tiempo, no solo ahora que es campeón del mundo con Argentina».

De aquel partido mencionado, se recuerda que Marcelo Bielsa, director técnico de Athletic de Bilbao y cultor al extremo de un fútbol valiente y generoso en cuanto a volumen de juego ofensivo en los equipos que ha dirigido, no destinó una marca personal hacia Messi. A los veinticinco minutos del primer tiempo, el FC Barcelona ya ganaba por tres goles a cero, marcador que se mantendría así por el resto del encuentro. La segunda de las anotaciones fue obra de Messi a los veinte minutos. Claudio exclama: «No íbamos a perder un elemento en la creación de juego solo para anular a otro, entonces la idea era marcarlo siempre en zona, procurando, sí, estar cerca de él para anticipar la recepción, o impedir que llegase a girar... pero, claro está, muchas buenas ideas de pizarrón se quedan en eso, buenas ideas de pizarrón cuando tienes por delante a Lionel Messi».

Quizás el genio definitivo del fútbol mundial, Messi, es incomparable en términos de regularidad y constancia. Quien hace fácil lo difícil, héroe de mil batallas, aunque ha sido culpado en varias ocasiones, ha resultado triunfador en la gran mayoría. Hablar de genios es hablar de sucesos en el tiempo que, repletos de posibilidades, trazan líneas que a su vez se erigen en intersecciones con rectas paralelas a otros puntos en el tiempo, es decir, nosotros. Las grandes figuras en la historia siempre van dejando tras de sí una huella, pista o referencia, y nunca pasan desapercibidas para sus contemporáneos. Una distintiva paleta de colores, en contraposición a millares de escalas grises.

En este punto, y aun sabiendo algunos detalles sobre esta, la pregunta clave radica en la historia que inicia el día en que un emisario del despacho que representaba los intereses deportivos de un tal Lionel Messi, de apenas quince años de edad, le acercó a Claudio material en un vídeo para la Asociación del Fútbol Argentino. La propuesta es recomponer aquel momento y su desenlace, narrarlo en tiempo presente con el objetivo de recapturar la magia, o destino, detrás de aquellos instantes. Claudio accede.

Una reestructuración luego del fracaso de la selección argentina

Claudio: «Ya sea por admiración, o inspiración, todos tenemos una historia para contar que está ligada en mayor o menor medida a uno de los grandes genios del fútbol. La mía con Lionel se pone en marcha a unos meses de haber sufrido uno de los reveses más dolorosos de mi carrera profesional. Con la esperanza de redondear un exitoso ciclo de trabajo que comenzó en 1998, a las órdenes de Marcelo Bielsa en mi papel de auxiliar técnico —en otras palabras, segundo entrenador de la selección argentina—, estábamos por cumplir cuatro años en el cargo con el Campeonato Mundial FIFA en el horizonte. Luego de completar una eliminatoria sudamericana impecable con varios récords de por medio, reclamamos el derecho a considerarnos favoritos entre los contendientes al título mundial. La realidad es que, una vez en competencia, las cosas no salieron como las imaginamos, en absoluto».

El destino de Argentina en aquella Copa del año 2002, que por vez primera en la historia se disputó en dos sedes, Corea del Sur y Japón, comenzó a torcerse de manera negativa desde el 1 de diciembre de 2001, cuando el azar determinó que Argentina iba a compartir el grupo F, rápidamente apodado como «el grupo de la muerte», con los seleccionados de Nigeria, Inglaterra y Suecia.

Una victoria en el debut frente a Nigeria con gol de Gabriel Batistuta, más una derrota en la segunda presentación ante Inglaterra producto de un penal en contra que ejecutó correctamente David Beckham, y combinaciones de resultados ajenos, provocaron que la previa al partido definitorio que les enfrentaría ante los suecos se viera envuelta en una extrañísima sensación de estar al borde del colapso de forma prematura para las aspiraciones de este grupo de futbolistas, de su cuerpo técnico, y, por supuesto, de los millones de argentinos que anticipaban con mayor expectación que nunca esa edición en particular. El equipo estaba conformado por jugadores de trayectoria exitosa tanto en Sudamérica como Europa, amén de un dato no menor, la gran mayoría se encontraba en el rango etario normalmente asociado al mejor estado de forma en la carrera de un futbolista profesional.

Llegado el momento de la verdad en la cancha, Argentina intenta y no puede. Ese día imponer condiciones pasa a un segundo plano, no depender de lo que suceda en el otro partido que cierra el grupo implica que el único resultado que sirve es ganar. Los minutos pasan y no llega el gol argentino, eso sí, de manera inesperada cuando el reloj llegaba a los catorce minutos del segundo tiempo, ocurre lo peor. Tiro libre a favor de Suecia. Svensson patea sobre el salto de la barrera, el arquero Pablo Cavallero llega a tocar la pelota, mas no desvía del todo su trayectoria, gol. Sobre el final, Argentina consigue un penal a favor luego de una falta sobre el talentoso mediocampista Ariel «Burrito» Ortega. Él mismo se encarga del cobro, y sí, como si se tratara de una broma cruel del destino, el remate es rechazado por el arquero, aunque ahí sí, una buena, Hernán Crespo, entonces delantero estrella en el fútbol europeo, llega antes que nadie al balón y lo manda al fondo de las redes.

No hubo tiempo para más, Argentina empató con Suecia y se quedó sin chances matemáticas de pelear por el segundo puesto en el grupo F, pues Nigeria e Inglaterra, los protagonistas del otro partido, no se hicieron daño y sellaron un empate a cero goles. De esta manera, con cuatro puntos sobre nueve posibles, Argentina quedó por debajo de Suecia e Inglaterra, que consiguieron cinco puntos, mientras que Nigeria rescató una unidad en su despedida ante los ingleses.

Claudio rememora su situación unos meses después de aquella decepción: «El Mundial de Corea-Japón 2002 representa todo aquello que pudo ser y que finalmente no fue. Entonces la idea es que paulatinamente todo eso vaya quedando atrás. La realidad es que los instantes finales de aquel partido contra Suecia, más lo sucedido una vez consumada la eliminación de nuestro seleccionado en primera ronda de un campeonato mundial, con el agravante añadido de que era una situación que no se había presentado en cuarenta años hasta esa fecha, aún siguen dando vueltas por la cabeza de todos los que integramos el cuerpo técnico de Marcelo Bielsa. Lo sucedido, por lógica, en lo que a fútbol se refiere, iba a devenir en un cese de funciones de ese cuerpo, es decir, la renovación se antojaba imposible. Cuando de pronto ocurre lo impensado, Julio Humberto Grondona, presidente de la Asociación del Fútbol Argentino, ofrece a Marcelo la posibilidad de continuar en el cargo».

Claudio prosigue con los recuerdos precisos de aquellos momentos: «Fiel a sus principios, y sabedor de que, si bien contaba con el aval del grupo de futbolistas elegibles para ser convocados, esta no dejaba de ser una situación atípica para los canales de exitismo en los que normalmente se transita en nuestra carrera, Marcelo decide realizar en octubre de 2022 una gira por el continente europeo para anunciar de viva voz a ese grupo que la continuidad era un hecho, pues más allá de que las formas y el fondo detrás del proyecto eran de sobra conocidos, entre él y los muchachos había una comunión que trascendía la cancha en más de un aspecto, el más importante de los cuales era el respeto mutuo».

La pregunta que sigue es qué hicieron para preparar esa gira. Claudio: «Además de organizar y ejecutar en tiempo y forma esta serie de visitas, a la par encaramos el armado de la convocatoria por el duelo inaugural de este nuevo ciclo, que nos enfrentaba en un partido contra Japón. Eso significa que decenas de cintas de VHS forman parte de nuestro equipaje, con su respectivo reproductor, por supuesto. El viaje comienza por Madrid, con una segunda escala en Manchester, pues Juan Sebastián Verón, puntal y referente de nuestro ciclo, es el primero de los futbolistas con quien conversamos. Después a Francia, en Mónaco ya nos espera Marcelo Gallardo, mientras que en París nos encontramos con Mauricio Pochettino y Gabriel Heinze, este último categoría 78 en las divisiones inferiores de Newell's Old Boys, donde había sido compañero de Lionel Scaloni y Walter Samuel. Última escala en Barcelona, para presenciar el partido por la Liga entre el FC Barcelona y el Valencia. Tito Bonano es arquero de los primeros, mientras que para los segundos juegan Roberto Ayala, Kily González, Pablo César Aimar y Claudio López. Y también estábamos muy pendientes de los jugadores que se desempeñaban en el Espanyol, Mauro Mavas, Maxi Rodríguez y Martín Posse».

De repente llaman a la habitación y preguntan por Claudio

En pleno trabajo de análisis, Claudio es interrumpido el jueves 31 de octubre de 2002, en un instante que, sin saberlo en aquel entonces, iba a poner en marcha un engranaje para el cual el universo reservaba una historia especial: «Hospedados en el hotel Princesa Sofía de la ciudad condal junto a Marcelo, continuamos con las tareas correspondientes a toda la convocatoria, el análisis exhaustivo de las cintas que nos acompañaban, observando en acción a cada uno de los candidatos a ser convocados. Estoy con un partido del Sporting Lisboa, donde se desempeña Facundo Quiroga, también de aquella categoría 78 de Newell's Old Boys, cuando de pronto suena el teléfono, llaman de recepción, una persona pregunta por mí en el lobby. Estoy tentado de excusarme de bajar a consecuencia de la carga de trabajo que nos apremia, sin embargo escucho al emisario decir en voz alta al empleado de recepción que él también es "rosarino e hincha de Ñubel (Newell's Old Boys)"; me digo para mis adentros que esto no es más que una breve pausa en la jornada, salgo de la habitación y tomo el ascensor».

A todo esto, ya han pasado más de treinta minutos desde que se inició la conversación telefónica efectuada entre Guadalajara y San José de Costa Rica cuando se llega a este punto crucial. Claudio prosigue: «Realizadas las presentaciones correspondientes, la persona, cuyo apellido se ha perdido en algún lugar de mis memorias, pero lo recuerdo con el nombre de Jorge, apunta directo al tema: un joven argentino de quince años sumamente destacado en las categorías inferiores del FC Barcelona, a quien la Real Federación Española de Fútbol ha extendido varias invitaciones para jugar en representación de sus seleccionados juveniles; le interrumpo con el nombre, "¿Lionel Messi?", el emisario sorprendido suelta "¿cómo lo conocés?", y ahí mismo las arenas del tiempo traen de regreso el recuerdo de otro Jorge, padre de Lionel, y de Rodrigo, su hermano, futbolista también, de la categoría 80 del mismo Newell's Old Boys».

De aquel equipo que Rodrigo Messi integró, solamente Sebastián Domínguez pisó con fuerza las canchas de Primera División. Sin embargo, sería en parte gracias a aquel paso de Rodrigo por el fútbol formativo de Newell's, y sobre todo al talento diferencial que ya mostraba el pequeño nacido siete años más tarde, que Lionel se unió al club y, de a poco, fue haciéndose de un nombre entre los coordinadores del predio Malvinas Argentinas, propiedad del club, semillero no solo para el ámbito rosarino sino para el argentino en general y, como lo ha evidenciado la historia, para el fútbol mundial.

Claudio se emociona al recordar a antiguos compañeros del predio que se cuentan entre los primeros entrenadores de Lionel: «Ernesto Vecchio, Enrique Domínguez, padre del antes mencionado Sebastián Domínguez, Carlos Morales y Gabriel Digerolamo, íntimo amigo mío, Germán, su hermano, estuvo entre mis dirigidos en ese mismo lugar. Gabriel me insistía constantemente en que tenía que darme una vuelta por el predio con una frase tan simple como, "vení a ver a Lionel". Cuestiones de trabajo me privaron de ese privilegio por un largo tiempo, hasta que un domingo como cualquier otro pude acompañar al equipo de Gabriel. Y ahí estaba Lionel Messi, en una cancha de baby fútbol[14], marcando diferencias descomunales y, de paso, dejándome un recuerdo imborrable. Aquel día pude saludar tanto a Jorge, su padre, como a Rodrigo, luego de algunos años de no encontrarnos en persona».

En la charla que prosigue como si el tiempo se detuviera, Claudio regresa al instante del vídeo que le es entregado en el Hotel Princesa Sofía: «Jorge (el intermediario) pone a disposición mía un compilado de acciones individuales que Lionel deja regadas por varios campos de juego de las divisiones formativas del fútbol español. Tanto Marcelo Bielsa como yo, y prácticamente cualquier persona que ha integrado un cuerpo técnico con él, tenemos por costumbre mirar con cierto recelo los famosos compilados, pues preferimos siempre recibir partidos completos, a fin de poder formarnos una opinión propia, sin sesgos, de los futbolistas observados. Así que antes de despedirnos, Messi, y él, a pesar de advertirme que aquello

---

14. En un terreno de fútbol para siete jugadores contra siete.

quizás sea complicado, acepta volver al día siguiente con el material solicitado».

De tal encuentro ahora tocaba informar a Marcelo Bielsa. Claudio: «Una vez en la habitación, le comento lo sucedido. Marcelo instintivamente hace preguntas relacionadas con el jugador, qué condiciones reúne, cuál es mi opinión en términos generales sobre él; "es un futbolista diferente", alcanzo a contestarle». Etiquetar a alguien como «diferente» ciertamente es un halago tan distintivo como trillado, y lo hemos escuchado tantas veces que puede significar mucho o nada en particular. Pero hablando de fútbol, este es uno de esos casos extraños, y para nada hiperbólicos, en que el término está correctamente aplicado al joven en cuestión.

Al compartir con Bielsa las imágenes: «El casete de VHS se desliza en el reproductor y la cinta comienza a correr, dejando en evidencia la inequívoca identidad del futbolista que comenzamos a analizar, y que rápidamente nos encontramos admirando. Y claro, aquello es tan asombroso que Marcelo pierde la paciencia, golpea el puño contra su muslo derecho, regañando y reclamando "¡póngalo en velocidad normal! ¿No ve que no se entiende nada?". "Marcelo, está en velocidad normal, y la velocidad del chico con la pelota es real", recibe por respuesta».

Surge ahí mismo una cierta claridad para Claudio: «Aun con todo este asunto del interés para que Lionel juegue para España, lo cierto es que en ningún momento se me pasa por la cabeza que él llegue a decidirse por vestir la camiseta del seleccionado nacional ibérico, pues habiendo conocido con anterioridad a su padre y a su hermano tengo más que claro que Argentina no es su primera opción, sino que en realidad es la única. Pero claro que más allá de lo que yo pensara, vaya que hay una sensación de urgencia, no por ganarles la mano a los españoles, sino por imaginarnos disfrutar a Lionel haciendo todo aquello que vemos en el compilado, enfundado en la camiseta del seleccionado argentino. De más está decir que, aunque uno por ahí pueda dar por hecho que tal o cual cosa debería suceder a la brevedad posible, lo cierto es que de por medio hay una estructura deportiva completa que en principio tendría que estar de acuerdo con apreciaciones personales, que por tanto son subjetivas, y, por último, trámites que no son del todo sencillos para asegurar un traslado seguro del futbolista a suelo argentino. Por un lado, Marcelo se comunica rápidamente con Julio Alegre, su nexo con Julio Humberto Grondona, presidente de AFA, para que este le hiciera saber personalmente sobre Lionel Messi y toda su situación en España, y, por otro lado, encomienda en mi persona la tarea de conversar sin mayor demora con nuestros pares en las áreas formativas de selecciones argentinas».

De Europa parten a jugar el partido amistoso en Japón contra la selección nipona y después del intenso viaje regresan a Buenos Aires.

Claudio continúa con la descripción de la secuencia: «Hugo Tocalli comanda en ese momento la Coordinación de Seleccionados Nacionales Juveniles de AFA y, al regreso de nuestra gira de trabajo, es la primera persona que contacto». El predio de AFA está a unos cuantos kilómetros del Aeropuerto Internacional Ministro Pistarini de Ezeiza, así que el encuentro no se hace esperar. De la reunión participan Miguel Ángel Tojo y Omar Souto, el primero de ellos con dilatada experiencia tanto como futbolista como entrenador en niveles profesionales y formativos; el segundo, pieza clave en el engranaje administrativo de AFA, siempre necesario para coordinar los movimientos de cualquier representativo nacional, tanto a nivel grupal como individual. Claudio detalla: «Hugo, en un principio sorprendido por mi insistencia en el tema, también está condicionado por la proximidad de compromisos en el calendario del seleccionado nacional cuya categoría se corresponde con la edad de Messi, el Sub-17, que tiene por delante con carácter de inminente nada menos que el Campeonato Sudamericano a disputarse en Bolivia, con un grupo de futbolistas que está en un nivel superlativo, en un estado de forma que no invita a imaginar otros actores en el elenco».

Empero, hay ya toda una secuencia en marcha, que no solo dicta el resto de la conversación entre los autores sino que remitirá a cierta historia acerca de los orígenes y la pasión por el fútbol en Rosario.

El engranaje para convocar a Lionel

Messi no llegó a ser convocado para el Sudamericano en Bolivia, pero su ausencia no impide que Argentina logre el título en el certamen con base en rendimientos notables desde el punto de vista colectivo. Era apenas el segundo título sudamericano para los argentinos en una categoría donde usualmente les son esquivos los logros de ese calibre. Por tanto, de cara al Mundial que se disputará durante el mes de agosto de 2003 en Finlandia, se determina que el caso Messi siga un curso paralelo, independiente a una posible convocatoria para esa competencia, pues había una confianza total en el equipo que dirigía el mismo Tocalli, con Tojo como auxiliar técnico.

Sobre este respecto, Claudio reconoce: «Si hablamos de sortear trámites necesarios para realizar convocatorias a futbolistas juveniles cuyo presente los encuentra lejos de su patria, pedir no es igual a conseguir. Permisos de sus familias, autorizaciones de sus clubes de origen, pasajes a un costo conveniente, ya que esta es una época en que Argentina sufre una de las mayores crisis económicas de su historia, y el obligado acuerdo de voluntades, anterior y posterior a cada movimiento, para que todo esto por fin suceda, sumado a que los pormenores en cuestión estén perfectamente claros para todos. Repito, nunca son fáciles de conseguir. En el caso de Lionel, tuvieron que transcurrir algunos meses hasta que su caso tuviera una resolución acorde al deseo de todos los involucrados en el tema».

El siempre eficaz Omar Souto, desde la gerencia administrativa de AFA, antes referenciado por Claudio, una vez a cargo de la tarea de realizar el contacto con los Messi se trasladó a un locutorio en Monte Grande, localidad vecina de Ezeiza, ubicó el apellido de la familia en una guía telefónica de Rosario, arrancó esa página y comenzó entonces una ronda de llamados que le puso al habla con varios familiares, hasta así dar con el número de su padre, Jorge, quien estaba radicado en Barcelona con el joven. Omar se presentó como «hombre del Departamento de Selecciones Nacionales de la AFA» y preguntó puntualmente por «Leonardo Messi», ya que para él «Leo», como llamaban a Messi, «debía ser por Leonardo». Jorge contestó: «Es Lionel... al fin lo llamaron, porque mi hijo quiere jugar por Argentina».

Y así, en un diálogo corto, cortito como un pase de esos que van al pie del compañero, la intención de los Messi se abrazaba con la ilusión de la gente de fútbol que en ese momento trajinaba por los campos de entrenamiento y las oficinas del predio de AFA en Ezeiza. Souto, con la anuencia y el empuje que esta significaba por parte de Julio Humberto Grondona, el mandamás en AFA, comienza con los preparativos de una doble jornada de corte amistoso ante el seleccionado nacional juvenil de Paraguay con el objetivo de que Messi sea convocado, asegurándose de esta manera, por reglamento vigente de FIFA en ese entonces, que Lionel no jugaría con otra camiseta que no sea la celeste y blanca de Argentina. El 29 de junio de 2004 se realiza el segundo encuentro con el combinado guaraní, el primero había sido en Asunción del Paraguay, pero en este segundo en el estadio de Argentinos Juniors, el Diego A. Maradona, debutaría Lionel.

En las imágenes se ve muy poco público en las tribunas. El presentador de la TV por cable anuncia que hay una presentación en el banco de suplentes de Lionel Messi, un chico rosarino de diecisiete años que a sus doce emigró al Barcelona y que tiene una cláusula de rescisión de contrato de quince millones de euros. Lionel entraría en el segundo tiempo, daría dos asistencias y marcaría su primer gol con la camiseta albiceleste, en un duelo que termina con un 8 a 0. Este es el inicio de un lazo inquebrantable, aunque tendrá muchos vaivenes en el recorrido hasta alcanzar la consagración absoluta.

Esta charla intempestiva que remite a reconstruir hechos y realizar investigación sobre sucesos Daniel la tenía pendiente desde que Argentina se coronó campeona del mundo en Qatar 2022 con la conducción de un Messi magistral en el campo. La conversación proseguirá en otros encuentros telefónicos pactados para las próximas semanas, cuando la agenda de Claudio en Costa Rica lo permita. Incluso con más detenimiento sobre el club que une a Claudio con el astro, Newell's Old Boys.

Recordar partidos magistrales en selecciones argentinas y épocas que ya se consideran clásicas en la historia del fútbol, como aquella, en la que Messi brilló posteriormente en el FC Barcelona de Pep Guardiola, la etapa más luminosa en un club que está acostumbrado a altas aspiraciones, no solo es un placer, sino que además despierta una ansiosa curiosidad por saber más acerca de los orígenes de Leo, más de lo que uno puede llegar a imaginar a través de una serie de conversaciones.

Se aproxima un viaje a la Argentina que Daniel debe hacer en relación con sus actividades profesionales vigentes, así que decide, previo acuerdo con Claudio, continuar con esta investigación desde el lugar de los hechos, agregando la ciudad de Rosario al itinerario, sobre todo por atención a una pregunta que ronda su cabeza desde hace años. ¿Cuáles son las bases, los pilares, que Lionel Messi llevó consigo a Barcelona y luego lo convirtieron en un futbolista insustituible en sus clubes y en la selección argentina? Y no desde un punto de vista simbólico, o hiperbólico, sino desde una perspectiva verificable, ya que literalmente es un futbolista al que no le ha gustado, en absoluto, ser sustituido en el campo de juego, sea cual fuere el resultado de su equipo, sea cual fuere la clase de compromiso o instancia en la que está compitiendo.

Reflexiones en un avión

Un par de semanas después, apoyando el computador en la mesa que se sostiene del asiento delantero en el avión que lo lleva desde México hasta Buenos Aires, comienzan a delinearse algunos pensamientos que serán cruciales como punto de referencia para intentar responder la pregunta formulada, y que lógicamente hará surgir aún más interrogantes, el porqué, cómo, cuándo y dónde de los orígenes futbolísticos de Messi, o, mejor dicho, de los cimientos de su pasión. Tal vez sea imposible intentar comprender el fenómeno —para muchos, como para quienes escriben aquí, se trata del futbolista más competitivo de la historia— sin antes echar la vista atrás y dedicarle una reflexión más profunda a sus raíces socioculturales vinculadas a este deporte. Y a estas raíces, en cierta forma, hay que hacerles un trabajo «de captación».

Cuando Daniel trabajó bajo la coordinación de Claudio, su labor consistía en la administración de las áreas de captación de futbolistas de un par de clubes de muchísima relevancia, Independiente de Avellaneda y Boca Juniors en Argentina. Administrar supone establecer presupuestos, conseguirlos, supervisarlos, rendir cuentas de estos, además de establecer un control de calidad en las funciones de los individuos que están en el equipo técnico, bajo el principio humano fundamental de detectar personas que puedan potenciarse entre sí, trabajar en armonía durante sus viajes por el interior del país, o abrir caminos a través de sus talentos para ejecutar misiones que, tratándose de los clubes antes mencionados, cobraban tintes casi diplomáticos. Y claro, el territorio, la realidad que supera a la idea, el poner manos a la obra e involucrarse directamente en la acción, donde las cosas suceden, fue otro de los grandes placeres de ejercer esas funciones.

La captación de futbolistas suele definirse atendiendo a tres aspectos en teoría fundamentales que son aplicables a cualquier jugador; a saber, destrezas técnicas, intuición táctica y fortalezas psicológicas. Todo aquello suena perfecto, claro, pero rápidamente uno entiende que hay algo más allá de todo eso, ¿destino?, quizás sea un término demasiado forzado en este contexto, aunque no por ello erramos al utilizarlo.

Si bien el ego de algunas personas que han construido toda una carrera sobre la base de misticismos pueda sentirse mancillado, quien anda en busca de talento algunas veces lo encontrará a simple vista, otras veces valiéndose del oído y su capacidad de escucha. Por supuesto, existen casos de mayor complejidad que ameritan un estudio aparte. En este oficio uno se codea con colegas que se han acostumbrado en el léxico a soltar nombres de objetos (usualmente minerales o piedras preciosas) en forma de adjetivos calificativos. «Oro», «diamante», «perla», etcétera, se cuentan entre los hallazgos de estos peculiares «geólogos deportivos». Puede ser, sí, que tal vez haya algo de eso en el quehacer diario de nuestras tareas, tampoco se puede negar rotundamente.

No obstante, asistir en tiempo real al surgimiento de un fenómeno fuera de serie sin duda alguna ha representado para todos aquellos que estamos ligados a este medio una necesidad absoluta de revisar todas y cada una de las expectativas que tal aparición genera por sí sola, calibrando constantemente argumentaciones y metodologías que existen para medir de manera fehaciente la referencia que tenemos por delante.

Alfredo Di Stéfano, leyenda del Real Madrid, y alguna vez considerado el mejor futbolista de todos los tiempos, al menos de su época, en una entrevista con el diario *As* de España recuperada por numerosos portales a principios de 2009, decía sobre Lionel Messi: «Yo sé cómo frenarle, o intentarlo, hay que poner a marcarle un lateral derecho que le tape la salida hacia adentro por anticipación, porque esa es su pierna buena» [15]. Un ejemplo claro como el agua sobre lo expuesto con anterioridad, ni siquiera una alta autoridad en materia fútbol podía imaginar que estábamos recién entrando a la fase de asombro cuando se revisita el camino de Messi.

En 2009, Lionel apenas había cumplido veintiún años, sin embargo, su acelerado desarrollo lo posicionó rápidamente entre

---

15. El portal de *Clarín* titulaba: «Di Stefano tiene la fórmula para 'frenar a Messi'», 30 de enero de 2009, en: https://www.clarin.com/ultimo-momento/di-stefano-formula-frenar-messi_0_BJJGWpcCpte.html (último acceso el 9 de agosto de 2023).

los mejores del mundo. Para entonces, campeón mundial juvenil Sub-20 y medallista de oro en los Juegos Olímpicos de Pekín con selecciones argentinas, además de clarísimo candidato a ganar durante esa temporada los máximos honores tanto en España como en Europa —lo cual sucedió efectivamente con el Barcelona de Pep Guardiola— y cualquiera podía pensar que el techo de Lionel había sido alcanzado, o estaba próximo a serlo. El tiempo demostraría lo contrario. Aquí queremos volver al pasado por un instante.

Caminar por Rosario en búsqueda de raíces

Una vez en Rosario, luego de tres horas de autobús desde Buenos Aires, las indicaciones de Claudio sirven de guía porque, como es lógico, además se cruzan seguido los mensajes de texto y de voz en los teléfonos. La ciudad constituye un enclave estratégico del litoral santafesino, una de las urbes de mayor importancia en el entramado político y comercial de la República Argentina, pues se ubica al sudeste de Santa Fe, que se cuenta entre las veintitrés provincias, además de la Ciudad Autónoma de Buenos Aires, que dan forma al territorio argentino.

La misma Rosario es cuna de escritores, ya sea en prosa o en verso; de excelentes músicos, contando intérpretes y compositores; de abonados *ad eternum* a la charla política; de un tal Ernesto Guevara de la Serna, sencilla y mundialmente conocido como «el Che»; y de la mismísima bandera argentina. Esa misma sociedad entregó al mundo a Lionel Messi, y antes de él, a una cantidad para nada despreciable de grandísimos jugadores de fútbol y otros deportes que desparramaron talento por canchas de Europa, Latinoamérica y Estados Unidos de América.

Este es, empero, un paseo por la Rosario futbolística, así que seguramente más de un punto histórico en otras áreas de la vida será ignorado para efectos de concentrarnos en la tarea que nos compete, caminar tras las huellas que los botines de Lionel dejaron en las canchas de su ciudad natal, en particular en su paso por Newell's, el nexo con Claudio Vivas y un linaje de pertenencia común. Ahora bien, tengamos claro que cada espacio tiene su historia, cada cosa que vemos el día de hoy es una respuesta a un contexto que se forjó en el pasado.

Partiendo de la intersección entre los bulevares Oroño y 27 de Febrero, basta posicionarse en dirección norte e iniciar el camino para reconocer aquellos sitios de referencia obligatoria para entender el humor de una ciudad, bueno o malo según los resultados que hayan obtenido durante el último fin de semana sus equipos de fútbol más populares, Newell's Old Boys y Rosario Central. Sobre Oroño se divisa con facilidad el famoso Parque Independencia, rodeado por el Hipódromo Municipal, el distinguido Club Gimnasia y Esgrima, además del Museo de Bellas Artes, y por allá, en un principio apoderándose lentamente de una cornisa del ojo izquierdo hasta extenderse definitivamente por el ancho y largo de la vista, se levanta el hoy llamado «Estadio Marcelo Bielsa», durante años únicamente conocido como «El Coloso del Parque», casa de Newell's, cuya infraestructura deportiva que brota de las orlas de ese recinto se compone con el estadio cubierto Claudio L. Newell, que alberga encuentros de otras disciplinas como básquetbol, voleibol y fútbol sala, además de la pensión Armando P. Botti, ubicada debajo de una de las tribunas del Coloso, donde habitan futbolistas provenientes sobre todo del interior de la provincia de Santa Fe, y de otros sitios de la Argentina también.

Conviene aquí hacer una pausa, pues vaya que los nombres mencionados en el párrafo anterior ameritan su respectiva dosis de contextualización. Claudio Lorenzo Newell, a principios del siglo pasado, concretamente en 1903, decide crear un equipo de fútbol que reúna a exalumnos del Colegio Comercial Anglo Argentino de Rosario, institución fundada nada más y nada menos que por su padre, Isaac, en 1884. Newell's Old Boys optó por llamarse aquel antiguo alumnado de Isaac, eligiendo el rojo y el negro como colores distintivos, pues esa combinación también identificaba a su viejo colegio. «Los viejos chicos de Newell», traducción al castellano del nombre elegido, podían presumir de haber cumplido con sus estudios en un centro educativo sumamente vanguardista en lo que a su currícula escolar se refiere, donde la educación física contaba entre las materias impartidas, lo cual era toda una novedad en el país sobre fines del siglo XIX; amén de la más que significativa particularidad de que bajo ninguna circunstancia avalaba distinciones entre sus miembros por motivos de clase social, de raza o de credo. Aquello de los colores rojo y negro tenía también un motivo, en este caso el recuerdo de las banderas inglesa y alemana. A través del rojo figuraba Inglaterra, país que vio nacer a Isaac; y contrastando con este, el negro en homenaje a Alemania, patria de los padres de Anna, esposa de Isaac, madre de Claudio Lorenzo.

Más cercanos en el tiempo respecto a los orígenes, en el mandato de Armando P. Botti, presidente del club por cinco períodos consecutivos entre 1970 y 1985, se consiguió alcanzar el primer Campeonato de Primera División de la Asociación del Fútbol Argentino (AFA). Botti fue un notable impulsor del trabajo en divisiones inferiores, hoy un sello distintivo de Newell's prácticamente en todo el mundo futbolístico. Por esos años, en 1975, Marcelo Bielsa, hoy director de fútbol de fama internacional, comenzó su corta carrera en el intento de convertirse en jugador profesional tras su paso por las divisiones inferiores del club. Su efímero ensayo no sería nada más que el aperitivo para otra profesión ligada a la dirección técnica, la cual trascendería a su entidad de origen, no sin antes dejar en las vitrinas dos títulos de Liga en los campeonatos profesionales de AFA, un título honorífico, además de una extraordinaria campaña en la Copa Libertadores de América en la edición de 1992 que les llevó a la final del certamen, y que finalmente vería coronarse al legendario São Paulo Futebol Clube comandado por Telê Santana.

Pensar en Newell's, e incluso en Lionel Messi, como recuerda Claudio en sus mensajes, nos lleva indefectiblemente a seguir la pista de Marcelo Bielsa, quien más adelante andaría por diversas rutas futbolísticas, desde México hasta Inglaterra, pasando por Chile, España y Francia, y tiene como punto de referencia más visible en su dilatada carrera el haber ejercido en ese cargo durante seis años con el seleccionado nacional de fútbol de Argentina. Un hombre bastante peculiar, dedicado en cantidades industriales a su meticulosa profesión, que se convirtió, además, en modelo de gestión para colegas de todo el planeta fútbol. Con esto de andar tras las huellas de Lionel por la Rosario futbolera, los nombres de Armando Botti y Marcelo Bielsa volverán a hacerse presentes en este rastrillaje.

Dejando atrás el Parque Independencia, al doblar primero a la izquierda y tomar rumbo por la avenida Pellegrini, y después trasladarse en dirección noroeste por el Boulevard Avellaneda, se llega hasta el barrio de Arroyito, en las inmediaciones del río Paraná, donde se encuentra afincado el grueso de las instalaciones pertenecientes al Club Atlético Rosario Central, el otro gigante futbolístico de la ciudad, y que, por supuesto, tiene también sus propias historias que contar al resto del mundo. Ferrocarril Central Argentino, empresa de capitales británicos que durante la segunda mitad del siglo XIX y la primera mitad del XX operó en las provincias de Santa Fe y Córdoba, una línea del ferrocarril que ellos mismos construyeron. William Wheelwright, ingeniero y empresario estadounidense, recibió esas concesiones con el compromiso de que las tierras adyacentes a los terrenos cedidos por el Estado Nacional Argentino debían ser pobladas. Wheelwright anteriormente se había hecho de fama en el rubro de las comunicaciones marítimas, pues fue a su vez responsable, con ayuda del gobierno chileno, de la fundación de la Pacific Steam Navigation Company, pionera en la utilización de la navegación a vapor por el océano Pacífico, que se ocupó desde 1840 del comercio entre Valparaíso, Chile, y el Callao, en Perú.

Estaba por finalizar el año 1889 cuando un grupo ligado al Ferrocarril Central Argentino, afincado en la ciudad de Rosario donde se levantaba la Estación Terminal de la línea, conocida como Estación Rosario Central, decide crear un equipo de fútbol. Uno de los presentes, de nombre Thomas Mutton, propone bautizar al cuadro recién nacido como Central Argentine Railway Athletic Club, que se traduce al español como Club Atlético Ferrocarril Central Argentino, moción que rápidamente encuentra consenso.

Poco después, en 1903, curiosamente al tiempo que Newell's Old Boys aparecía en el panorama futbolístico de la ciudad, Central Argentine Railway Athletic Club permite por vez primera asociados sin vinculación a la empresa ferroviaria que les vio nacer; por tanto, obreros y trabajadores de otros sectores comerciales abultaron la masa societaria del club, que al poco tiempo cambiaría de nombre por el definitivo y castellanizado,

Club Atlético Rosario Central. La independencia definitiva del Ferrocarril Argentino llegaría recién en 1925.

El clásico rosarino, una tradición de pasión

Hasta su incorporación a los torneos de fútbol organizados por la Asociación del Fútbol Argentino en 1939, Newell's Old Boys y Rosario Central disputaron los campeonatos de la Liga Rosarina de Fútbol desde 1905. Basta revisar las estadísticas para dar cuenta de una paridad asombrosa en este choque de potencias, pues cada uno de ellos conquistó nada menos que quince títulos. Claro está, aún hoy en día aficionados de uno y otro equipo discuten con pasión y recortes de diarios de la época en mano la legitimidad de algunos logros.

En el palmarés de Rosario Central hay tres campeonatos que se ganaron mientras se competía en una Liga Rosarina disidente de la que originalmente se fundó en 1905, mientras que por el lado de Newell's Old Boys, de los primeros dos campeonatos organizados por este ente, de los cuales resultó ganador, se discute su valía, pues tanto Rosario Central como Atlético del Rosario, otro equipo de la ciudad, los disputaron por reglamento con equipos alternativos, ya que a la par competían por la Copa Competencia de Primera División organizada por lo que después se llamaría Asociación del Fútbol Argentino (AFA).

Si de pronto uno se perdiera por Rosario, ya sea cerca del Parque Independencia o en el barrio de Arroyito, lo cierto es que bastaría con observar rápidamente los alrededores para caer en la cuenta de la cantidad de pintadas en postes de luz o del teléfono, al borde de la acera o en alguna que otra pared. El rojo y negro le indicaría a uno que está cerca del Parque, el azul y amarillo es un indicativo más que preciso de que el río Paraná está a un par de cientos de metros de distancia.

A orillas del río Paraná, en el estadio conocido —a falta de nombre oficial— como «El Gigante de Arroyito», el día 2 de junio de 1974 se enfrentan en duelo decisivo por la definición del Campeonato de Primera División de AFA Newell's Old Boys y Rosario Central, los grandes rivales de toda la vida en la ciudad.

Hay, sí, un antecedente en contra de Newell's Old Boys, pues el 19 de diciembre de 1971, en disputa del Campeonato Nacional también organizado por AFA, que cuenta con la participación de clubes campeones en distintas provincias del país de torneos no organizados por AFA, Rosario Central, con un lance «de palomita» y cabezazo de Aldo Pedro Poy que se tradujo en el único gol del partido, les dejó fuera de competencia en la etapa de semifinales, y días después jugaron la definición del torneo ante San Lorenzo de Almagro, en la cual consiguieron por vez primera en la historia del fútbol profesional en Argentina un título avalado por AFA, inédito no solo para el club mismo, sino para cualquier club fuera de Capital Federal y la provincia de Buenos Aires.

Newell's Old Boys, o simplemente «Newell's», los leprosos, visten de rojo y negro, mientras que de azul y amarillo van los canallas, Rosario Central, o «Central», a secas. «Leprosos» y «canallas» porque en la década de 1920 la Comisión de Damas del Hospital Carrasco de la ciudad de Rosario se propone organizar un partido a beneficio de los enfermos con el mal de Hansen (lepra), y extiende invitaciones a las dirigencias de Newell's y Central para disputarlo. Desde Newell's se aceptó rápidamente el ofrecimiento, mientras que en los despachos de Central optan por declinar su participación. La afición de Central se mofa de la gente de Newell's llamándolos «leprosos», la fanaticada de Newell's les recuerda que en este incidente los que obraron de forma incorrecta fueron ellos, y, por lo tanto, se les apoda como «canallas», es decir, ruines, malos o despreciables.

De regreso al 2 de junio de 1974, Central se perfilaba para un cómodo triunfo, poniéndose en ventaja de 2 goles contra 0 faltando veinte minutos en el reloj para que el partido finalizara, cuando un cabezazo de Armando Capurro mete a Newell's de nueva cuenta en el partido con el 2 a 1. Luego, un centro de Carlos Picerni a los límites del área grande, para que Magán, quien había iniciado el partido en el banco de suplentes, descuelgue la pelota del aire con una habilitación de cabeza para su compañero, Mario Zanabria, que venía mejor perfilado, en carrera y decidido a patear de primera intención. El zurdazo de Zanabria, exquisito volante ofensivo del cuadro rojo y negro, irreversiblemente toma dirección de gol, mientras que el intento de atajarlo por parte de Carlos Biasutto, arquero de los azul y amarillo, no hace otra cosa más que embellecer la postal que dejó para la eternidad aquel domingo de fútbol en Rosario.

El agónico empate conseguido con este gol le da a Newell's Old Boys el primero de sus títulos de Liga en torneos organizados por la Asociación del Fútbol Argentino, con Rosario Central como testigo de esta hazaña, conseguida precisamente en cancha de los «canallas». A pesar del empate, Newell's obtuvo el título debido a la cantidad de puntos sumados en un cuadrangular final donde también participaron Boca Juniors y Huracán. La cuenta de aquella «palomita de Poy» quedó saldada. Newell's se sentaba en la mesa de los clubes argentinos que alguna vez habían logrado soltar gritos desenfrenados por la consecución de un campeonato. Quizás, entre la parcialidad visitante que celebraba esta gesta se encontraba Jorge Messi con dieciséis años de edad, futuro padre de Lionel, quien no llegaría al mundo sino hasta trece años después. O tal vez, desde casa, vibraba Jorge al ritmo de la radio con todo aquello que estaba sucediendo en la ciudad.

A los títulos conseguidos en las campañas de 1971 y 1973 Central agregó los campeonatos de 1980 y 1986-1987, dejando en Newell's únicamente el recuerdo de aquella tarde de junio de 1974. Pero una generación de futbolistas liderada en cancha por Gerardo «Tata» Martino, con ciclos en la dirección técnica comandados tanto por José Yudica como por Marcelo Bielsa, además de futbolistas como Norberto Scoponi, Fabián Basualdo, Roberto Sensini, Juan Manuel Llop, Mauricio Pochettino, Eduardo Berizzo, Fernando Gamboa, Darío Franco, entre otros, le daría al club leproso los campeonatos AFA de 1987-1988, 1990-1991 y Clausura 1991-1992, además de dos subcampeonatos de Copa Libertadores de América, organizada por la Confederación Sudamericana de Fútbol, en 1988 y 1992 [16].

Sería esta versión de Newell's la que dejaría una huella imperecedera en la retina de un pequeño Lionel Messi que para cuando el exitoso ciclo finaliza, en 1992, había cumplido ya cinco años de edad. Eso sí, un año después, en 1993, Newell's Old Boys sacudió el mercado de pases al incorporar a su disciplina nada más y nada menos que a Diego Armando Maradona, como parte de los preparativos de este para jugar el que sería su último Campeonato Mundial de Fútbol FIFA en Estados Unidos de América en 1994. Jorge, Rodrigo y el pequeño Lionel vivieron con emociones fuertes aquel breve paso de Maradona por el club de sus amores.

---

16. Posteriormente, en 2013, con el Tata Martino como entrenador ganarían otro más.

José Vivas y el predio Malvinas Argentinas que recibió a Lionel

«Todos queremos ganar, pero para mí personalmente los resultados son circunstanciales y secundarios, nosotros queremos formar personas, pensando que primordialmente los chicos vengan a divertirse. Cuando llegan a cierta edad, donde compiten en cancha grande, recién ahí vamos pensando que tienen posibilidades de llegar a categorías superiores, y entonces sí pensamos en formar jugadores de fútbol, pero mientras tanto, acá, el fin fundamental es que los chicos se diviertan, que tomen el fútbol como un juego, que los técnicos no les exijan, que ellos desarrollen lo que saben, lo que tienen, o simplemente lo que puedan hacer, pero sin presiones extremas. En la escuela de fútbol infantil de Newell's todo funciona bajo una idea de diversión y superación personal». Estas eran palabras en una entrevista televisada de José Vivas, padre de Claudio, entonces integrante de la Comisión Directiva del Club, allá por 1992, las mismas que hoy se pueden recuperar en el canal de YouTube Identidad Leprosa [17]. En este extracto José hace referencia al consenso que prevalece en el complejo de formación infantil, en donde se desempeña también Jorge Griffa, quien tiempo después conversaría con Jorge Messi para invitar a su hijo, Lionel, a unirse al predio. Griffa ya conocía desde luego a la familia, pues Rodrigo Messi había pasado por los mismos circuitos, como relató Claudio en la primera conversación de esta saga.

Es curioso cómo los conceptos expresados por José Vivas con relación a los alcances potenciales que tiene la enseñanza

---

17. Entrevista a José Vivas: https://www.youtube.com/watch?v=JeEq7WNvmqI&t=99s (último acceso, 10 de agosto de 2023).

del fútbol en el desarrollo integral de una persona se adelantan prácticamente más de una década a cierto estallido en su prédica, a raíz del proceso y consolidación en el FC Barcelona, de una generación completa de futbolistas en la que brilló, por supuesto, Lionel Messi.

En Rosario, basta con hacer un par de preguntas a cualquier persona que pasea por las calles principales, estar dispuesto a caminar unas tantas cuadras, y nos encontramos ya en el cruce de Zeballos y Vera Mujica, donde se encuentra la Escuela de Fútbol Infantil Malvinas Argentinas del Club Atlético Newell's Old Boys. Sí, la sede donde se grabaron esos vídeos hoy viralizados en redes sociales que muestran imágenes de un pequeño Lionel regateando rivales sin parar y anotando goles para todos los gustos con la camiseta roja y negra.

Nuevamente procede entonces una llamada a Claudio Vivas, para saber algo más acerca de este lugar que ocupa un sitio sumamente especial en la ruta desde el fútbol sudamericano hacia el europeo. Además, es un punto más en común entre Lionel y el mismo Claudio, ya que Leo, que si bien había comenzado a jugar al fútbol de manera organizada en el Club Abanderado Grandoli del sur de la ciudad, pisó las canchas de Malvinas Argentinas con siete años de edad en 1994, incorporándose de esta manera a las divisiones inferiores de un club de Primera División AFA.

En la siguiente llamada, que en realidad es una videoconferencia, con este panorama recorrido e investigado sobre la ciudad y su historia futbolística entre los dos grandes clubes, Claudio relata lo siguiente: «Mi padre, José, desde la cuna nos inculcó, a mi hermano Marcelo y a mí, el sentimiento por Newell's, él era socio del club, plateísta, así que desde pequeños nos llevaba al estadio. Verano de 1977, un sábado a la mañana, frente al Parque Independencia, mi hermano Marcelo y yo vamos a hacer las pruebas necesarias para incorporarnos a los equipos juveniles del club. El encargado es Pedro Becerra, que trabaja junto a Luis "Chiche" Lutman, entrenador de categorías juveniles e infantiles. Marcelo, que se prueba como defensor, queda entre los elegidos. Yo, que me pruebo como arquero, no tengo la misma suerte».

Pero la historia no termina con aquella desilusión para Claudio: «Pasan algunos meses, y ya entrados en pleno invierno, otro sábado de aquellos en que mi padre se acercaba a observar los entrenamientos, que se realizaban en el mismo lugar donde antes nos habíamos probado, Chiche se acerca a mi padre, a sabiendas, claro, de que es socio activo del club, y le propone asumir un rol dirigencial en la estructura de fútbol formativo, llenando planillas, acompañando las visitas de los equipos representativos del fútbol infantil y juvenil a otros clubes, etcétera. Papá acepta. Con el tiempo, yo persisto en mis intentos y también pasé a formar parte de la categoría 1968».

Note el lector las condiciones de la época. Claudio: «Para los entrenamientos que la estructura completa de Newell's debe realizar, el club utiliza una cancha de fútbol 11 auxiliar al estadio, que por sí sola, por supuesto, no llega a dar abasto a la demanda, así que a la par se alquila una cancha propiedad del Club Peñarol, alternando este espacio con las canchas de Sagrado Corazón y de Nahuel, haciendo evidente que, por causas de fuerza mayor, estábamos desparramados. Mi padre, desde sus nuevas funciones, comienza a pensar en soluciones a esta problemática».

Un evento internacional acelerará cambios, comenta Claudio: «En 1982 llega a Rosario el Campeonato Mundial de Voleibol, pues se habían elegido las instalaciones del Club Atlético Newell's Old Boys, que tiene como presidente a Armando P.

Botti, como sede de varios encuentros. La Comisión Directiva del Club decide montar una cancha de voleibol sobre la cancha de fútbol 7 en la que nuestras categorías infantiles ejercen localía en competencias oficiales, que se encuentra a espaldas del estadio. Mi padre, José, que para entonces ya se había posicionado favorablemente en lo que a importancia se refiere en la dirigencia del club, concentrándose en el fútbol formativo, comenzó con la búsqueda de terrenos para solucionar la falta de espacios que el club evidenciaba. Lo cierto es que más pronto que tarde tanto mi hermano como yo nos sumamos a la búsqueda de nuestro papá. Para entonces, yo llevo un tiempo ya trabajando como entrenador de arqueros infantiles en el mismo club, a la par de mi paso por el fútbol juvenil. Quiero decir, este ya era un asunto de familia».

Claudio debe cortar la videollamada pues requiere ir a una reunión en la Federación Costarricense de Fútbol, pero promete seguir la conversación al día siguiente. Fiel a sus compromisos adquiridos, esta vez es él quien llama a Daniel. La charla se había quedado en la búsqueda de espacios, entonces por ahí prosigue. Claudio: «Luego de algunas semanas de estar recorriendo lugares, mi padre consigue unos terrenos en lo que es el Estadio Municipal, cercano al estadio de Newell's, pasando el Hipódromo, donde arma una cancha provisoria que nos posibilita competir, mientras que para los entrenamientos nos arreglamos todavía con espacios en el Parque Independencia. Entre los árboles y un piso empastado, terroso o pedregoso, improvisamos arcos y todo lo que haga falta para hacer parecer que estamos en una cancha de fútbol. Papá es técnico constructor de profesión y trabajó por años en el Ferrocarril General Bartolomé Mitre, cuando le fueron concedidos, para uso y disfrute del Club Atlético Newell's Old Boys, los terrenos que el Ferrocarril posee en la intersección de Zeballos y Vera Mujica. Así que ahí vamos, su familia y la gente del club, que en más de un sentido son también familia, pues el principio fundamental de todo esto, según nos enseña mi padre, es hacer comunidad a través del club».

Lo que transmite Claudio transporta a escenas que si bien pueden imaginarse no dejan de ser sorprendentes y probatorias de aquel espíritu del que se siente orgulloso: «La gente mayor desmonta las viejas vías o rieles del ferrocarril, obviamente ya en desuso, mientras que los más pequeños llevan en baldes las piedras y los vidrios que se encuentran por ahí, despejando el terreno para dar espacio a dos canchas de fútbol principales, más otras dos, auxiliares, que si bien no se encuentran en condiciones espectaculares, totalmente de tierra, posibilitan resolver el problema original, que es la falta de espacios para entrenar en las categorías formativas, infantiles. Además, el lugar pasa a destacarse por su ubicación, considerada céntrica y conveniente para que los chicos con ganas de probarse en las diferentes categorías no tengan problema alguno por cuestiones de transporte público que los acerque al predio. Obviamente, este también es un factor que ayuda a que la captación de futbolistas crezca de manera considerable, pues aún para algunos pequeños cuya primera afición al fútbol apuntaba más para el lado de Rosario Central, el hecho de poder ser parte de convocatorias a pruebas en un lugar de cómodo acceso inclina la balanza a nuestro favor».

Claudio indica que para el gran rival en Rosario los nuevos terrenos cambian dinámicas urbanas: «Para Central, ciertamente es una desventaja estar un poco disperso por distintos puntos, incluyendo un predio importante en Granadero Baigorria, un sitio retirado del centro de la ciudad. En cambio para nuestro nuevo predio, de a poco, a la calle Zeballos, que cruza por la mitad y de hecho divide el lugar en Complejo 1 y Complejo 2, se le construye una loma de burro, o tope, para evitar que algún auto ocasione un accidente. A las obras iniciales, pronto se suman los vestuarios, unas pequeñas tribunas, confitería, todo aquello que dignificara el lugar y lo hiciera cada vez más agradable. Los recursos económicos no sobran, incluso a veces no los hay, así que, por ejemplo, se utilizan tablones de los viejos rieles del tren para levantar las tribunas desde las cuales los padres pueden ver entrenar y jugar a sus hijos».

Claudio recuerda muy bien el contexto del año 1982: «Entre abril y junio, Argentina está enfrascada en el conflicto bélico con Inglaterra, la infame guerra de las Malvinas. En los rincones del país, y Rosario no es la excepción, se cuentan historias de jóvenes que salieron de su pueblo por primera y última vez para intentar defender los intereses del ejército argentino que reclama la posesión de un par de islas en el océano Atlántico, que nosotros llamamos Malvinas y los ingleses, Falkland. Sin entrar en detalles políticos sobre un momento oscuro en la historia de la Argentina, que está gobernada por una junta militar, decidimos bautizar al predio en honor de los muchachos que están peleando por allá, y que para entonces ya han caído en números que se multiplican por centenas, aunque nosotros no lo sepamos todavía por la tergiversación de información que nos llega. Así es que la Escuela de Fútbol Infantil de Newell's Old Boys lleva el nombre de Malvinas Argentinas.

Si uno observa en el tiempo a los jugadores que ahí empezaron a entrenar, que constituye la siguiente pregunta para Claudio, la respuesta habla por su propio peso: «Para 1987, una de las canchas principales ya es un terreno empastado, es decir, dotado de un pasto saludable, y la verdad que es todo un orgullo, considerando los humildes orígenes con los que empezamos. Nombres como Santiago Solari, Leonardo Biagini, Lucas Bernardi,

Lionel Scaloni, Cristian Vella, Diego Quintana, Maximiliano Rodríguez, Sebastián Grazzini, Luciano Vella, entre otros, se cuentan entre aquellos que posteriormente llegaron a jugar al fútbol de manera profesional y pasaron por el predio».

El lector puede identificar entre esos nombres a algunos compañeros de selecciones nacionales del futuro genio. Maxi Rodríguez lo acompañaría por ejemplo en tres mundiales, en Alemania 2006, cuando Leo era el benjamín de la escuadra de Néstor Pekerman, en Sudáfrica 2010, cuando ya la Pulga portaba el dorsal número 10 en el equipo conducido desde el banco por Diego Maradona, y en Brasil 2014, en el que Maxi con su tanto en la tanda de penales frente a Países Bajos le daba el pase a Argentina hacia la final en el Maracaná. Qué decir de Lionel Scaloni, quien lo abrazaba en Alemania 2006, luego fue auxiliar del entrenador Jorge Sampaoli en Rusia 2018 y el comandante de la Scaloneta, la saga que incluiría los títulos en la Copa América 2021, la Finalísima en Wembley 2022 y la reservada asignatura cósmica en Qatar. El propio libro en el que se encuentra este capítulo hablará de todas esas etapas. Por ahora, es importante continuar desmenuzando las raíces en Newell's, no solo las de Leo, sino de la estructura que lo cobijó. Por lo tanto, el testimonio en la serie de llamadas telefónicas concedidas para esta reconstrucción ayuda a posicionar algunos elementos claves.

Claudio explica: «El fútbol infantil, lamentablemente, no siempre sigue un camino en línea recta al fútbol juvenil del club, sin embargo, el nexo se va logrando con base en interacciones sostenidas en el tiempo entre infantiles y juveniles. Hay que decirlo, para las categorías juveniles se realiza un trabajo de captación brillante al interior de la provincia de Santa Fe, situación que vuelve más complicado el pase directo de una estructura a otra. Aunque de igual forma, visto como un todo, el prestigio del fútbol formativo en cuestión de competitividad y surgimiento de valores para el primer equipo crecía a pasos agigantados, y con ello las primeras ventas de algunos futbolistas que Newell's llevó hasta el primer equipo propiciaron que aparecieran recursos donde antes no los había, cuando menos no en abundancia. Pronto, a mi padre le encargaron que ubicara un espacio más, que en este caso serviría para que las divisiones juveniles y el primer equipo tuvieran sus canchas de entrenamiento. Así fue que el club se hizo con el terreno donde hoy se levanta el Complejo Bella Vista, al oeste de la ciudad de Rosario».

Ya entrada la década de 1990, el compromiso de uso y disfrute de los espacios donde se encuentra Malvinas Argentinas se ha cumplido a cabalidad, es decir, ha sido un lugar donde todo recurso conseguido se ha reutilizado en la compra de indumentaria deportiva o aditamentos esenciales a la práctica deportiva, incluso se ha instalado un consultorio médico, con el doctor Fernando Bacci como responsable, quien llegó a ser futbolista del primer equipo. El predio pasa entonces a ser propiedad de forma definitiva del Club Atlético Newell's Old Boys.

Sin embargo, algo iba a cambiar en esta familia a fines de 1993, cuando Eduardo López es elegido presidente del club, representando a la oposición, por lo que José Vivas se hace a un costado de las funciones que para entonces ya eran el lado B de su vida profesional. Sobre este aspecto Claudio aclara con énfasis: «Si no lo he mencionado antes, o no lo he dejado en claro, el club jamás representó para mi padre ningún tipo de beneficio económico. Será el siguiente año, 1994, cuando un pequeño Lionel Messi, movido por el fanatismo hacia los colores de su padre, Jorge, y de su hermano Rodrigo, que había sido dirigido precisamente por mi hermano Marcelo en el mismo predio de Malvinas, se incorporará oficialmente a Newell's». Para Claudio esos años mezclan sentimientos al narrar en primera persona los recuerdos: «Papá fallece el siguiente año, en 1995, dejando tras de sí este legado de amor y espíritu solidario hacia el club que futbolísticamente lo representaba todo para él». La emoción es tan intensa que debemos dejar la conversación ahí, aunque Claudio queda pendiente del devenir de las ramificaciones de esta reconstrucción.

De regreso a 2003, el año que no fue, hacia el inicio de la leyenda en 2005

El seleccionado nacional argentino Sub-17 avanza con puntaje perfecto en la ronda de grupos del Mundial de la categoría, que en el año 2003 FIFA organiza en Finlandia. Australia, Costa Rica y Nigeria poco pueden hacer ante el impecable juego colectivo de los juveniles argentinos. México espera en cuartos de final, partido que se presenta más complicado que los anteriores; sin embargo, antes de finalizar el primer tiempo, Argentina lo sentencia con un 2 a 0.

Argentina, que es claro favorito al título, pues además de ser campeón sudamericano no ha recibido un solo gol en cuatro partidos, cuenta entre su plantilla con Oscar Ustari y Nahuel Guzmán como arqueros, Ezequiel Garay de la cantera de Newell's, Lucas Biglia, Neri Cardozo y Fernando Gago, entre otros nombres que triunfarán para llegar no solo a la primera división en sus clubes, sino que harán carreras internacionales. En semifinales se enfrentan a España, y rápidamente se ponen arriba en el marcador, aumentando aún más la ventaja antes de finalizar el primer tiempo con anotaciones de Biglia y Garay. Argentina está a las puertas de la final, instancia que no ha logrado alcanzar desde que se disputan campeonatos mundiales en esta categoría.

Recién arrancado el segundo tiempo, y luego de que Cesc Fàbregas ya acercara a España en el tanteador, llegará otro gol, esta vez de Juan Manuel Jurado, que involucra el empate en el marcador. Dos minutos después, Cardozo se gana un pasaje prematuro a las regaderas y Argentina se queda con un hombre menos en el campo de juego. Los minutos pasan, el empate se mantiene, el pase se decidirá en tiempos extras donde la infame regla del «gol de oro» sigue en vigencia. Cuando faltan tres minutos para que el árbitro pite el silbatazo final y se tenga que recurrir a tandas de penales para definir al ganador, Fàbregas vence de nueva cuenta la valla de Ustari para darle a España el derecho a la gran final del campeonato.

Se posterga otra vez el sueño argentino en esta categoría. España jugará el partido final ante Brasil, que terminará perdiendo por la mínima diferencia. Cesc Fàbregas obtiene el Balón de Oro como mejor jugador del certamen, y también la Bota de Oro en tanto máximo goleador. Resulta que Fàbregas es por aquel entonces compañero de Lionel Messi en las divisiones inferiores del FC Barcelona. Cesc es un jugador con nítidos tintes de crack, codiciado por varios equipos europeos, pero no es el mejor jugador de su cuadro de origen, tampoco el máximo goleador; esas distinciones normalmente le corresponden a Leo, y ahora sí se puede hablar de la primera y, por suerte, última gran ausencia de Messi a un evento del cual pudo haber formado parte y por diversas circunstancias no pudo ser. Hasta entrada la tercera década del nuevo milenio a los representativos de AFA en mundiales Sub-17 la fortuna les ha seguido siendo esquiva, a diferencia de la categoría Sub-20 y lo que ya sabemos será la Tercera Corona para el combinado mayor en Qatar.

Lionel Messi sigue el curso de esta historia desde Barcelona; para entonces aún no se confirmaban del todo los engranajes que le acercarían de una vez por todas a los seleccionados nacionales de su país, pero él se mantiene firme en una decisión que ya antes había dejado saber a su círculo íntimo y a quien le preguntara: él no iba a jugar para otra selección que no fuera la del país que le vio nacer, Argentina. Aquel vídeo que le fue entregado a Claudio ya había generado una secuencia que, si bien no alcanzó para integrarlo al combinado que viajó a Finlandia, daría sus frutos.

Cuando se concretó su participación y su ingreso al campo en el partido del 29 de junio de 2004 con la selección Sub-20 argentina, Claudio se encontraba preparando con Marcelo Bielsa la Copa América que se disputaría en Perú a inicios de julio. Al enterarse del gol de Leo en el amistoso, pero sobre todo, que ya estaba generada la llave que abriría la puerta a una historia con los combinados albicelestes, no podía sentir más que satisfacción y buenos augurios.

La selección mayor de Argentina no pudo conquistar la Copa América 2004, pues perdió en penales el 25 de julio contra Brasil luego de un brillante despliegue de juego a lo largo del torneo. Fue otra decepción por la forma en la que se perdió un partido que Argentina tuvo 2 a 1 hasta los instantes finales. No hubo mucho tiempo para lamentar, los Juegos Olímpicos de Atenas arrancaban unas semanas después y Argentina debía competir. El cuerpo técnico llevó una selección de lujo, con Carlos Tévez, Andrés D'Alessandro, Javier Saviola, Lucho González, Cristián «Kily» González, Javier Mascherano, el capitán Roberto Ayala, los canteranos de Newell's Gabriel Heinze y Mauro Rosales, entre otras figuras, que terminó invicta y sin recibir goles. Marcelo Bielsa y su equipo de trabajo entregaban la primera medalla dorada para las vitrinas de la AFA, en donde ya había dos de plata, la de 1928 y la de 1996, pero esta era sin dudas especial. Así fue el final de aquel cuerpo técnico en el que Claudio estaba plenamente involucrado en la selección masculina mayor de Argentina.

En cuanto a Lionel, fue convocado para el Sudamericano Sub-20 que se disputó en Colombia entre enero y febrero de 2005. El combinado aseguró su clasificación al Mundial que se realizaría ese mismo año. Si bien terminaron invictos, no fueron campeones por diferencia de puntos, pero Messi, que no era del todo titular, se integró plenamente al grupo y marcó varios goles, entre ellos uno a Brasil en la fase final. Claudio, que seguía con atención aquellos torneos, sonreía. Y festejó aún más cuando en el Mundial Sub-20 en Holanda Leo se ganó la titularidad, fue elegido el mejor jugador del campeonato y se llevó la Bota de Oro. Aunque nadie tenía una bola de cristal para ver el futuro, y vaya que luego le costó ganarse su trono, Claudio sabía que Lionel era un jugador «diferente», que traería muchas satisfacciones a todos sus equipos internacionales, y esto incluía los seleccionados argentinos. Ese Mundial en Holanda lo elevó incluso a otro rango en su propio club, el FC Barcelona. Años después, Marcelo Bielsa y Claudio se lo toparían y lo «sufrirían» en la final de la Copa del Rey en 2012.

Messi regresa como una leyenda a Newell's

Es su cumpleaños número treinta y seis y le toma en un periodo vacacional, raro, pues desde hace algunos años estamos acostumbrados a que esa fecha llegue y se vaya con Leo concentrado en algún campeonato que el seleccionado argentino está preparando o disputando, o bien de gira por el mundo con el club donde se desempeña, por años el Barcelona y por dos temporadas con el Paris Saint-Germain, del cual se acaba de despedir. Esta vez es distinto, su compañero de muchos años con la celeste y blanca, Maximiliano Rodríguez, dice adiós al fútbol, y el club de su vida, Newell's Old Boys, le rinde un más que merecido homenaje.

Lionel Messi dice presente para jugar el partido amistoso que han preparado, y cómo no, para disfrutar al máximo su visita al Coloso del Parque Independencia, el estadio Marcelo Alberto Bielsa, en esa Rosario a la que siempre volvió para pasar las fiestas de fin de año después de mil y una batallas, y que ahora lo recibe con los brazos abiertos para agasajar a su amigo, Maxi, pero también para expresarle a coro, con cánticos de todo tipo, la admiración, el agradecimiento y el orgullo de tenerle como embajador. Esta vez, Leo vuelve como capitán de la Selección, con la Copa del Mundo conquistada en Qatar plasmada en su aura. Es anunciado por el sonido local como «el más argentino entre los argentinos, el emblema de la Lepra en el mundo», mientras el Coloso vibra y delira en júbilo. Al ver las imágenes y sentir la emoción, a Claudio le corren algunas lágrimas, piensa en su padre, José, y todo lo que hizo por el fútbol infantil de su club, el cual hoy vitorea orgullosamente a una lista nutrida de jugadores y entrenadores de talla mundial, con un hijo pródigo en el linaje, Lionel Andrés Messi Cuccittini.

Messi en el Barça: una vida profesional y emocional en su contexto

Rubén Costa Ullua

Mi familia y yo, en el año 2000, iniciamos un viaje desde Rosario (Argentina) a Barcelona, similar y diferente a la vez del que realizaba la familia Messi. Por alguna amiga en común de nuestros chicos adolescentes había una cierta cercanía con quien sería la futura esposa de Leo. Su madre y yo nos enteramos de esto por esos diálogos que surgen en la sobremesa, cuando se deslizan frases como «¿Sabés quién es amiga y compañera en el Colegio Americano de Dani y de Chofa? ¡Antonela, la novia de Messi! ¡Mira qué casualidad!».

A Leo Messi pude seguirlo como futbolero e «hincha del Barça por adopción» y como periodista. Durante un tiempo, porque participaba de las tertulias de «Hat Trick», ex Com Radio, hoy La Xarxa, y después en coberturas de partidos y ruedas de prensa. Es indudable que su paso por Barcelona coincidió con un momento importante tanto para Catalunya —me referiré a ella como se escribe en catalán por el peso simbólico que comporta— como para el Estado español en su conjunto. Todo lo que sigue, entonces, que ya fue leído en diarios y en libros, oído en radios y visto en noticieros de todo el mundo, es ni más ni menos que la aproximación de quien, al migrar con su propia familia como proyecto de vida, tuvo la suerte de observar el crecimiento de un adolescente que provenía de la misma geografía y que se convertía en una nueva leyenda del fútbol mundial.

La lágrima viva

El 8 de agosto de 2021 Leo lloró sin poder contenerse, tanto que agotó la capacidad de absorción de los pañuelos que tenía a mano y de los que le había dado Antonela. Esto sucedió porque confirmó, de manera imprevista, que su vínculo con el FC Barcelona había terminado. Lloró con el sentimiento de asistir al final de una etapa, algo que en realidad —y él mismo lo reconoció— «no estaba preparado para asumir» [18]. La noticia de su adiós llegó en un mes atípico para los grandes titulares. Agosto, en España, es vacacional y la cobertura noticiosa suele mostrar los desplazamientos de contingentes humanos desde las grandes ciudades hacia los lugares turísticos. Pese a que hay más de ocho mil kilómetros de costa, el monopolio de lo que pasa en la playa de la Malvarrosa, en Valencia, suele ocupar casi todo el espacio de los noticieros.

Así que la sorpresa y la estupefacción ganaron enteros. Después de veintiún años Messi y el FC Barcelona se separaban en un escenario de tristeza. Leo se encargó de subrayar durante su intervención que, sin embargo, sí había estado preparado

---

18. Se puede ver el video de la rueda de prensa completa que brindó Leo Messi en: https://barcatvplus.fcbarcelona.com/es/videos/2210248/rueda-de-prensa-completa-de-leo-messi.

cuando envió el burofax un año antes, ya que la relación con la junta anterior estaba muy deteriorada[19].

Solo Leo Messi sabe si en ese momento hubo también algo de decepción, o de desencanto, respecto de una de las personas sentadas en la primera fila de la rueda de prensa: Joan Laporta, el flamante presidente del club, que había llegado para recuperar la ilusión y el optimismo luego de la traumática salida de Josep Maria Bartomeu. Una ilusión a la que también parecía haberse subido Leo pues, como pocas veces, se había sacado una foto votando en las elecciones de marzo de ese mismo año, en las que Laporta se impuso a las candidaturas de Víctor Font y de Antoni Freixa, con el cincuenta y cuatro por ciento de los votos[20]. Más aún, fue tal el compromiso del jugador, que en la foto Leo aparece con uno de sus hijos. El nuevo presidente, en su toma de posesión, afirmó: «Espero que sea una etapa esplendorosa en la historia del Barça»[21].

Sin embargo, cinco meses más tarde de la promesa de esplendor y brillo se producía la ruptura más dolorosa de la historia reciente del club. Messi dejaba el Barça sin homenaje, sin reconocimientos, casi casi se iba por la puerta de atrás. Una historia repetida en «Can Barça» —expresión usada para definir el concepto de la casa del Barcelona—: Cruyff, Maradona,

19. Fernando Polo, «Messi y el burofax: cronología de un adiós frustrado», *Mundo Deportivo*, 6 de septiembre de 2021, en: https://www.mundodeportivo.com/futbol/fc-barcelona/20210905/1001684831/messi-burofax-cronologia-adios-frustrado.html.

20. Según consigna la página oficial del club: https://www.fcbarcelona.es/es/elecciones-2021.

21. Pueden leerse las frases destacadas del presidente del club al asumir el cargo en: https://www.fcbarcelona.es/es/club/noticias/2070870/laporta-espero-que-sea-una-etapa-esplendorosa-en-la-historia-del-barca.

Schuster, Ronaldo Nazario, Eto'o[22] son algunos de los integrantes de una lista lamentablemente muy larga.

Con la llegada de Xavi Hernández al banquillo de DT, el club pudo sumar un par de títulos hasta el momento en que se escribe este capítulo: campeón de la Supercopa de España y de la Liga 2022-2023; no obstante, la posibilidad de competir como en tiempos anteriores en Europa estaba aún muy lejana. El caso Negreira ha planteado una fuerte incógnita sobre el futuro del club ya que es una investigación abierta por la Agencia Tributaria de España por supuesta corrupción que involucra y lleva el nombre de José María Enríquez Negreira, exárbitro y vicepresidente del Comité Técnico de Árbitros y el club, por pagos que este último le realizó entre 1994 y 2018, sin que quede claro, por supuesto, en qué conceptos.

Por otro lado, hay expectativas preocupantes para la institución ya que, por un lado, la Superliga parece moribunda pero a pesar de eso le ha hecho estar en arduas batallas mediáticas contra Javier Tebas, presidente de la Liga. Y por el otro, se han cifrado esperanzas en las obras del nuevo estadio —que se llamará Spotify Camp Nou—, pero que de momento situaron al Barcelona como inquilino temporal de un escenario mucho más pequeño: el Estadi Lluís Companys, en el Montjuïc. La relación con la UEFA, además, ha tenido alternancias entre buenos y malos momentos. En este complicado escenario, el pueblo culé acudió al grito salvador de «¡Messi, Messi!» en los partidos del final de la temporada 2022-2023. Un llamado, justamente, al Mesías para que los salvara de este escenario antes de que este se hiciese vecino de Disneyland. Buscaban, con

---

22. Ismael Touat, «Los cracks que salieron por la puerta de atrás del Camp Nou», en: https://es.besoccer.com/noticia/10-cracks-que-salieron-por-la-puerta-de-atras-del-camp-nou-181896.

su deseada llegada, exorcizar el tiempo tan inestable que les tocaba transitar.

Ahora bien, para viajar al inicio de la relación entre Messi y el Barça vamos a parafrasear a Emmett L. «Doc» Brown —personaje del inventor de la película *Regreso al futuro* (1985)— con su famosa frase: «*¿Carreteras? Donde vamos no necesitamos carreteras*»; nosotros tampoco, solamente necesitamos el nombre de un expresidente del club blaugrana: Joan Gaspart i Solbes.

Las herencias de Joan Gaspart

Joan Gaspart fue el presidente número cuarenta y cinco del FC Barcelona. Ocupó este cargo entre julio de 2000 y febrero de 2003. Continuador del «nuñismo», fue también vicepresidente durante veintidós años del histórico presidente que marcó el final del siglo pasado del FC Barcelona: Josep Lluís Núñez. Fue una pieza institucional rara en Can Barça. Incluso, él mismo consideró que su presidencia no había sido buena. Su apasionamiento tan radical por el club [23] lo tomaba como un mandato de lucha cotidiano, sobre todo contra el Real Madrid, frente al que no quería perder ni a las canicas o, mejor, adaptado a estos tiempos, ni a los videojuegos. Probablemente esta desmesura en la que vivía Joan Gaspart i Solbes fue la matriz donde se acuñó una moneda que marcó el tiempo del club en el nuevo siglo, con su cara y también con su cruz.

---

23. Guifré Folch i Mariné, Demetrio González y Francesc Gordo-Guarino, *Els Quaranta-Vuit Presidents del FC Barcelona*, con prólogo de Rafel Niubò i Baqué (secretario general de l'Esport de la Generalitat de Catalunya) y proemio de Jordi Porta i Ribalta (presidente de Òmnium Cultural Barcelona), 2006, p. 100.

La cruz cayó recientemente bajo el nombre de «caso Negreira»[24]. Si bien es un escándalo que salta a la luz en 2023, fue bajo su presidencia cuando se estableció el vínculo con la empresa propiedad del hijo de uno de los mandamases del Comité Técnico de Árbitros, José María Enríquez Negreira. Un affaire que es un verdadero tembladeral y del que seguro iremos viendo réplicas. ¿Por qué lo hizo? «Si contraté a Negreira no fue para nada ilegal», afirmó Gaspart recientemente[25 y 26].

Como sucede con el principio filosófico-lógico de la «navaja de Ockham», quizás la explicación más sencilla sea la correcta. Es probable que, condicionado por su pasión desbordada por el Barça y por su antimadridismo acérrimo, Joan Gaspart buscase el mecanismo para garantizar el acceso a toda la información posible. No para beneficiar a su club, sino para que las condiciones de competición fueran equitativas. Pero si la cruz recién ahora tiene un nombre con el caso Negreira, la cara de la moneda vino desde el primer momento con nombre y apellido: Lionel Messi.

La historia de su fichaje en el FC Barcelona fue contada muchas veces. El tratamiento médico carísimo que no pudo

---

24. Se trata, en concreto, de una investigación realizada por la Agencia Tributaria por supuesta corrupción deportiva, que involucra a José María Enríquez Negreira, vicepresidente del Comité Técnico de Árbitros, y al FC Barcelona. El escándalo proviene por los pagos que el colegiado habría recibido, algo que está siendo investigado, por un aproximado global de más de siete millones de euros.

25. Joan Gaspart: «Si contraté a Negreira no fue para nada ilegal», entrevista de Víctor Malo el 22 de febrero de 2023, en: https://cronicaglobal.elespanol.com/culemania/palco/20230222/joan-gaspart-si-contrate-negreira-para-ilegal/743425696_0.html.

26. «Estoy convencido de que no se cometió ninguna ilegalidad en el "caso Negreira"», en: https://es.besoccer.com/noticia/joan-gaspart-estoy-convencido-no-se-cometio-ninguna-ilegalidad-caso-negreira-barcelona-barca-1234745.

asumir Newell's en Rosario; la decisión familiar de dar un salto, escapando de la crisis de Argentina de principios de siglo; la búsqueda de un club de fútbol que ayudara a solventar los medicamentos para superar el problema hormonal de crecimiento que padecía Leo y, además, el deseo de encontrar un futuro mejor para él y para su familia.

Esa búsqueda los condujo hasta la habitación 546 del hotel Catalonia Plaza, frente a Plaça d'Espanya, cruce de avenidas y de destinos. Allí, el adolescente fue vecino temporal del barrio de Hostafrancs, y esperó los resultados de sus pruebas en el FC Barcelona. Seguramente no se imaginaba que su destino se sellaría allí, en un rincón del Montjuïc —«el Monte de los Judíos», que se puede ver con toda claridad desde los ventanales de esa habitación—. En el Club de Tennis Pompeia, presidido por Josep Maria Minguella, y también en el Montjüic —cuenta la leyenda—, Carles Rexach asumió el compromiso de contratarlo para el Barça y, a falta de papel más apropiado, lo hizo sobre una servilleta.

Sin embargo, no todo fue tan automático; pensemos en el momento de adaptación, en el que la economía familiar de los Messi tuvo que hacerse cargo de soportar este tránsito no solo de país, sino también de moneda. España iba a decir adiós a la peseta para entrar en el mundo del euro, y este cambio también representó un importante y desacostumbrado aumento de precios, conocido como «el redondeo».

Esto significó, por ejemplo, que un menú para almorzar (primer plato, segundo plato, postre, vino y gaseosa) que costaba mil pesetas, es decir unos seis euros, con la entrada de la moneda común pasó a costar diez euros. Para hacerlo fácil, le sacaron dos ceros al número mil y claro, cuando lo veías era un diez, pero en euros significaba un sesenta por ciento de aumento, así nomás,

¡casi de un día para el otro! Los Messi venían, como decíamos, de un país en el que la inflación es algo casi consustancial. Pero los precios en Europa eran muy altos para un trabajador argentino. Y eso es lo que soportaba en ese momento la familia: cuatro hijos adolescentes, ingresos normales para Rosario pero escasos para Barcelona, y un chico con problemas de crecimiento y la necesidad de asegurarle un futuro. Y el fútbol era la carta que tenían para apostar.

En cuanto al fichaje de Leo, hay muchas versiones sobre quién tomó la decisión de incorporarlo al Barcelona. Por la coincidencia de haber estado en el lugar más elevado para hacerlo, me quedo con esta: dicen que llegó a los oídos de Joan Gaspart la existencia de un jugador excepcional, de allende los mares. Y que por eso movilizó a un intermediario amigo para viajar a la ciudad de Rosario, Argentina, para hablar con la familia y con Newell's Old Boys, el club donde se desempeñaba ese casi niño. El resultado del raid fue la estancia en el hotel, las pruebas y forzar al máximo todos los mecanismos para que, finalmente, una sencilla servilleta fuese el cimiento de los años exitosos por venir[27]. Bajo la presidencia de Gaspart, además, el Pep Guardiola jugador dijo «Adeu!» mientras Leo Messi decía «Hola, estoy viniendo».

Samba do Brasil

El 2003 fue un año bisagra en la vida política de los españoles, el voto popular frenó la continuidad de José María Aznar como presidente del gobierno —lo que Vázquez Montalbán llamaba

---

27. Miravitllas, Ramón (2013), *La función política del Barça*, Los Libros de la Catarata, Madrid, p. 106.

«la aznaridad»—. Su obsesión por querer forzar una interpretación alejada de la realidad sobre el atentado de Atocha, afirmando que había sido obra de ETA, le pasó una factura muy alta.

En Catalunya, con otros condimentos diferentes, también se produjo un cambio de tiempo político. Fue el adiós a treinta años de pujolismo —Jordi Pujol fue el President de la Generalitat por la ya desaparecida Convergencia i Unió— y la llegada a la Generalitat de Pascual Maragall, el alcalde visionario de las Olimpíadas de Barcelona 92. De la mano de ICV-EUiA (coalición ya extinguida formada por Iniciativa per Catalunya y Esquerra Unida i Alternativa) y ERC (Esquerra Republicana de Catalunya) nacía el famoso tripartito de izquierdas que abría un nuevo tiempo político con repercusiones que duraron mucho más que sus mandatos.

Incluso estos cambios a veces pasaron en instancias que en ese momento no fueron percibidas en su totalidad. Como ejemplo, Òmnium Cultural —entidad cuyo lema es «Lengua, Cultura, País»— también vivía un tiempo de cambio importante. Cumplía en él su primer año como presidente Jordi Porta i Ribalta, filósofo y activista cultural (1936-2023), que es reconocido como quien generó todas las condiciones para modernizar y adaptar la entidad a los tiempos que estaban por venir: una defensa muy activa *del catalanisme, de la llengua i del procés sobiranista cap a la independència de Catalunya*. Como muestra de esta nueva orientación, muchas cosas pasaron luego de que finalizara su mandato. Así, que Òmnium tenga en la actualidad más socios que el Barça —unos ciento ochenta mil aproximadamente— no se explica sin reconocer la labor hecha durante su presidencia [28].

---

28. «El legado de Jordi Porta», por Xavier Antich (presidente de Òmnium Cultural), en:https://www.elperiodico.com/es/opinion/20230615/legado-jordi-porta-articulo-xavier-antich-88748293.

En el Barça, mientras tanto, Joan Laporta ganaba sus primeras elecciones. Era el adiós a los años grises del posnuñismo de Gaspart, de los magros resultados futbolísticos y un nuevo tiempo se abría paso. El «John Kennedy catalán», como lo calificó algún titular de la época, se sentaba en el lugar de poder más importante, internacionalmente hablando, de Catalunya.

En noviembre de 2003, en el aeropuerto El Prat esperaba un jugador juvenil que estaba convocado para jugar un amistoso en Portugal con el primer equipo. Había pasado la noche casi en vela por los nervios y por la importancia de la convocatoria, al punto que lo único que pidió —en una declaración para la televisión pública catalana TV3— fue «si pudiera jugar unos minutitos»[29]. Ese pibe era Leo Messi, que convivía en el ritmo propio de La Masía con otros jóvenes que también lograron fama, como Gerard Piqué o Cesc Fàbregas. Esta nueva etapa en la que estaba inmerso Leo empezaba a escribirse con R. R de Rijkaard, por su entrenador, y también de Ronaldinho Gañucho, también apodado Ronnie, la nueva estrella del firmamento blaugrana. Ronaldinho había sido contactado en Guadalajara (México) por Sandro Rosell bastante antes de que la candidatura de Laporta ganase, instándolo para que cambiase París por Barcelona[30].

Brasil y Barcelona «estaban muy cerca». Por ese entonces, con el trasfondo del Forum de las Culturas, Carlinhos Brown movilizaba en el céntrico Passeig de Gràcia a casi cuatrocientas mil personas que bailaban con él los ritmos del carnaval de

---

29. *Els Matins*, TV3, en: https://www.ccma.cat/tv3/alacarta/els-matins/john-carlin-la-marxa-de-messi-sha-de-gestionar-amb-classe/video/6057388/ y en: https://www.youtube.com/watch?v=BC5-QuUjsgQ.

30. Rosell, Sandro (2006), *Bienvenido al mundo real*, Ediciones Destino, Barcelona, p. 179.

Bahía. Y no era el único brasileño que ilusionaba y divertía, ya que Sylvinho —un lateral izquierdo proveniente del Celta que fue importante tanto dentro como fuera del campo— también fue contratado por el Barça.

Cuando uno mira hoy la trayectoria de Leo Messi tiene la percepción y la tentación de creer que debutó, ganándolo todo al mismo tiempo: títulos y titularidad. Pero no fue así. Hubo períodos de espera, de alternancias entre el Barça B (hoy Barça Atlético) y el equipo principal, de suplencias y de lesiones. El ascenso al primer equipo y al lugar donde Messi quería llegar no se expresa en una línea recta y hacia arriba. Hubo momentos difíciles de gestionar, trascendentales, como por ejemplo cuando no pudo jugar la final de la Champions League en 2006 en París.

En esa etapa de incertidumbre fue adoptado por el grupo de jugadores brasileños que cohabitaban en el club: Motta, Ronaldinho, Sylvinho y Deco. Aquí emergen dos figuras que lo marcan, Ronnie y Sylvinho. Ronaldinho era el mejor del mundo en ese momento. Él es quien lo incorpora al grupo y lo reconoce como un jugador extraordinario. Fue un hermano mayor, un amigo que le mostró todas las caras posibles del momento que él mismo estaba atravesando: la fama, la alegría de jugar, el auge y la caída de ser el número uno, la noche y el tiempo de diversión, como lo describe Guillem Balagué en su libro sobre Messi «para descubrirle un mundo fuera del terreno de juego», pero que «empezaban a aparecer las primeras pistas de que el brasileño conducía por una vía rápida, estrecha y al borde del precipicio»[31]. Pero también estaba Sylvinho, que fue como un padre en

31. Balagué, Guillem (2023), *Messi*, Libros Cúpula, Barcelona, pp. 151, 152 y 153.

el ámbito deportivo, con el rol de quien da consejos en determinados momentos y que no necesariamente ocupa el lugar de un amigo. El grupo de los brasileños fue clave y vital en esa etapa del salto a la Primera. Ellos lo adoptaron en su grupo, en su mesa, en su espacio protector y a veces vertiginoso. Ese acompañamiento fue el que lo ayudó a dar el salto desde la adolescencia a la etapa adulta, tanto a la persona como al jugador[32].

El retorno de La Masía

Xavi Hernández, exjugador y actual técnico blaugrana, no se cansa de repetir en diferentes ruedas de prensa que pertenecer al Barça es tan apasionante como estresante. «No te puedes distraer porque siempre queremos más y la exigencia es máxima». La gestión de Laporta no estaba resultando «*com una bassa d'oli*» (frase hecha que significa una cosa muy calmada y tranquila). Ya había sufrido un terremoto importante en 2005 cuando Sandro Rosell y Josep Maria Bartomeu (que también era el responsable del área de baloncesto), dejaban sus cargos, ambos con profundas diferencias con el presidente Laporta. Acusaban que había falta de transparencia y de democracia interna y expresaban discrepancias con el proyecto que se estaba implementando.

Rosell, en una carta dirigida a los socios y socias del club, se lamentaba afirmando que se había equivocado «al invertir horas, contactos y sacrificios en un proyecto que él ha desvirtuado», y finalizaba con un: «Joan, no te olvides más de los socios: ellos son los amos del club, ellos te eligieron y a ellos has de

---

32. El mismo Messi lo comentó en: https://www.diez.hn/internacionales/messi-barcelona-sylvinho-ronaldinho-debut-GYDZ1080420.

rendir cuentas. El Barça ha de ser siempre un club democrático»[33]. En 2008, la junta que había ganado cinco años antes daba muestras de una profunda fragmentación. Catorce de los directivos que habían iniciado la gestión con Laporta habían quedado por el camino.[34]

En lo futbolístico, ese debía ser sin dudas el año del cambio. Tras dos Ligas, dos Superligas de España y una Champions, los protagonistas principales de la recuperación, Ronaldinho y Rijkaard, estaban en el centro de la polémica. El brasileño porque no se recuperaba de la frustración que significó el Mundial 2006 para él y para su selección. El segundo, porque luego de un par de temporadas lejos del máximo nivel no generaba cambios positivos y favorables en las dinámicas del equipo. Ante este panorama, el presidente Laporta empezó a mover fichas. Implicó a jugadores, a representantes y a miembros de la junta afines a él con la intención de generar el cambio que el momento necesitaba. Dieron un adiós emotivo a Ronnie, que partió hacia Milán. Y también le agradecieron a Rijkaard por todo lo que le había dado al club. Pero sobre todo alentó que Messi tomara el relevo de Ronnie, dejando atrás el dorsal 19 para pasar definitivamente al 10, y esto fue así hasta el día de su partida[35].

Aunque el nombre de Mourinho estuvo en danza y en el plan B del expresidente deportivo Sandro Rosell el reemplazo de Rijkaard era Pere Gratacós,[36] de repente apareció el nombre

33. S. Rosell: «El presidente estará más tranquilo sin mí», elmundo.es, 2 de junio de 2005, en: https://www.elmundo.es/elmundodeporte/2005/06/01/liga/1117640653.html.

34. El Periódico, 10 de julio de 2008, en: https://www.elperiodico.com/es/deportes/20080710/cinco-directivos-mantienen-proyecto-original-44716.

35. Balagué, G., op. cit., p. 197.

36. Rosell, S., op. cit., p. 246.

de Josep «Pep» Guardiola. Pep era un exponente claro y concreto de La Masía: primero había sido jugador y en ese entonces era técnico del Barça B. Al ser convocado en reemplazo de Rijkaard daba el salto a la Primera, ya con un título en su currículo: había logrado el ascenso de la segunda escuadra de fútbol masculino del club a la Segunda División B.

Premeu-vos el cinturó que ens ho passarem bé

La llegada de Pep en junio de 2008 como responsable de entrenar al equipo significó un paso más en la consolidación de Messi como estrella del fútbol mundial. Pep puso especial atención a lo psicológico, a lo físico y al entorno ambiental deportivo de sus jugadores. Un seguimiento constante de su dieta, de los ejercicios físicos para evitar lesiones, del control de su cuerpo y de sus fuerzas en el campo de juego, de su alimentación [37]. Puso el acento en cómo administrar y entender bien el carácter de cada uno. Pero también en saber lo que necesitaban, tanto sus jugadores —Leo especialmente— como él mismo para poder generar un equipo competitivo.

En cuanto a lo deportivo, esta etapa marcó la consolidación de jugadores con ADN-Barça: Piqué, Puyol, Xavi, Iniesta, Busquets, entre otros. Pero además con refuerzos de lujo en la delantera: el elegante Thierry Henry y un socio que no estaba en la previa —dado que se rumoreaba su marcha—, el camerunés Samuel Eto'o. Fueron años extraordinarios para el FC Barcelona, de esos que consolidan y generan miles de aficionados en todo el mundo, porque el equipo del Pep enamoraba. Pero, como todo, esto también tiene sus contracaras: poder ver, vivir

---

37. Balagué, G., *op. cit.*, p. 259.

y disfrutar lo que se podría denominar «años de perfección futbolística» en los que hay títulos, goleadas, emociones, con un juego casi excelso que convierte lo cotidiano en una maravilla, tiene la consecuencia lógica de que alguna vez hay que despertar de ese sueño mágico. No todo el tiempo es excepcional, así que es mejor no confundirse.

En su primer año el Barça le endosó un 2-6 al Real Madrid en el Bernabéu. Quizás, de todos los partidos y por la trascendencia del rival, el encuentro pueda ser definido como la carta de presentación de este equipo. Quedaba claro que iban muy en serio, no solo en la Liga española sino también a nivel mundial: Puyol haciendo un gol de cabeza y besando el brazalete con la Senyera (bandera de Catalunya), Piqué marcando también como un 9 pese a ser defensor; Eto'o y Henry prodigándose en ataque con lujos y regates; y qué decir del triángulo mágico: Xavi, Iniesta y Messi, con toques, paredes y goles. Michael Robinson, fallecido en 2020, que fue el comentarista de ese partido por Canal+, lo definió así: «Es poesía, es que juegan a un fútbol tan poético, tan brillante».

En el primer año se cumplió lo predicho en la frase de presentación de Pep, «ajustarse los cinturones porque nos lo pasaremos bien» [38]. Y tanto fue así que el Barça consiguió ser campeón de la Copa del Rey, de la Liga, de la Champions, de la Supercopa de España, de la de Europa y del Mundial de Clubes. ¡Un sextete!

A medio camino de los seis títulos, llegó el primero internacional para Messi y también para Pep, entre otros, porque todos los caminos de 2008-2009 conducían a Roma. Más precisamente al Olímpico de Roma, donde no solo se jugó una

---

38. Esta es la traducción en castellano del título de la presente sección.

final de Champions entre el Barça de Pep y el Manchester United de sir Alex Ferguson, sino que también se inició la precuela de una lucha futbolística entre dos jugadores que marcarían la década que estaba a punto de iniciarse: Leo Messi vs. Cristiano Ronaldo.

¡Qué guion se perdió George Lucas!

Es difícil saber a quién atribuir la autoría del guion de la película que estaba por comenzar en 2009, si al presidente del Real Madrid, Florentino Pérez, a la Liga, a la UEFA o a qué corporación de intereses, pero quien fuera que haya sido fue digno de recibir el premio al Mejor Guionista de Hollywood. Por un lado, la fuerza imperial que iba vestida de blanco; con el 7 en la espalda iba su comandante estrella, Cristiano Ronaldo, y dirigida por un «villano» que daba el papel como muy pocos: José Mourinho, alias Mou. Y del otro lado, la resistencia blaugrana de Pep y de sus caballeros Jedis, con un Messi espectacular. Sé que es una presentación maniquea —porque en la vida real no hay personas enteramente buenas o malas, sino solo personas—, pero para el caso que nos ocupa pueden asumir el papel de esos personajes para un buen entretenimiento.

Al estilo de toques «tiki taka» de Pep se le opuso la férrea disciplina defensiva, el control, el juego al límite de las faltas (y a veces cruzando un poco más ese límite) del esquema de Mou. El técnico portugués, al ver la distancia enorme que separaba a un equipo del otro, también comenzó a jugar desde las ruedas de prensa, indicando que lo que hacían los jugadores blaugranas «era teatro y del bueno», que los triunfos del Barça eran inmerecidos, que sus jugadores eran perjudicados por los arbitrajes y los calendarios. Todo esto fue llevando el conflicto a su máxima expresión tanto dentro como fuera del campo.

El choque institucional, deportivo y mediático fue de alto voltaje, a tal punto que Pep declaró en una rueda que, en ese espacio, en el de las declaraciones, «Mou era el puto amo» y que él no quería ni podía competir. Si ese era el duelo fuera de la línea de cal, dentro del campo de juego habían sido elegidos dos personajes que por antitéticos eran casi perfectos para representar roles opuestos. Eran dos Balones de Oro, frente a frente. Cristiano era un jugador de orígenes humildes, aunque al momento de llegar al Real Madrid encajaba justo con lo que este equipo significa y transmite: la elegancia blanca, la apuesta discursiva por el señorío, la ostentación natural de un equipo y una ciudad que están en el centro del Estado, en el centro de las decisiones. Cristiano fue durante esos años la gema que resumía la monumentalidad de una ciudad: la Plaza de Colón, la Catedral de la Almudena, la calle Serrano, la Cibeles, el Palacio Real de Madrid y, por supuesto, el Real Madrid.

En cambio, Leo, por sus problemas hormonales, vio dificultado su crecimiento. Eso significó para él una larga lucha, en la que los motes de «el Enano» o «la Pulga» lo acompañaron durante bastante tiempo. También había hecho el salto de una ciudad a otra, de un país a otro. Pasaba a vivir y representar a clubes de ciudades muy diferentes, aunque con un punto en común: ambas siempre se han sentido las capitales de algo, pero no eran las capitales administrativas o políticas de sus países. Rosario respecto de la provincia de Santa Fe, y Barcelona, de una nación contenida en una Comunidad Autónoma, Catalunya. Leo había llegado a una ciudad que, como él, aspiraba a más, mucho más.

Leo estaba casi siempre callado, y las pocas veces que hablaba se le cruzaba «el rosarino», un castellano propio de Argentina en el que las eses tienden a desaparecer. Eso sí, la belleza aparecía con todo su esplendor y sin ningún tipo de frontera diferenciadora cuando jugaba, cuando mostraba su conjunción con la pelota, cuando la pedía al vislumbrar dos o tres jugadas más adelante. Aun cuando caía por una falta pedía otra vez el balón para seguir jugando, protestaba lo justo porque había que seguir jugando. Jugando, siempre jugando.

La temporada 2010-2011 fue la de la «manita», el gesto de Gerard Piqué; el primer clásico en el Camp Nou con Mou en el banquillo blanco y en el que el Barça —ni Messi ni Cristiano marcaron— se impuso 5 a 0. El antídoto buscado por Florentino Pérez no había dado resultado, por eso la tensión subió y al final de esa temporada, también por temas de calendarios, se debieron jugar cuatro clásicos. En un hecho sin precedentes, se vieron cuatro clásicos en dieciocho días para dirimir quién ganaba en tres competiciones: la Liga, la final de la Copa del Rey y las semifinales de la Champions. Un giro del guion emocionante.

La Liga quedó para el Barça; la Copa del Rey, con gol de Cristiano, para el Madrid. Y dos golazos de Leo Messi en el «territorio enemigo» del Bernabéu durante la semifinal de la Champions aseguraron el pase a una nueva final. ¿El rival? De nuevo el Manchester United de sir Alex Ferguson, en Wembley, la catedral del fútbol mundial. Allí, Leo rompió el empate temporal que había conseguido Wayne Ronnie, con un gol desde fuera del área que gritó con toda la fuerza y hasta derribó un micrófono de ambiente en su alocada carrera de festejo. El 3 a 1 definitivo llegó con una gran jugada que desacomodó a la defensa del United y posibilitó el gol de Villa. Segunda

Copa de Champions en dos años con Pep y la cuarta para la historia del club.

2010: Odisea en Catalunya

Todos los movimientos políticos de la década que dejábamos atrás, tanto los públicos como los imperceptibles, se retroalimentaron el día del anuncio de la sentencia del Tribunal Constitucional contra l'Estatut de Catalunya. El Estatut es equivalente a la Constitución de Catalunya; y esta —casi una reforma constitucional— había seguido un largo procedimiento luego de haber sido presentada por el Segundo Tripartito. La propuesta y sus modificaciones habían sido largamente discutidas en el Parlament, en las universidades, en los sindicatos, en las escuelas; y, finalmente, habían sido aprobadas por los vecinos y las vecinas de Catalunya en un referéndum popular. Pero pese a haber cumplido con todos los requisitos que indicaba la ley para entrar en vigor, aún debía ser aprobada por los representantes de las distintas comunidades autónomas que tenían asientos en el Congreso de los Diputados de España. Quien era presidente de gobierno en ese entonces, el representante del PSOE, José Luis Rodríguez Zapatero, se había comprometido a apoyar en el Congreso de los Diputados aquello que había sido aprobado por el pueblo de Catalunya.

Pero eso no era del agrado de la oposición, que entonces lo impugnó, lo que implicaba remitir el asunto para su estudio al Tribunal Constitucional de España. Así que el intérprete supremo de la Constitución —instancia a la que suele acudir más asiduamente el Partido Popular (PP) cuando no puede imponerse ni en las urnas ni en las mesas de consenso— falló en contra de la reforma estatutaria y, consecuentemente, también de la voluntad expresada por quienes vivíamos y votábamos en Catalunya. Creo que los impulsores de ese recurso, el PP y los jueces del TC, en su rol de acérrimos y conservadores protectores del statu quo de la Transición (o sea, el momento político que se había abierto en España cuando falleció Francisco Franco, el dictador que durante casi cuarenta años había tiranizado al país), creían que estaban dando el viejo paso de baile de siempre: seguir congelando la historia en el siglo pasado. Pero la vida, sobre todo la vida política, se abrió camino inesperadamente.

Un sábado por la tarde, más precisamente el 10 de julio de 2010, más de un millón de personas se volcaron a las calles de Barcelona y de casi todas las ciudades de Catalunya bajo el lema «*Som una nació, nosaltres decidim*». Passeig de Gràcia y las calles adyacentes eran un hormiguero humano. Cada persona, incluso, le aportaba un lema, una razón para manifestarse. En un contexto de crisis económica que se arrastraba desde 2008, el conflicto político entre Catalunya y el Estado español sacaba a las calles a personas que provenían de un amplísimo espectro ideológico, desde la izquierda hasta la derecha. Manifestaban un profundo rechazo a esta sentencia votantes del Partido Socialista, de Iniciativa i Esquerra Unida (los herederos del PSUC, el antiguo y prohibido partido que más había combatido a Franco), de Esquerra Republicana de Catalunya, de la CUP, de Convergència i Unió (el «pujolismo» que desde hacía siete años estaba en la oposición) y muchos más, incluso mucha gente que no tenía ninguna filiación partidaria. Como se suele decir en estas tierras: *el català emprenyat!* (el catalán enojado) ganó las calles.

Allí estaban y se expresaban tanto los que habían estado de acuerdo con reformar el Estatut a partir de ir negociando con el

Estado español como los que habían advertido con anterioridad que ese tiempo de negociación «con Madrid» iba a ser un tiempo perdido. No todos siguieron a posteriori por el mismo camino. Pero en ese momento se consolidaron, fortalecieron y especialmente se ampliaron las bases del antiguo pero no tan sólido independentismo catalán. El mismo que luego generaría manifestaciones multitudinarias que no dejarían esas calles hasta una década después. Una manifestación que se produjo también en el marco de las consultas municipales por la independencia, que habían comenzado en el Maresme, en 2009, más precisamente en Arenys de Mar, y que finalizaron en la ciudad de Barcelona en 2011. Consultas que fueron la base territorial y el embrión para la creación en 2011, en el Palau Sant Jordi, de la Assemblea Nacional per Catalunya (ANC). Como ella misma se define, una organización de la sociedad civil, independiente de los partidos y de la administración.

¿Por qué es importante este momento? Porque Messi jugaba en el Barça y aquí entramos en una dimensión que no puede soslayarse. Porque el lema de la entidad es «*Som més que un club*». Hay muchos análisis, teorías e hipótesis sobre cuándo se generó y qué quiere explicar esta frase. Pero es evidente que transmite un mensaje que indica que sus fronteras no son estrictamente deportivas. El FC Barcelona es un club que se adentra y se significa en lo social, lo cultural y también en lo político, así como en la defensa de la lengua y la cultura catalanas.

Hay una frase del periodista y escritor Manuel Vázquez Montalbán que se ha repetido hasta el hartazgo. Dice que el Barça es el «ejército simbólico desarmado de la catalanidad»[39].

---

39. Frase encontrada en la página web oficial del FC Barcelona:https://www.fcbarcelona.es/es/ficha/778212/manuel-vazquez-montalban-barca-cultura-i-esport.

De una manera muy contundente, y hasta ese momento hasta graciosa, describe mucho a este país, Catalunya. Aunque no fuera verdad, porque la muerte prematura del escritor lo impidió, me gusta imaginarlo a él, luego de haber finalizado una de las largas reuniones como militante del viejo PSUC en su antigua sede del Carrer Ciutat —que ni para la historia ni para el recuerdo se ha preservado, más allá de la descripción que el mismo autor hace en su libro *Asesinato en el Comité Central*— pronunciando esa frase, mientras mira a través de los grandes ventanales la calle —que nace o muere según se quiera— en la histórica Plaça Sant Jaume, donde se encuentra el balcón del Palau de la Generalitat, el altar laico donde el pueblo culé le ofrece a Catalunya su tesoro más preciado: la Copa de la Champions League.

Messi versión 2011

Siete años después de la frase del pibe que quería jugar unos minutos, en El Prat, llegamos a esta versión de Messi 2011 con un profundo cambio en su dieta: redujo al máximo su pasión por las milanesas con papas fritas, los asados, las gaseosas, y aceptó una comida mucho más ordenada. En lo deportivo, también, un ensamble cada vez mejor con el juego colectivo. Era el jugador que tanto podía resolver un partido él solo llevándose todas las marcas como participar activamente del juego coral que proponía el estilo de Pep: el ya famoso «tiki taka». En diciembre de ese año, el diario *Marca* recogía esta noticia: «Leo Messi ha sido elegido como el mejor deportista del año para los votantes del diario *L'Equipe*. El argentino ha ganado el premio "Campeón de Campeones 2011" por delante del tenista serbio

Novak Djokovic y del piloto alemán de Fórmula 1 Sebastian Vettel». «El futbolista argentino ha ganado todo este año con el Barça con una facilidad desconcertante», escribe el diario deportivo francés, que abre su edición del 24 de diciembre con una gran foto del jugador argentino. Es la primera vez que el argentino obtiene este premio, sucediendo en el palmarés a Rafa Nadal»[40].

Para cualquier otro jugador podría haber sido el pico más alto de su carrera, pero para Messi no. Fue todo lo contrario, sería el primero de varios años así, en los que rompió récords, vació de sinónimos los titulares, los elogios e hizo difícil el listado de goles y jugadas inolvidables. Estaba en una etapa de crecimiento constante, a tal punto que la llegada al club de una estrella emergente como Neymar, dos años después, no generó un problema sino más bien inició una hermosa amistad.

Después de haber visto, leído y escuchado muchas cosas sobre Messi, pienso que su ADN futbolístico parece estar compuesto por el espíritu de los últimos potreros argentinos donde se jugaba y se vivía al todo o nada más los valores y la disciplina de La Masía, y con algo de la alegría brasileña de disfrutar jugando a la pelota. Todo eso aderezado con una profunda y personal voluntad de superación. Algo que lo viene acompañando desde que era muy pequeño, aun cuando buena parte de su cuerpo desaparecía detrás de la pelota. Pero que siguió presente aún en su llegada al Inter de Miami, donde ya consagrado dijo que su ambición por ganarlo todo seguía intacta.

40. En marca.com, 24 de diciembre de 2011, en: https://www.marca.com/2011/12/24/futbol/equipos/barcelona/1324714676.html.

Sin Laporta y sin Pep, entre Tito y Tata

Tras siete años de gestión, Joan Laporta dejó la presidencia del club en junio de 2010. Si bien su mandato se puede calificar de exitoso por todos los títulos conseguidos en tan poco tiempo, las disensiones internas y las diferentes crisis habían erosionado su figura y lo llevaron a tener que renunciar. Tras nuevas elecciones, a la entidad regresaron Sandro Rosell y Josep Maria Bartomeu como presidente y vice, respectivamente. Otro actor principal, Mou, no se fue del plató de esta película de la mano de Pep. Siguió en escena un tiempo más, luego de la marcha de Guardiola. El técnico catalán ya se había presentado en una rueda de prensa para anunciar su retirada, en la que indicó que se había vaciado, que ya no tenía ni el combustible ni la fuerza suficientes para seguir dirigiendo el equipo de sus sueños.

Quien pasó a retiro a Mourinho fue Tito Vilanova, ayudante de campo de Guardiola. Ya había alcanzado notoriedad, no por él sino por una acción del portugués. Fue en un derbi que se jugó en el Camp Nou, cuando Mou se acercó por detrás en medio de una trifulca y le metió un dedo en el ojo a Tito. Fue la acción que festejó el Bernabéu con una pancarta: «Mou, tu dedo nos señala el camino». La designación de Tito como DT generó un distanciamiento con Guardiola. Esa relación no mejoró ni siquiera cuando el cáncer de Tito Vilanova —diagnosticado en 2011— volvió con toda su virulencia, obligándolo a dejar el primer equipo. El reemplazo elegido fue Gerardo «Tata» Martino.

El conflicto entre Pep y Tito fue tan evidente y público que hubo notas periodísticas que resumieron su reconciliación de la siguiente manera: «Pep Guardiola y Tito Vilanova sí han firmado la paz. Otra cuestión bien distinta es que ambos técnicos hayan recuperado el grado de amistad que les unió hasta que el entrenador de Santpedor anunció el punto y final a su dilatada etapa en el banquillo blaugrana»[41].

Bajo la dirección técnica de Tito, en 2012-2013 el FC Barcelona no pudo ganar ni la Copa del Rey ni la Champions, aunque se la recuerda con la famosa Liga obtenida con el puntaje ideal, la de los cien puntos, la que dejó al Real Madrid quince puntos por detrás y que, en parte, precipitó la salida de Mourinho del equipo blanco.

En tanto, Messi era noticia, pero no por temas deportivos sino fiscales. Hacienda los acusaba a él y a su padre por defraudación en los años fiscales 2007, 2008 y 2009. La Audiencia Provincial de Barcelona los condenó unos años después a veintiún meses de cárcel. Leo reconoció luego que en esos años pensó seriamente no solo en dejar Barcelona sino también España. Jordi Roura —exayudante de Vilanova— dijo un tiempo más tarde que hubo una conversación muy importante seis días antes de la muerte de Tito que, aunque se desconocen los términos exactos, ayudó para que Leo se quedase en el Barça[42]. Es que Messi, además del tema fiscal, veía también que la llegada del Tata no había resultado tan buena como se esperaba. El primer y único título de esa temporada fue la Supercopa de España, que llegó en verano de 2013, con un gol solitario de Neymar. A partir de aquí, el equipo culé perdió todos los duelos ante el

---

41. Tomàs Andreu, «Pep y Tito firman la paz», *Sport*, 4 de septiembre de 2013, en: https://www.sport.es/es/noticias/barca/pep-tito-firman-paz-2624457.

42. «La profunda emoción de Lionel Messi tras revivir su última conversación con Tito Vilanova», *Infobae*, 13 de enero de 2021, en: https://www.infobae.com/america/deportes/2021/01/13/al-borde-de-las-lagrimas-la-profunda-emocion-de-lionel-messi-tras-revivir-su-ultima-conversacion-con-tito-vilanova/.

Atlético de Madrid del Cholo Simeone, que se quedaría con la semifinal de la Champions y con la Liga, en la última fecha y en el Camp Nou.

Cuando se hace el balance y se ve que lo único que se ganó fue la Supercopa, la respuesta más concreta es que hubo una temporada en blanco, en que no se ganó nada. Todos estaban alterados. Martino llegó muy ilusionado a dirigir el FC Barcelona. Venía de ser campeón de la Liga en Argentina con Newell's de Rosario, y dirigir al Barça con Messi era para él como tocar el cielo con las manos. Pero en el transcurso de la Liga descubrió que estaba tocando algo diferente, más cercano al infierno que a las nubes celestiales. El desencadenante fue la famosa rueda de prensa pospartido del 21 de septiembre de 2013. Allí fue duramente criticado porque aunque el Barça ganó 0-4 de visitante, en Vallecas, contra el Rayo de Paco Jemez, perdió la posesión del balón por dos puntos porcentuales, de 51 a 49 %. Un hecho sin precedentes cercanos desde que Pep y después Tito se habían hecho cargo del equipo.

Ese aciago día, al técnico que le gusta hablar de fútbol de manera distendida, con unos mates o tererés (un mate frío) en la sobremesa de un buen asado[43] y disfrutando de la conversación, seguro que se le cruzaron algunas frases como: ¿Esto está pasando realmente? ¿A dónde vine a dirigir? Si para el Tata fue el principio del fin, para el Barça esta obsesión por elevar a nivel de lo sagrado la tenencia de la pelota aparece como algo que le pasaría factura en unos años. Porque, en definitiva, la pelota es al fútbol lo que el poder es a la política, ¿para qué tenerla?, ¿para

43. Xavier Muñoz, «El asado es una costumbre nunca olvidada por el Tata Martino», *Mundo Deportivo*, 9 de diciembre de 2013, en: https://www.mundodeportivo.com/20131209/fc-barcelona/el-asado-es-una-costumbre-nunca-olvidada-por-el-tata-martino_54395310862.html.

qué luchar por conseguirla? Esa obsesión fue uno de los elementos que caracterizaron a la generación del Barça inocuo de la segunda mitad de la década.

Después del fallecimiento de Tito Vilanova, en junio de 2014, el Tata Martino dejó el FC Barcelona. Así, los recambios técnicos, tanto el natural despés de la marcha de Pep, que era Vilanova, como el que se pensó que era el ideal para dirigir a Messi con Martino se esfumaron, y regresaron la duda y la incertidumbre a Can Barça.

Messi, Cristiano y los Balones de Oro

La polémica, cuyo origen seguramente fue más mediático que real, se generó alrededor de quién era el mejor jugador, si Messi o Cristiano. O sea que además de compararse en el molde histórico de Pelé o Maradona, Messi también pasó por la comparación en tiempo real con otro excelso jugador. Una comparación que coincidió temporalmente con la explosión de las redes sociales. Y en ese campo fértil la profusión de vídeos, gráficas, comparativas, argumentos, fueron la base de una carrera alocada para que se posicionaran aquellos pro Messi vs. los pro Cristiano.

Es difícil para mí dejar de lado la subjetividad al calibrar esta balanza. El peso de ser hincha desde mi infancia de Newell's de Rosario y luego haber comenzado a ser seguidor del Barça hace que afectivamente siempre me sienta más cerca del Messi jugador por todo lo que me dio (y me dará). Lo primero que me viene a la cabeza en esta comparación es que Cristiano tuvo la mala suerte de coincidir en el tiempo con Messi. Aun así creo que Cristiano, a nivel de clubes, puede mostrar mayor diversidad de títulos, tanto individuales como colectivos, con diferentes camisetas. Leo, por ahora, en este aspecto los tiene concentrados mayoritariamente con el Barça y un poco con el PSG, sumado a la Leagues Cup con el Inter Miami. En favor del portugués cabe decir que hubo etapas del Real Madrid en que él fue la base de muchos triunfos; en cambio, para Messi hubo temporadas del Barça en que ni él podía sacar al equipo del pozo en el que estaba hundido. Pienso en las Champions de 2015 en adelante, por ejemplo.

Eso sí, en cuanto a selecciones, Messi superó a Cristiano casi en el tramo final de su carrera. Entre 2021 y 2022 ganó la Copa América, la Finalissima y el Mundial, y logró recuperarse, con una resiliencia a prueba de fuego, de varias finales perdidas. En la lucha comparativa por los Balones de Oro el triunfo también era de Messi por 7 a 5 hasta el año 2023. Puede decirse que este premio, que entrega desde 1956 la revista *France Football*, pone en el número de premios la distancia existente entre uno y otro.

Messi, sin dejar de ser extraordinario, se fue haciendo cada vez más un jugador de equipo. En cambio Cristiano, enfrascado en la lucha por ser el mejor, se fue consumiendo y fue involucionando hacia un individualismo tal que deja lo colectivo en un segundo plano.

Messi, ese prócer involuntario del Procés

Un eslogan muy difundido del independentismo catalán era «*Espanya ens roba*» (España nos roba). En un sentido cumplía con lo que buscaba, o sea, movilizar a la ciudadanía descontenta con el Estado español; pero, por otro lado, tuvo un par de efectos negativos. Uno de ellos fue que facilitó ser rotulado rápidamente como un movimiento de derecha o derecha extrema, como era el caso de la Lega Nord, en Italia, conducida por Umberto Bossi; una región rica que no quiere compartir nada con otras regiones menos favorecidas. Y el otro aspecto negativo fue que difuminaba una parte importante de la reivindicación independentista: Catalunya no solo quiere ser independiente, sino que pide más, ya que quiere ser una república independiente. La aspiración hacia valores republicanos, a nivel de difusión en la agenda internacional, hubiese permitido conectar mucho más con los países y las personas que provienen de América. Porque esa gente ya tenía en su historia los elementos comunes de emancipación, no únicamente de España, sino de la figura del rey. Es así como en tiempos de Messi una parte considerable de Catalunya quería dar un doble salto con riesgo: ser una república independiente del reino de España.

En el Estado español, José Luis Rodríguez Zapatero ya era historia y el nuevo inquilino de la Moncloa era Mariano Rajoy. En la Generalitat de Catalunya ya no gobernaba el tripartito sino los pospujolistas, con Artur Mas como president. La gran manifestación de 2010 no había sido un hecho aislado, y comenzó la búsqueda por validar y generar las condiciones políticas para realizar consultas y referéndums al pueblo catalán sobre la independencia de Catalunya. Eso pasó en noviembre de 2014, más precisamente el domingo 9, cuando el pueblo de Catalunya fue consultado sobre cuál debía ser el camino a seguir. La respuesta fue contundente: con una participación superior a los dos millones de personas, el ochenta y uno por ciento optó por que ese camino debía ser la independencia. Vivían en Catalunya en ese momento siete millones de personas.

Johan Cruyff, Diego Maradona y Leo Messi tienen en común el fútbol, que fueron claves en su rol mediático y que los tres pasaron por el Barça. El primero y el último, además, lo hicieron en momentos políticos de alta complejidad. El Cruyff jugador estuvo en los últimos años del franquismo y la transición de la década de 1970, y Messi coincidió con toda la efervescencia del Procés por la independencia de Catalunya.

Aunque la primera reacción lleva a comparar a Messi con Maradona, creo que esa comparación nos muestra dos arquetipos contrapuestos, pero nos aleja de entender a Messi y su relación con el ámbito de la política. Maradona, además de un gran jugador, fue una persona que se mostró abiertamente en muchas causas políticas. Fue ese «Dios sucio», polémico —tal como lo definió el escritor uruguayo Eduardo Galeano—, que salía a viva voz en defensa de los más desposeídos y en contra de las injusticias. Messi, en cambio, no ha entrado en esa esfera de exposición pública tan directa en temas políticos sino que se ha enfocado más en la infancia y en la niñez a través de su fundación: la salud como prioridad, el deporte inclusivo y la educación como un derecho fundamental[44].

A partir de 2010, la gran agitación social y política en Catalunya iba en aumento. Mientras, Messi, el mejor jugador del mundo, era la estrella máxima del FC Barcelona, equipo emblemático del país. La pregunta es ¿cómo un chico rosarino que apenas hablaba en catalán, la lengua distintiva de un país, que supera con creces la figura de comunidad autónoma, y con una vinculación pública casi nula con la política transitó este tiempo tan complejo?

Una posibilidad, para responder a esta pregunta, es que haya seguido un sendero más cercano al de Johan Cruyff cuando llegó como jugador en la transición española de los años

---

44. Puede visitarse: https://messi.com/fundacion-leo-messi/.

setenta del siglo xx: «A pesar de su apatía política, su personalidad lo convirtió en el símbolo de una nueva Cataluña asertiva y antifascista. Era un anuncio andante de la modernidad europea y de la libertad de expresión, un contestatario nato que discutía con los árbitros incluso en una dictadura»[45]. Messi, en su tiempo, también expresó su catalanidad pero en términos más familiares y cotidianos: que sus hijos eran más catalanes que él; que incluso uno de ellos hablaba el catalán; que aunque sintiéndose argentino amaba la tierra en la que creció, no solo él sino también su familia. No hay que olvidar que sus vínculos culturales siguen siendo con Argentina: la gastronomía, la Selección y también los gustos musicales. Por ejemplo, es tan fan del grupo de cumbia santafesina Los Palmeras que su música sonó en el casamiento con Antonela. Además, en alguna que otra fiesta pudo contar con ellos cantando en vivo.

Por eso, en un tiempo de tanta tensión política entre Catalunya y España, ¿cómo salió indemne en esta discusión? Una clave me la dio Alexia Putellas, la mejor jugadora del fútbol femenino mundial, cuando en una zona mixta le pregunté si era difícil reivindicar la existencia del fútbol femenino con un jugador de tanto peso como Messi y su respuesta fue muy clara: «Sería una complicación si saliera Messi diciendo que el fútbol es solo para hombres, y que yo sepa no ha salido. El gran altavoz que tienen Messi y todos los jugadores del primer equipo siempre puede ayudar»[46]. Aunque difícilmente este punto de vista coincida con el de otra gran jugadora internacional como Megan Rapinoe sobre la falta de posicionamiento de Leo sobre la

45. Kuper, Simon (2022), *La complejidad del Barça*, Córner, Barcelona, p. 74.

46. *Zona Mixta*, sábado 1 de febrero de 2020. Partido de regreso de la Liga Iberdrola. «Así la Liga Femenina de Fútbol volvió al Estadio Johan Cruyff con un Barça-Sevilla».

desigualdad de género y sobre el racismo[47], su explicación me facilitó ver que en el caso del Procés tampoco se expresó públicamente contra las aspiraciones de independencia de Catalunya y, siguiendo el razonamiento de Alexia, fue algo que le permitió surfear ese tiempo y esos conflictos.

Una grieta que se podría haber abierto en un partido poco relevante para la historia del fútbol mundial, aunque sí para Catalunya, se produjo el 1 de octubre de 2017, cuando se celebró el referéndum por la independencia del país. Ese día hubo cargas policiales, golpes de porra entrando en los colegios electorales y maltratos hacia la población que quería votar, que se vieron en imágenes escalofriantes que recorrieron el mundo. Ese mismo día, el Barça recibía a Las Palmas por la Liga. Fue una jornada frenética para la Junta Directiva, dirigida por Bartomeu, al decidir qué hacer. Había diferentes posturas, desde postergar el partido, jugarlo como si nada o —como finalmente ocurrió— jugar a puertas cerradas, algo que no fue muy bien recibido en muchos sectores que se habían implicado directamente con el referéndum.

Lo que ocurría en las calles y en los colegios electorales no era propio de un día normal, y entre los jugadores solo Piqué y Sergi Roberto estaban por la suspensión; el resto —incluido Messi—, no. Aunque, como lo describe Adrià Soldevila, en su libro *El partit més llarg*, «lo hace sin muchas estridencias»[48]. Otro elemento de peso no menor es que Messi se ha caracterizado por ser un jugador de pocas palabras. En su tramo final quizás se soltó un poco más, aunque en buena parte de su trayectoria como jugador del Barça donde realmente habló y se expresó fue

47. Kuper, S., *op. cit.*, p. 340.

48. Soldevila, Adrià, *El partit més llarg*, Ara Llibres, Barcelona, p. 146.

en el campo de juego. Al luchar, ganar partidos y títulos, hizo pensar a mucha gente algo así como «Es que los catalanes somos la hostia». Cuando gana el Barça, gana el país, gana Catalunya, y en esos tiempos Messi hablaba un lenguaje casi más poderoso que el de las palabras. Hablaba jugando un fútbol excelso en los campos del Estado español y de Europa.

Y como si de un líder político se tratase, aunque involuntariamente, su nombre y su apellido fueron llevados a diferentes niveles parlamentarios, tanto de España como de Europa por representantes políticos de diferente signo. Para ejemplos, dos: Josep Antoni Duran i Lleida, de Convergencia i Unió, en diciembre de 2014, trasladó una pregunta al Congreso de Diputados sobre los controles antidopaje en la Liga de Fútbol Profesional (LFP) en la que cuestiona por qué se hizo un doble análisis al jugador del FC Barcelona Leo Messi y si se debe a una «característica determinada» del 10, ya que fue el único sometido a tales controles[49]. O sobre la que inicialmente presentaron en la Comisión del Europarlamento los eurodiputados Raül Romeva (ICV-EUiA) y Ramón Tremosa (CiU) sobre las agresiones de Pepe (defensa central del Madrid) contra Leo Messi.

2015: un triplete envenenado

La segunda mitad de la década pasada estuvo marcada por un Barça monotemático en cuanto a la tenencia del balón, que llegaba hasta el aburrimiento, y por una manifiesta Messi-dependencia. Fue un tiempo caracterizado por pocos títulos de Liga,

---

49. *La Vanguardia*, Nota de la Redacción del 19 de diciembre de 2014, en: https://www.lavanguardia.com/deportes/futbol/20141210/54421688080/ciu-pregunta-gobierno-messi-control-antidopaje.html.

más decepciones que alegrías europeas y también por la difusión de importantes escándalos. La pregunta que se fue haciendo carne en el mundo culé por esos años era: «¿Qué hemos hecho nosotros para merecer esto?». La respuesta la proporcionó un jugador emblemático y culé hasta la médula como Piqué, cuando en unas declaraciones recogidas por Europa Press, en octubre de 2021, dijo: «El triplete de 2015 nos salió más caro que nunca»[50]. La explicación a ese titular hay que buscarla seis años antes, cuando Luis Enrique como técnico del FC Barcelona conseguía ganar un triplete —tres títulos en una misma temporada, o sea la Liga, la Copa del Rey y la Champions—. Todo aderezado con goles de un «tridente» de atacantes que hoy ya no está: Messi, Neymar y Suárez, y con una terna de mediocampistas difícil de repetir: Busquets, Xavi e Iniesta.

Ese triplete cambió en ese entonces la realidad institucional del club. Josep Maria Bartomeu, vicepresidente con Rosell desde 2010 y presidente a partir de 2014 por la dimisión de este último, pasaba por momentos muy complicados. Buena parte del mandato Rosell-Bartomeu había estado plagado de crisis y de críticas internas. Claro, una cosa era criticarlos antes de los títulos y otra diferente cuando los éxitos aparecían. Es así como un ignoto dirigente como Bartomeu, que había llegado para completar un mandato presidencial ajeno, terminó derrotando por lejos al mismísimo Joan Laporta (luego presidente en su segunda versión). Cuando Bartomeu dimitió como vicepresidente para presentar su candidatura presidencial, Ramón Besa, periodista de *El País*, lo describió como un

---

50. Piqué, sobre Bartomeu: «El triplete de 2015 nos salió más caro que nunca», Europa Press, Madrid, 24 de octubre de 2021, en: https://www.europapress.es/deportes/futbol-00162/noticia-pique-bartomeu-triplete-2015-nos-salio-mas-caro-nunca-20211024125924.html.

dirigente «más gestor que líder». En ese discurso, que fue también lanzamiento de su campaña electoral, Bartomeu anunció un futuro promisorio.

Ese fue un triplete con una Champions League que derrotó a grandes equipos. Al Manchester City, al PSG, y en semifinales al Bayern de Pep; con el gol antológico de Messi —que dejó en el camino a Jerôme Boateng gracias a un regate que todavía se recuerda— y con una final en el Olímpico de Berlín en contra de la Juventus por 3 a 1. Además, con la despedida de Xavi Hernández que levantó la Orejona, el trofeo de la competición.

Después de eso, todo fue cuesta abajo. Tras Luis Enrique se fueron, con más pena que gloria, Valverde y Setien. La venganza de los grandes equipos de Europa se consumó muy pronto y ni Messi pudo salvar al Barça en esas Champions: Atlético de Madrid en cuartos en 2015-2016; en 2016-2017, la Juve con un 0 a 3; en la temporada siguiente, otro equipo italiano, AS Roma, con 0 a 3; en 2018-2019, en semifinales, el Liverpool terminó 4 a 0 en Anfield, y quizás lo que mostró el profundo pozo de debilidad —no solo futbolística, sino también mental— en el que estaba el equipo fue el 8 a 2 del Bayern en cuartos, en la temporada 2019-2020.

Se diluyeron muchos millones de euros en fichajes que no dieron resultado y, para colmo, estalló el caso conocido como «Barçagate». Uno de los periodistas que trabajó en la investigación, Adrià Soldevila, lo expone así: «Josep Maria Bartomeu, a principios de 2015, le encarga a Jaume Masferrer, en ese momento asesor externo del presidente, que viaje a Argentina para conocer a una empresa especializada en proteger la reputación de personas y entidades a través de internet. La empresa es NiceStream y el club quiere dominar el relato en las redes sociales. Se embarcan en este proyecto y se ponen en marcha docenas de cuentas de Twitter y de Facebook vinculadas con la actualidad del Barça y su entorno. La intención es generar mensajes favorables para el club y para los jugadores, como también lo contrario, atacar a expresidentes, como es el caso de Laporta, a candidatos a la presidencia del club e incluso a algunos jugadores, como a Piqué»[51].

Bartomeu Dimisión

Barça-Eibar, 22 de febrero de 2020 en Camp Nou. El mensaje fue clarísimo. Unos segundos antes de empezar el partido brotaron los pañuelos blancos y el aire se llenó con una consigna: «*Dimissió! Bartomeu Dimissió*». Es que unos días antes el programa *Que t'hi jugues,* de Sique Rodríguez, había destapado el «Barçagate». Los socios y socias del club estaban indignados. Fue un indicio evidente de la voluntad de separar las aguas. El descontento del hincha culé era con la junta, con su presidente en ese momento, Josep Maria Bartomeu, y no con los jugadores. Aun así, los goles de Messi y la goleada en general no alejaron del todo esas consignas de dimisión que se repitieron al final del partido. Pude hablar, en esos días, con dos periodistas que tienen mucha experiencia en la vida del Barça. Para David Bernabeu Reverter (@DBR8), en ese momento periodista de Deportes de Cuatro-Mediaset Sport, «esto no tiene solución a corto plazo porque es un proyecto vacío, con una falta de planificación deportiva tremenda, con decisiones incomprensibles, tomadas todas en la cúpula del club». E indica una serie de hechos recientes: «Lo que ha pasado con las redes sociales es una

---

51. Soldevila, A., *op. cit.*, pp. 186-187.

más, como lo fue en su día la gestión del vídeo *Matchday*, en la que los futbolistas no fueron ni a la presentación; o el cambio de entrenador a la media temporada con unas formas lamentables para con Valverde; o el fichaje frustrado de Neymar».

En una línea parecida también se expresaba Joan Batllori (@joanbatllori), periodista de Radio Cope Barcelona, al afirmar: «El Barça lleva un arranque de año tremendo, de incendio en incendio, lo que ha generado una sensación de inestabilidad y de debilidad muy grande en la entidad». Cita, entre otras, «las dificultades para fichar un delantero en el mercado de invierno que finalmente no llega; los muchos tiros pegados antes de cerrar el fichaje de Braithwaite para suplir a Dembélé; las declaraciones de Abidal que provocaron la contestación de Messi; y finalmente el caso de las redes sociales. Son demasiadas cosas en poco tiempo que afectan a distintas esferas del club pero al final hay un máximo responsable que es el presidente, que sale muy debilitado de todo esto». Ambos coincidían en que la salida era la dimisión de Bartomeu. Y si bien eso pasó, no fue algo inmediato, ya que unos quince días después llegó la pandemia, el tiempo se congeló, algo nos estaba matando y el mundo cambió.

Messi y los aviones

Pandemia, abril-mayo de 2020. En esa franja de cielo sobre el mar en la que la línea de edificación resulta el horizonte no hace mucho tiempo pasaba un avión cada diez minutos, más o menos, con destino o con origen en el aeropuerto de El Prat de Llobregat. Eso sucedía desde la primera hora de la mañana hasta un poco antes de la medianoche. En estos días, cada vez que descubría un avión en el cielo de Barcelona no dejaba de pensar cuánto tiempo faltaba para que saliera corriendo y gritando ¡el avión, el avión!, como Tatoo, el personaje de *La isla de la fantasía*. ¿Se acuerdan? Una serie que protagonizó este artista llamado Tatoo —en realidad, Herve Villechaize— junto al actor mexicano Ricardo Montalbán a finales de los años setenta.

El tráfico aéreo era muy activo. Seguramente es excesivo para la calidad del aire y de nuestro medio ambiente. Aunque, por otro lado, a la vida comercial, social, educativa y turística de la ciudad le aportaba un volumen importante de visitantes. Las cifras de febrero de 2020, según AENA[52], indican que unos tres millones de personas llegaron o salieron por el aeropuerto de El Prat. La cantidad de vuelos y la necesidad de crecimiento de esta terminal aeroportuaria era tan importante que no hace mucho tiempo generó una polémica: ¿podían esos aviones pasar por sobre la casa de Messi? Toda la discusión se originó a raíz de unas declaraciones del presidente de la compañía aérea Vueling, Javier Sánchez-Prieto. Comentó en una entrevista que la ampliación del aeropuerto de El Prat en Barcelona era algo complicado «porque los aviones no pueden pasar por encima de la casa de Messi», algo que, decía, «no sucede en ningún otro lugar del mundo»[53].

En realidad, fue un malentendido en cuanto a la ubicación exacta de la casa de Messi. El astro argentino y su familia no vivían en Gavà, como creía la aerolínea, sino en Castelldefells, un pueblo cercano. Y el motivo por el cual no se puede volar en la zona de Gavà es porque el área es un entorno protegido que contiene el Parque Natural del Garraf, pero también porque recorre

---

52. AENA SME, S.A. es una sociedad mercantil estatal que gestiona los aeropuertos y helipuertos españoles de interés general.

53. As. Noviembre de 2019: https://as.com/epik/2019/11/08/portada/1573202409_028417.html.

el litoral marítimo. La polémica siguió. La aerolínea tuvo que publicar un comunicado corrigiendo el error cometido por su propio presidente. Pero además el canal de YouTube Bright Side explicó que hay lugares y edificios emblemáticos en el mundo que no pueden ser sobrevolados por los aviones, por ejemplo el Machu Picchu o el Castillo de Windsor.

Ese frenazo de la actividad, hasta de la vida cotidiana, hizo muy evidentes las debilidades de este Barça, sin partidos, sin derechos de televisación y, más tarde, jugando encuentros deportivos pero sin público, sin recibir visitas al Museo, sin vender el merchandising, etc. Así se pudo ver en primer plano el peso de la masa salarial de los jugadores en relación con unos ingresos en caída. Los diferentes contratos de renovación de Messi no solo significaban aumentos para él, sino que tenían un efecto disparador para los contratos del resto de la plantilla.

En ese tiempo de mascarillas, el Barça empezó a conocer la magnitud de la tragedia económica en la que estaba inmerso y a tomar conciencia de que no tenía fácil solución. Porque desprenderse de Messi ofrecía por igual una salida y un problema. Si se iba, no tenían la carga salarial de su sueldo. Pero qué pasaría con todos los contratos de patrocinio, auspiciantes, acuerdos. O sea, ¿el valor del Barça como club era el mismo con Messi que sin él? Y no hablemos ya a nivel turístico, porque no hay ninguna duda de que Barcelona existía antes de Messi, pero hay que reconocer que buena parte de la atención deportiva (traducida en noches de hotel, en gastronomía, etc.) que recibió la ciudad en esta primera parte del siglo tuvo algo que ver con el Messi jugador.

El temor a su marcha lo vivió la Junta de Bartomeu cuando el jugador les hizo llegar el famoso burofax, en agosto de 2020, en el que expresaba su deseo de desvincularse del club. Si bien por temas legales de plazos de notificación todo quedó en un tira y afloja entre el club y el jugador, que se quedó finalmente, dio a entender que algo se había empezado a separar entre Messi y el club.

La estatua de Messi

Al pensar en el cierre de esta etapa de Messi en el Barcelona se me vino a la mente una frase de mi esposa: «¡Si a vos te encanta hacer actas!». Algo que traigo de mi pasado como exmilitante de la Unión Cívica Radical en Argentina, con Raúl Alfonsín, y de eso se tratará un poco. Porque el domingo 20 de junio de 2021 me tocó cubrir, no ya un partido de fútbol, sino una Assemblea de Compromisaris del FC Barcelona. En el exterior del Camp Nou no había el movimiento habitual de espectáculo deportivo sino más bien el vacío soleado de una tarde de domingo. Sobre la Av. de Les Corts se podía ver la publicación institucional del club con las caras de los jugadores: Piqué, Griezmann, Messi, De Jong, Sergi Roberto.

Dentro del campo de juego, en el centro y sobre la banda que da a los palcos de prensa, había una gran infraestructura, con atril, asientos para las autoridades de la junta y, a sus pies, los trofeos del club. Mientras que los compromisarios, unos seiscientos o setecientos, se repartían por la parte de la grada cercana al banquillo de los suplentes, separados entre sí para cumplir con las medidas sanitarias decretadas por el COVID y todos con mascarillas. No era una Assemblea más, sino una muy particular, era ordinaria y a la vez extraordinaria. Tenía que cerrar las cuentas de Bartomeu y dar continuidad a la gestión del presidente entrante, Joan Laporta. Comenzó, en segunda convocatoria, a las 15.30, con un temario de unos once puntos, de los cuales rescataré los siguientes, que están en catalán, porque es el idioma con el cual el club se identifica y se comunica, y la realización esta asamblea también se hace utilizando este idioma:

2. *Informe i aprovació, si escau, de la liquidació de l'exercici econòmic corresponent a la temporada 2019-2020 segons comptes formulats, aprovats i signats en data 17 d'agost del 2020 per la Junta Directiva vigent en aquella data*[54].

8. *Informe del Síndic dels Socis i Sòcies*[55].

9. *Informe d'antecedents, situació actual i, si escau, decisions sobre la SUPERLIGA*[56].

Me refiero a estos puntos en particular porque, desde mi punto de vista, resumen el momento del club y también fueron premonitorios de lo que estaba por venir. La crisis del FC Barcelona parece haber agudizado una tensión —antes latente y ahora muy evidente— de las diferentes vertientes o almas que coexisten en la institución. Por un lado está la necesidad de reafirmarse como el club de las socias y socios, y no de una empresa. Esta alma se expresa a partir de las intervenciones que uno puede escuchar en una tertulia del bar o en la tribuna del Camp Nou, y es traída a la luz en las intervenciones de muchos de los compromisarios. Pero, por el otro, está el alma que le da el

---

54. Informe y aprobación, si procede, de la liquidación del ejercicio económico correspondiente a la temporada 2019-2020 según cuentas formuladas, aprobadas y firmadas en fecha 17 de agosto de 2020 por la junta directiva vigente en aquella fecha.

55. Informe del síndico de los socios y socias.

56. Informe de antecedentes, situación actual y, en su caso, decisiones sobre la SUPERLIGA.

carácter internacional al Barça como marca y como entidad; con objetivos siempre muy ambiciosos y, simultáneamente, con problemas económicos que tienen muchas cifras (¡pero muchas!). Así, la aceptación del endeudamiento de 595 millones de euros con Goldman-Sachs o la presentación de megaproyectos como el del futuro Espai Barça (Laporta dijo que será tan importante para la ciudad de Barcelona como lo fueron en su momento los Juegos Olímpicos) pesan sobre la responsabilidad de un grupo de tan solo setecientas u ochocientas personas que deben decidir sobre este tipo de cuestiones «de altura» sin dejar de ser socios, simpatizantes, compromisarios, que votan, sin embargo, casi casi como en un club de barrio.

Vale la presentación del escenario para poder entrar en materia con el punto 2. Aquí había sido invitado a hablar el expresidente Bartomeu, aunque él delegó su intervención en su vicepresidente económico, Jordi Moix. Y lo que era un cierto silencio contenido se llenó de silbidos y de gritos de reprobación. En ese contexto, dijo algunas cosas interesantes, como que la masa salarial estaba al límite porque el objetivo había sido invertir en la competitividad del primer equipo; que van estirar *tant el braç com la mànega* (que estiraron tanto el brazo como la manga)... que era mejor que los dineros estuvieran en campo y no en el banco en una situación al límite, y que no habían previsto el impacto del COVID». Moix también asumió más autocríticas cuando se preguntó a sí mismo: «¿Lo hicimos todo bien? No, evidentemente no, y la lista es larga. No previmos el cambio de ciclo generacional del equipo profesional del club con la suficiente antelación, íbamos ganando títulos y alargamos en exceso el tiempo para iniciar los cambios», y prosiguió: «Durante dos años olvidamos, o mejor dicho no priorizamos con el rigor necesario por la esencia del club, la política de la pedrera», refiriéndose al cuidado de La Masía, de las jóvenes promesas, porque «buscábamos resultados más inmediatos»[57]. Aunque también enumeró lo que consideró sus éxitos, y dijo que tuvieron una gran capacidad para generar recursos, por ejemplo con mejoras en los derechos televisivos o abriendo la apuesta por el mundo digital.

Mientras se desarrollaba esa Assemblea faltaban diez días, solo diez días,[58] para la finalización del contrato de Leo Messi, y estaba tan asumida la continuidad que se dio lugar a un pedido por parte del síndic y a una respuesta del presidente Joan Laporta en los puntos 8 y 9. Trayter Jiménez, síndic de socios y socias del FC Barcelona, en la asamblea ordinaria y extraordinaria de junio explicó que había una sugerencia sobre la mesa que esperaba que se tuviese en cuenta por la masa de asociados: que se levantara una estatua de Messi en las afueras del Camp Nou, acompañando a las ya existentes de los dos próceres azulgranas Johann Cruyff y Ladislao Kubala. Y hubo coincidencias, si las hay, cuando el presidente Laporta empieza a dar explicaciones sobre el proyecto del momento referido a la Superliga, y antes de entrar en tema ratifica que la propuesta de la estatua «es un deseo común de todos los culés».

En los días siguientes a esta súper Assemblea, Messi —paradójicamente siendo jugador libre— obtuvo su primer título de mayores con Argentina al consagrarse campeones de la Copa América frente a Brasil en el Maracaná. Y en agosto de 2021,

57. Así hemos vivido la Asamblea General de Compromisarios del FC Barcelona, en: https://www.fcbarcelona.es/es/noticias/2175329/asi-hemos-vivido-la-asamblea-general-de-compromisarios-del-fc-barcelona.

58. Jordi Blanco, «Lionel Messi terminó contrato con Barcelona y es jugador libre»», ESPN Deportes, 1 de julio de 2021, en: https://espndeportes.espn.com/futbol/espana/nota/_/id/8850129/lionel-messi-contrato-barcelona-jugador-libre casi remedando a la estatua del Príncipe Feliz del cuento de Oscar Wilde, Leo Messi regresó al Camp Nou solamente para llorar su despedida como jugador[59].

---

59. No sabemos, empero, cómo será la despedida definitiva de Lionel Messi del club del cual dejó de ser jugador en agosto de 2021. El tiempo dirá si hay y qué tipo de homenaje le depara el futuro.

La megaestrella que consiguió un cambio contracultural en la selección argentina

Sergio Levinsky

A pocos podría interesarles que un 17 de agosto de 2005 la selección argentina venció 2-1 a su par húngara en un partido amistoso en Budapest con goles de Maximiliano Rodríguez y Gabriel Heinze. Suena a esa clase de compromisos que se van desdibujando en el tiempo, en la medida en que se van superponiendo competencias oficiales de mayor trascendencia. Sin embargo, hubo un hecho, encerrado en un suceso, que pudo haber marcado a fuego al fútbol argentino del siglo XXI, y que hoy puede ser contado como una curiosa anécdota. Y, para que eso haya ocurrido, contribuyó con su carácter y su irrefrenable decisión nada menos que Lionel Messi.

En un intento de darle espacio en la selección mayor argentina, un José Néstor Pekerman muy dedicado a observar el desempeño de los juveniles, con los que había ganado tres mundiales Sub-20, en 1995 en Qatar, en 1997 en Malasia y en 2001 en Argentina, pero que a poco más de un año del Mundial de

Alemania 2006 se había hecho cargo de la responsabilidad del reemplazo de Marcelo Bielsa —quien argumentó haberse quedado «sin energía» luego de poco más de seis años y con la clasificación encarrilada—, decidió otorgarle una oportunidad a Messi tras su soberbia actuación en Holanda. En el Mundial Sub-20 de aquel año que había culminado un mes y medio antes, exactamente el 2 de julio, la promesa internacional de la Selección obtuvo el título de campeón mundial con el equipo y el galardón de jugador del torneo.

Y no solo esto. Antes de la final ante la Nigeria de Obi Mikel en Utrecht se produjo la firma de renovación de contrato con el Fútbol Club Barcelona, cuyos dirigentes se desplazaron para que la joven estrella firmara con una cláusula de rescisión que a los dieciocho años igualaba la de un consagrado compañero de equipo como el brasileño Ronaldinho, en nada menos que ciento ochenta millones de euros. Más allá de que su entrenador en ese Mundial Sub-20, Francisco «Pancho» Ferraro, había decidido no colocarlo como titular en el debut en la fase de grupos ante los Estados Unidos —ni el propio Gustavo Oberman, cuando se vio en la pizarra como integrante del equipo inicial pudo evitar la sorpresa—, y que tras obtener el título manifestó en la conferencia de prensa posterior a la final que si tenía que destacar a un jugador del plantel se volcaba por el entonces volante Pablo Zabaleta, cuestiones con las que el crack del Barcelona debería lidiar culturalmente por muchos años, era evidente que los ojos de muchos aficionados y la lupa de gran parte del periodismo estaban puestos en Messi.

Se trataba de un joven al que no se había podido apreciar en las competencias nacionales porque había emigrado a Cataluña con tan solo doce años de edad. Aun así, si Messi pudo concretar en Holanda un trayecto brillante que mereció una llamada telefónica y el primer contacto con el gran ídolo argentino, Diego Maradona, fue en buena parte porque tras la derrota en el debut ante Estados Unidos Ferraro había recibido otra llamada, pero mucho menos halagüeña. Era el presidente de la AFA, Julio Grondona, para darle un ultimátum: o jugaba el chico del Barcelona en el Mundial Sub-20 o el entrenador regresaba a la Argentina.

Con la expectativa de verlo en acción, aunque en un partido sin una trascendencia específica, Messi ingresó entonces ante Hungría desde el banco de suplentes a los dieciocho minutos del segundo tiempo, con el número 18 en su espalda para reemplazar al goleador Lisandro López. Apenas habían pasado poco más de treinta segundos cuando recibió la pelota, quiso encarar a su marcador, Vilmos Vanczák, quien le jaló burdamente la camiseta. El joven argentino se lo sacó de encima con un manotazo que rozó su rostro. El defensor local se tomó la cara. El árbitro alemán, Markus Merck, se dejó llevar por esta imagen y procedió a expulsar directamente al argentino.

Habían pasado solamente cuarenta y cinco segundos desde su ingreso, con toda la ilusión que podía caber no solo en él sino en tantos seguidores que pensaban que estaban en presencia de un jugador distinto, que venía a generar luz en tiempos complicados, de magros resultados para la albiceleste. En medio de tanta decepción, con los años, Messi confesó que, tras lo ocurrido, pensó que el entrenador no lo convocaría nunca más para integrar el equipo nacional. Lo curioso es que en las imágenes de la situación puede observarse que uno de los compañeros que discutió con más ahínco con el árbitro Merck fue un tal Lionel Scaloni. Años más tarde se reencontrarían en un contexto diferente y con un desenlace infinitamente mejor.

La historia de Lionel Messi en la selección argentina es, vista en retrospectiva, la del triunfo del talento, la voluntad, la perseverancia, la resiliencia para vencer no solo toda clase de críticas, muchas de ellas basadas en prejuicios. Por ejemplo, «irse» de los partidos cuando parecían desfavorables, no estar interesado en su país por vivir en el extranjero, preferir el dinero antes que la camiseta, querer imponer siempre su voluntad por poseer, supuestamente, el «poder» absoluto cuando ya era una estrella consagrada y, desde luego había condicionamientos cuando surgía la comparación con Diego Armando Maradona, al que alguna prensa llegó hasta el absurdo de simular pedirle permiso para elogiarlo, de modo que no sintiera que había aparecido alguien que pudiera equipararlo.

Es, al fin y al cabo, la historia de un triunfador contracultural debido a que consiguió su mayor consenso cuando más abatido por la falta de resultados parecía, por haber llegado a la cima sin haber pasado siquiera una temporada en el fútbol de su país, por haber sido contrapuesto, en su juego y hasta en su vida, con un semidiós, y porque terminó siendo sostenido por una generación joven en un país en el que la experiencia pesa a la hora de las imposiciones y decisiones del sistema.

Lo cierto es que ese muchachito de pelo lacio, de muy pocas palabras y mirada hacia el suelo, del que muchos periodistas argentinos ni siquiera sabían su nombre completo y quisieron entablar algún diálogo en Budapest para conocerlo un poco más, fue creciendo tanto en su club, en el Barcelona, que se había ganado la titularidad superando al francés Ludovic Giuly sin despeinarse. Su desempeño había sido fundamental, con su talento y su velocidad, para que su equipo llegara a la final y ganara su segunda Liga de Campeones de Europa al final de esa temporada 2005-2006 con el holandés Frank Rikjaard como entrenador. Ello, pese a una durísima lesión en Stamford Bridge contra el Chelsea de José Mourinho por los octavos de final que provocó que saliera llorando desconsoladamente y se perdiera la final en París ante el Arsenal.

El Mundial 2006 en Alemania: origen de suspicacias

No era tan claro, sin embargo, a semanas del Mundial de Alemania 2006, que Messi pudiera formar parte de la selección argentina que acudiría a ese torneo debido a la cantidad de cracks con los que contaba Pekerman. En un equipo que giraba en torno a Juan Román Riquelme, con mucha pausa en la creación del juego, y que trataba de amalgamar la última etapa de una generación que no había conseguido títulos con otra, intermedia, conformada por aquellos que sí habían acuñado conquistas justamente con este mismo entrenador en la etapa de juveniles.

Recién recuperado de esa dura lesión que le había provocado el vasco Asier Del Horno ante el Chelsea (insólitamente, el entrenador del conjunto inglés, José Mourinho, dijo que había simulado la falta que provocó la expulsión de su rival), Pekerman volvió a convocarlo para un partido amistoso previo al Mundial, en Buenos Aires, en el que jugó setenta y nueve minutos, se fue llorando otra vez y dijo a sus compañeros que había sido «un desastre». «Peor no puedo jugar». A pesar de su severa autopercepción, terminó ingresando en una polémica lista definitiva. Para que no estuviera generacionalmente solo, también fue convocado su amigo y arquero de Independiente, campeón mundial Sub-20, Oscar Ustari. Muchos no entendíamos cómo Germán Lux, campeón olímpico en Atenas 2004 e imbatido, no estuvo siquiera entre los tres arqueros. Posteriormente se supo que quien aconsejó la medida no había sido otro que el presidente de la AFA, Julio Grondona, ya muy poderoso en la FIFA, quien desde un principio tuvo predilección por la estrella del Barcelona. Lo veía tímido, respetuoso, tranquilo, y con una fina e inmejorable técnica. Pensaba que había que protegerlo. Le llegó a decir a Jorge, su padre, que ambicionaba que este fuera «el equipo de su hijo», en el futuro.

Pekerman decidió entonces colocarlo en una segunda delantera en dupla con otra estrella en ascenso, aunque un poco mayor, Carlos Tévez, detrás de los titulares Hernán Crespo y Javier Saviola, siempre con Riquelme como director de orquesta. Messi tuvo su protagonismo, marcándole un bonito gol a Serbia y Montenegro en la fase de grupos de Alemania 2006, participando luego en un partido sin mucho en juego ante Holanda con el equipo ya clasificado a la segunda fase y algunos minutos frente a México en octavos de final. Resultaba claro, sin embargo, que el grupo en la concentración de Herzogenaurach en Alemania no era homogéneo. En una conferencia de prensa de los veteranos defensores Roberto Ayala y Gabriel Heinze, quedó todo en evidencia. Ante la pregunta sobre cómo pasaban el tiempo, respondieron que los más jóvenes hablaban poco, jugaban a la *play station* y no se acercaban a tomar mate con ellos, que pertenecían a una generación «distinta». Si Messi era de por sí poco comunicativo, apenas se relacionaba con Ustari y estaba ilusionado por tener cerca de él a su ídolo de siempre, Pablo Aimar; al mismo tiempo había demasiadas «vedettes» que lo miraban de reojo.

Durante un día de concentración, vio que había varios compañeros en la habitación de Riquelme. La puerta estaba entreabierta, entró y se tiró en una de las camas. En su brillante libro *Messi*, el periodista español Guillem Balagué indica que cuando el eje del equipo se percató le preguntó qué hacía allí y lo «invitó», con palabras menos amables, a salir inmediatamente. El joven se fue con la cabeza gacha, sonrojado. Muchos atribuyen a situaciones como esta y a una relación no aceitada entre generaciones la extraña decisión, no explicada con claridad hasta hoy por Pekerman, de no hacerlo entrar en el alargue ante Alemania en los cuartos de final en Berlín. Sobre todo, cuando era nítido que los locales tenían que salir desesperadamente a buscar el empate y la albiceleste necesitaba atacantes veloces y bajitos para complicar a los gigantes marcadores centrales germanos.

La imagen de Messi sin los botines y con los auriculares puestos en el banco de suplentes, mientras se definía el pase a la semifinal, acabó siendo contraproducente en su relación con el público y muy comentada en los medios. Parecía alguien desentendido de lo que estaba en juego, aunque él explicaría que sufría en su interior, aunque no lo exteriorizara.

Allí, además, apareció uno de los primeros hechos contraculturales de la carrera de Messi en la selección argentina, porque lo que le ocurrió aquella vez en esa habitación pudo haberle marcado los pasos a seguir cuando pasara el tiempo si alguna vez alcanzara la estatura de líder. Un mandato de generación en generación con tintes cuasi mafiosos, el clásico «acá mando yo porque ahora me toca a mí». Sin embargo, la historia no discurrió en esta línea de acción en muchos sentidos. La secuencia indica que él mismo quiso pasar al olvido algunas claras expresiones de celos por el ruido mediático que provocaba su presencia pese a su juventud, con gigantografías en las ciudades alemanas que ninguno de sus compañeros mereció.

Paradójicamente, la ocasión perdida en el Mundial 2006, aquella eliminación en los cuartos de final por penales ante Alemania, determinó mucho más el enojo general del público futbolero por el hecho de que Messi no fuera incluido en el equipo que por su responsabilidad en la eliminación de la Selección, algo que poco tiempo después generaría un giro de ciento ochenta grados.

Transiciones, ilusiones en el equipo de Maradona y severas críticas

Un año más tarde, en Venezuela, aunque ya en otro ciclo, con Alfio Basile como entrenador y un Messi completamente instalado, siendo una estrella del Barcelona y con la seguridad de ser una pieza clave en la selección argentina camino al Mundial de Sudáfrica 2010, el equipo aparecía como el claro favorito para ganar la Copa América 2007. El escenario generaba ansiedad por terminar con catorce años de frustraciones desde el título en Ecuador de 1993. Además, la selección brasileña había decidido concurrir sin sus mejores titulares, repitiendo lo de tres años antes en Perú, cuando de todas formas se consagró ante los albicelestes por penales.

Otra vez la suma de figuras, como en Alemania 2006, y una producción *in crescendo* confirmaban el favoritismo inicial, sobre todo después del golpe propinado a México en la semifinal, con un gol exquisito de emboquillada de Messi, uno de Heinze anterior y un penal «picado» de Riquelme, dueño de la camisa número 10. Pero nuevamente, en la final de Maracaibo, Brasil terminó imponiéndose, esta vez de manera categórica, por un 3-0. En aquella oportunidad, con mucho más protagonismo,

Messi ya era producto de varias críticas periodísticas y de no pocos hinchas. La concepción general era que se trataba, evidentemente, de un crack, pero que no estaba todavía maduro ni del todo consustanciado con lo que se pretendía para la selección argentina, y que con la camiseta celeste y blanca no aparecía su mejor versión.

Todo esto se acentuó todavía más un año y unos meses después con la caída por 1-0 en Santiago ante la selección chilena que dirigía ahora Marcelo Bielsa, por la clasificación al Mundial de Sudáfrica. Era la primera vez que, en esta instancia, un equipo argentino perdía ante «La Roja». Al regresar a Barcelona, un Messi duro con el rendimiento del equipo fue tomado como parte de un engranaje que contribuiría a desestabilizar al entrenador, Alfio Basile, quien terminó renunciando y sosteniendo que el motivo de su salida, a dos años del Mundial, se lo llevaría a la tumba. Su reemplazante fue Diego Maradona, el máximo símbolo del fútbol argentino, pero que promovía muchas dudas a su alrededor por su escasa experiencia en los bancos de suplentes, por su inconstancia y por los constantes conflictos en los que se encontraba envuelto.

Uno de los hechos que el mundo del fútbol observaba como muy interesante era el de la relación Maradona-Messi, algo así como «el genio que fue» y «el genio que viene», casi como una posibilidad única del traspaso del mando divino, pero cara a cara. Y como era tal vez de esperar, esta relación no fue fácil. Por distintas razones, Maradona con frecuencia deslizaba en sus declaraciones algún dejo de crítica hacia el crack del Barcelona, que, además, venía de ser campeón olímpico en Pekín en una de sus primeras grandes demostraciones de fortaleza de carácter (aunque no se lo percibiera todavía así) y determinación.

Durante el lapso de los Juegos Olímpicos, el Barcelona debía jugar por la previa de la UEFA Champions League porque no había conseguido el pase directo en la liga española y para contar con el argentino fue a un litigio con la AFA, que lo necesitaba para Pekín 2008. Los catalanes se quedaron con el fallo a su favor, pero Josep Guardiola, flamante entrenador azulgrana, notó en los primeros días de la pretemporada que Messi estaba incómodo, enojado, y casi no le dirigía la palabra. Consultó el hecho con su asistente, Manel Estiarte, considerado «el Maradona del waterpolo», y este, como gran deportista que fue, pudo entender la psiquis de Messi. Lo que quería era ser liberado para la selección argentina. Guardiola lo pudo comprender y le dijo que fuera, pero que se trajera la medalla dorada. Eso no solo ocurrió, sino que, al terminar esa temporada, la 2008-2009, el Barcelona fue campeón de la Champions League en Roma ante el Manchester United de sir Alex Ferguson.

Así como Messi y su padre habían luchado para que se lo tuviera en cuenta en los juveniles argentinos, aunque fuera invitado a representar a España, ahora lograba su cometido de ser campeón olímpico. En los días previos de la preparación del equipo que dirigía Sergio Batista en el predio de Ezeiza, Julio Grondona volvió a acercarse de visita y delante de todos sus compañeros, entre ellos, Juan Román Riquelme, el presidente de la AFA abrazó a Messi y volvió a manifestarle su confianza en que sería él quien lideraría el futuro albiceleste.

En este tiempo Maradona perdió a Riquelme por diferencias tácticas que tuvieron mucho de distancia entre estrellas, y fue entonces cuando buena parte de la ilusión de los hinchas argentinos se derivó hacia Messi. En su genialidad, que cada vez quedaba más clara en un Barcelona que jugaba en equipo, comenzaba a depositarse la fe del fin de años de frustraciones en la selección mayor. Sin embargo, no era otro que su entrenador el que introducía conceptos adversativos y colocaba obstáculos a la hora de edificar la relación. Por ejemplo, lo responsabilizó de un par de malos resultados en la clasificación al Mundial al dar a entender que solo jugaba para él, o que, si bien era una buena persona, le faltaba «carácter».

En muchas ocasiones dio la sensación de que gran parte de una prensa «maradoniana» se contenía antes de elogiar a su posible sucesor. «Messi es un póster, Maradona es una bandera», escribía de manera muy descriptiva el gran columnista Hugo Asch en el diario *Perfil*[60], mientras que Jorge Valdano sostenía que «es casi imposible luchar contra una estampita»[61]. Completó nada menos que Eduardo Sacheri, autor del libro *La pregunta de sus ojos* —cuya versión cinematográfica, *El secreto de sus ojos*, fue ganadora del Oscar en 2010—, en una columna para la revista *El Gráfico*: «No es culpa de Messi que los argentinos seamos incapaces de cerrar nuestro duelo con Diego»[62].

Algún día, se decía, Messi «podía llegar a ser» Maradona, aunque todo indicaba que aquellas circunstancias, que encumbraron al ahora DT, parecían casi imposibles de emular. Si todo el estadio Vicente Calderón se ponía de pie ante la exhibición del genio en un partido de Liga ante el Atlético Madrid, era el entrenador argentino el único que se quedaba sentado. Llegó a declarar que su selección argentina era «(Javier) Mascherano y diez más» y se lo percibía más cómodo acercándose a uno de sus jugadores predilectos, Carlos Tévez, a quien la prensa argentina apodaba «El Jugador del Pueblo».

---

60. «Messi, el extranjero», *Perfil*, 10 de julio de 2001.

61. Entrevista de Enric González para la revista www.jotdown.es.

62. «No es tu culpa», *El Gráfico*, 10 de noviembre de 2012.

Un Messi que ya era un ídolo absoluto en el Barcelona no era considerado del todo fundamental en esta selección argentina que se debatía sobre cómo llegar al Mundial 2010 pese a contar con una pléyade. En la altura de La Paz, el equipo de Maradona sucumbió por un sísmico 6-1 ante Bolivia, con el 10 del club catalán vomitando en pleno césped. Si hasta allí las críticas se habían orientado más a la mala planificación táctica, de a poco fueron agregando a Messi luego de otro resultado muy negativo, el 1-3 ante Brasil en el Gigante de Arroyito de Rosario Central, estadio que fue elegido por varios de los jugadores porque sostenían que se sentían más confiados allí. En este caso fue justamente un rosarino quien tuvo que salir en su defensa, el director técnico campeón mundial en 1978, César Luis Menotti: «No es un estratega, sino el definidor de la estrategia. En la Argentina, en cambio, todo es confusión y él se queda atrapado en ella. En el Barcelona, Messi juega. En la Selección, corre». Pocas veces una frase había sido tan contundente sobre el paralelismo entre ambas realidades.

Consumada la muy sufrida clasificación al Mundial, pareció que por fin Maradona se daba cuenta de que sin un esquema en el que Messi se sintiera cómodo sería muy difícil tener una actuación relevante en Sudáfrica. Así, en marzo de 2010 acudió a Barcelona para reunirse en el Hotel Majestic. Allí, el entrenador sorprendió a la estrella cuando sacó un papel y un bolígrafo y le pidió que hiciera un esquema táctico sobre cómo debía pararse el equipo en el Mundial. Primero tímidamente, pero luego con convicción, Messi le dijo que lo ideal sería romper el esquema de líneas 4-4-2 tan conservador, con Mascherano y Juan Verón por dentro y Ángel Di María y él por afuera para soltarlo con dos delanteros, Gonzalo Higuaín y Tévez, para pasar a un sistema 4-3-1-2, o bien adelantar a Jonás Gutiérrez al medio para un 3-4-1-2. Maradona terminó optando por la última fórmula y no fue casual que el entrenador dijera que la selección argentina «sigue siendo un Rolls-Royce, pero ahora manejado por Messi».

Grondona, una vez más, le había pedido que el crack del Barcelona se sintiera como el propio Maradona en México 1986. Luego de las victorias ante Nigeria por 1 a 0 y ante Corea del Sur por un contundente 4 a 1, en el tercer partido de la fase de grupos frente a Grecia, con el equipo ya clasificado para los octavos, decidió darle también la cinta de capitán, aunque el momento no indicaba ser el más preciso.

Un Messi aún tímido, con muchos compañeros ya veteranos, no atinó a dar su discurso en la boca del túnel. El que habló fue Verón, su experimentado compañero de cuarto, a lo que el crack agregó el grito de «¡Vamos!». A los pocos días, una discusión entre Verón y Maradona terminó con la exclusión del experimentado volante, lo que debilitó el medio y provocó que desde el engañoso triunfo en octavos de final ante México por 3-1, Messi tuviera que bajar muchos metros para recuperar la pelota y alejarse, así, del arco rival. Esta situación generaba un mal presagio para los cuartos de final ante los alemanes. La Selección acabó derrotada por 4-0, eliminada en otra gran decepción y con el crack llorando desconsoladamente en el vestuario en posición fetal, como contó más adelante y de manera descarnada el preparador físico del equipo, Fernando Signorini.

Messi había marcado cuarenta y siete goles en cincuenta y tres partidos en la temporada con el Barcelona y no pudo lograr ninguno en el Mundial. Años más tarde, cuando consiguió una seguidilla de goles de tiro libre, Maradona afirmó que fue durante los entrenamientos de ese torneo en Sudáfrica cuando él le enseñó cómo patearlos. Como la expectativa por lo que Messi hiciese en Sudáfrica ya era muy alta, con la eliminación, si bien hubo críticas muy duras al director técnico, el jugador también recibió su castigo. Entre los calificativos que le aplicaron se indicaba que era «arrogante», «protegido de Grondona», «que cobraba demasiado dinero y en euros», «pecho frío», «autista».

El intento de delegarle el liderazgo

Maradona fue reemplazado por Sergio Batista, otro campeón mundial en México 1986 y quien había dirigido a Messi en el equipo ganador de la medalla dorada en Pekín en 2008. Puede considerarse quizás este lapso como el verdadero nacimiento del intento de cederle el liderazgo en la selección argentina. Se había terminado una etapa, la de mayoría de jugadores más veteranos, y era el contexto, considerado por todas las partes, de hacerlo sentir realmente cómodo para imponer sus condiciones en el terreno de juego. Javier Mascherano, uno de los principales referentes, aceptó que se le cediera la cinta de capitán —aunque seguiría pesando como antes en las decisiones— y se consideró que era tiempo de romper la racha de dieciocho años sin títulos por la localía en la Copa América de 2011 en Argentina.

Era tal la necesidad de concederle todo, que se buscó afanosamente que el equipo albiceleste se pareciera a su Barcelona: Ever Banega sería Andrés Iniesta, Mascherano sería Xavi Hernández y se jugaría con un sistema 4-3-3 aun sin contar con el plantel necesario para emularlo. Pese a que las producciones no fueron malas, el primer chasco fue el empate en La Plata ante Bolivia, para caer posteriormente en los cuartos de final, en Santa Fe, ante Uruguay por penales. Las críticas, que ya venían del Mundial, se endurecieron y también fue el momento en el que se rompió la relación entre esta generación, integrada por Lavezzi, Di María, Sergio Agüero, Higuaín, Banega, Romero y Mascherano, con la prensa y, en especial, con el público. La selección argentina, con una amplia población en los clubes europeos, se distanciaba de su gente sin saludarla siquiera en los hoteles o por la ventana de los autobuses.

El equipo nacional, desde ese instante, pasaba a estar conformado por jugadores que, según el imaginario popular, solo se reunían por intereses y objetivos propios, no compartidos, y que ya habían acuñado una fortuna en los bancos. En varios casos, la Selección comenzó a no ser trascendente para el hincha, refugiado en sus equipos locales, aunque en cada partido amistoso en el exterior (este escriba estuvo presente en la mayoría de ellos) generaba la admiración del público.

En consecuencia, la derrota en la Copa América 2011 determinó la rápida salida de Batista, reemplazado ahora por Alejandro Sabella, quien ya había tenido la experiencia de ser ayudante de Daniel Passarella en el Mundial de Francia 1998 y muy exitoso con Estudiantes de La Plata. Por eso no fue de extrañar que para su base acudiera a varios jugadores de este equipo.

Sabella asumió la conducción haciendo referencia a uno de los héroes patrios argentinos, Manuel Belgrano, y viajó a Barcelona para consultar a Pep Guardiola sobre la mejor vía para tratar a Messi: «Protégelo con jugadores que simplifiquen su trabajo y haz que se sienta querido», le respondió su entrenador en Europa. En ese sentido, desarrolló un muy interesante concepto de «familia» y generó una muy buena relación con sus jugadores con base en su trato respetuoso. No obstante, decidió un cambio en el sistema táctico que necesitó de una nueva adaptación para Messi. Bajo el influjo del mánager Carlos Bilardo —quien fuera su entrenador en tiempos de jugador—,

Sabella, inventor de un nuevo adjetivo para definir al crack del Barcelona —«inmessionante»—, prefirió optar por un sistema de espera y contragolpe, aprovechando la velocidad y la técnica de los considerados «Cuatro Fantásticos»: Messi, Di María, Agüero e Higuaín. Aunque bien podía encajar también Ezequiel Lavezzi con el respaldo en el medio de un ya consagrado Mascherano. El equipo argentino había pasado de un 4-3-1-2 en la etapa de Basile a un 3-4-1-2 con Maradona, luego a un 4-3-3 bajo Batista y ahora a un esquema 4-4-2 flexible en apenas tres años y medio entre 2008 y 2011. Como el lector podrá percibir, estos ajustes atentaban contra la adaptación de los jugadores que durante todo el año participaban en sus escuadras europeas, a su vez, con otros sistemas. Esto tampoco ayudaba a Messi, aun con toda su genialidad.

No obstante, Sabella entendió rápidamente el sistema de liderazgo del grupo, los cambios generacionales, la dura relación con la prensa, que personalmente se encargaba de suavizar para equilibrar, y la cancelación para algunas convocatorias, en especial, las de Carlos Tévez y Mauro Icardi. En un amistoso ante la Suecia de Zlatan Ibrahimovic, en Estocolmo, el equipo entero cantó, con la puerta del vestuario semiabierta, «no llamen a nadie más, estamos todos». Se dijo hasta el hartazgo en los paneles televisivos domésticos que, junto a Mascherano, su compañero en aquella época en el Barcelona, Messi, había desarrollado tal poder que no necesitaba hablar, solo le bastaba un gesto para que se hiciera su voluntad.

Más allá de los cimbronazos por los permanentes cambios tácticos, y tras un comienzo de clasificatorias al Mundial de Brasil 2014 bastante dubitativo, al grupo le hizo muy bien un partido que fue clave para la lenta recuperación de la relación entre Messi y el público de mediana edad hacia abajo: el triunfo ante Colombia 1-2 en el tremendo calor de Barranquilla, luego de estar abajo en el marcador por la cuarta fecha, sobre un total de dieciocho partidos. Se pudo observar por televisión cómo Messi vomitaba ahí por el malestar. Después se supo que se trataba de una hernia de hiato, pero se repuso y marcó uno de los dos goles. El otro fue de su amigo Sergio Agüero para que la Selección diera un paso fundamental para atravesar con tranquilidad toda la fase sudamericana.

Desde Grondona hasta Sabella, pasando por los jugadores de mayor peso, todos estaban convencidos de que el Mundial de Brasil era la gran oportunidad para ganar un título largamente esperado. Por fin, desde 1978, un torneo en Sudamérica, con los locales en un mal momento en cuanto a riqueza de planteles y seguramente muy presionados en tener que vencer para que no se repitiera el desastre del lejano 1950 con aquel «Maracanazo» consumado por Uruguay. Por otra parte, debía ser la coronación de Messi, a esta altura ya reconocido mundialmente como un genio por sus monstruosos rendimientos en el Barcelona. Ya comenzaba, como capitán, a compenetrarse en la duración de los viajes, los rivales escogidos para los amistosos o la salud de sus compañeros. Lo más duro seguía siendo la relación con la prensa y con buena parte del público. El grupo se mantenía a la defensiva por las críticas por la falta de títulos y por la acidez en el trato, excepto con el canal de TV poseedor de los derechos, exageradamente beneficiado a la hora de las entrevistas y los privilegios para los accesos al plantel.

Pero aquel gol ante Colombia en el calor de Barranquilla, con un Messi complicado por aquel vómito, fue visto como un gesto de cambio, como algo nuevo, distinto a lo anterior, más allá de que las generaciones más jóvenes, esas que lo podían seguir en sus geniales partidos con el Barcelona, no albergaban las mismas dudas que el resto y eran las que mejor lo recibían en los partidos como local. Frente a un sector que continuaba mirándolo de reojo, el otro, más joven, lentamente iba sucumbiendo a sus encantos futboleros y comenzaba a darse cuenta de que el problema no era él sino el sistema o, al mismo tiempo, los permanentes cambios de sistema.

La ilusión de Brasil 2014

La confirmación y la comodidad de Messi fueron en aumento cuando en un partido amistoso en Suiza en febrero de 2012 ante el equipo local, Sabella experimentó con una presión muy alta de la línea de volantes, lo que permitía recuperar la pelota casi en la mitad de campo contrario, que lo dejaba con un tramo muy corto y muy adelante para definir. No era lo mismo que hacía en el Barcelona, pero sus tres goles en una misma noche alentaron la esperanza de haber encontrado la mejor fórmula posible. Ese mismo año, unos meses después, se derrotó a Brasil en Nueva York, con tres goles del capitán por un vistoso 4 a 3.

Si las esperanzas de llegar lejos en el Mundial ya estaban instaladas, el sorteo de la fase de grupos a fines de 2013 —en Costa de Sauipe, en la costa norte de Bahía en Brasil— reforzó la idea de una Argentina candidata, a tal punto que el dirigente de Boca Juniors Juan Carlos Crespi, desde su asiento, hizo la venia a Grondona, quien estaba cerca del escenario. Todo parecía servido en bandeja y, de hecho, la Selección jugaría contra equipos a los que mayormente ya había enfrentado en amistosos previos en lo que se sugería un grupo accesible.

Sin embargo, el camino ya en Brasil 2014 hacia la clasificación para los octavos de final no fue tan sencillo. Pese al nervioso triunfo en el debut ante Bosnia en el Maracaná (2-1), en el que Messi marcó el segundo gol, Sabella tuvo que realizar un importante cambio en el sistema táctico en el entretiempo, al que Argentina se fue ganando apenas 1-0 con un autogol. De un extraño planteo con cinco defensores, en un esquema táctico alineado por un sorprendente 5-3-2, se pasó en la segunda parte a un rotundo cambio de 4-3-3 con la salida de Maxi Rodríguez y Hugo Campagnaro para que ingresaran Fernando Gago y Gonzalo Higuaín.

En la conferencia de prensa posterior se pudo observar a un Messi enojado con el planteo inicial. Sabella resolvió entonces continuar con el sistema final ante el segundo rival, *a priori* el más débil, Irán, al que sin embargo la Selección consiguió vencer 1-0 en la última jugada, luego de haberlo pasado mal y con el arquero Sergio Romero como figura. El triunfo llegó por un sublime remate de media distancia de Messi. El capitán volvió a aparecer en el marcador, en dos ocasiones, en el 3-2 ante Nigeria en Porto Alegre, aunque el equipo tuvo una baja fundamental en la lesión de Agüero, que terminaba con aquella idea de «Los Cuatro Fantásticos».

Estaba claro que, pese a eliminar angustiosamente a Suiza a un minuto del final del alargue en los octavos, por la mínima a Bélgica en los cuartos disputados en Brasilia y a Holanda por penales en San Pablo, en un partido en el que los «Orange» dominaron sin generar realmente peligro, al equipo argentino no le sobraba mucho en sus prestaciones. Sabella había impuesto para la fase final un retorno al esquema conservador, un 4-3-1-2 en el que los tres volantes, Mascherano, Enzo Pérez y Lucas Biglia, eran de contención, quedando entonces Messi muy lejos del arco rival, un problema recurrente en el conjunto albiceleste por años.

Por si faltara poco, a la final llegó Alemania, el que mejor había jugado en el torneo y que había dado un gran golpe sobre la mesa al vencer 7-1 a Brasil en la semifinal en Belo Horizonte, un día antes que la esforzada clasificación argentina. Esto les daba, en la decisión del torneo, una enorme ventaja física a los europeos: habían definido su partido en media hora y habían tenido un día más de descanso que su rival. En la concentración argentina, entonces, se planeó que Messi, con menos acompañamiento ofensivo, no dispusiera más que de dos o tres *sprints* en los que debía ser lo más eficaz posible.

Pese a todo, el equipo argentino dispuso de no menos de tres situaciones claras para abrir el marcador en una final mucho más pareja de lo que se esperaba. Pero al no poder convertir e irse al alargue, sus posibilidades fueron decreciendo. Cuando ingresó Mario Götze y definió para Alemania, ya no hubo ni tiempo ni muchas posibilidades de reacción. Por primera vez en la historia de los mundiales, una selección europea se imponía en Sudamérica. La selección argentina volvía a ser derrotada por la alemana con la enorme frustración de no haber podido prevalecer en un templo del fútbol como el estadio Maracaná. La imagen de Messi mirando la Copa el Mundo al pasar a su lado en la ceremonia de los premios y su desinterés al recoger el premio al mejor jugador del certamen fueron elocuentes.

Por supuesto, las críticas no tardaron en llegar, encabezadas, una vez más, por Maradona: «Le daría cielo y tierra a Leo, pero cuando la gente de marketing quiere que gane algo que no mereció, es injusto. Pude ver que no quería subir a recogerlo (el premio al mejor jugador del Mundial)»[63], pero siguieron desde luego por la prensa y por el público en general, que volvía con

---

63. Balagué, G., *op. cit.*, p. 366.

los mismos adjetivos de prejuicio sobre su compromiso y su actitud, aunque el porcentaje negativo quizás había descendido en relación con justas anteriores. Argentina había llegado por primera vez a la final de un Mundial desde Italia 1990.

De a poco se iba entendiendo que solo, o con sistemas que no lo ayudaban, en el que Mascherano aparecía más protagonista que el resto contrariamente a la idea original, no podía triunfar. Al mismo tiempo se iba haciendo carne la idea de que se trataba, al fin y al cabo, de una generación perdedora y antipática que, si bien se esforzó, había desperdiciado una gran oportunidad, acaso única.

Otros cambios... y otras finales perdidas

Con el desgaste del ciclo y con problemas de salud, Sabella se alejó de la selección argentina y fue reemplazado por Gerardo Martino, uno de los ídolos de Jorge Messi, el padre de Lionel, por sus grandes tiempos como volante talentoso, todoterreno, en Newell's Old Boys. Esa contratación dio lugar a creer que ya el 10 del Barcelona lo manejaba todo, aunque el motivo real era el contrario. Se trataba de contentarlo, de buscar cada vez más la pieza necesaria para que se sintiera cómodo y feliz.

La llegada de Martino implicó, a su vez, otra vuelta de tuerca con el regreso a un sistema de juego clásico, en cierta forma parecido a lo que pretendía Batista tres años antes: un esquema de líneas 4-3-3 con un 10 «clásico». Javier Pastore y el regreso al protagonismo de Ever Banega, un compadre de tiempos infantiles en Rosario, y con Messi acompañado de otros dos delanteros. Esto significaba un nuevo cambio de sistema y con la apertura al retorno de Tévez, un jugador de relación distante con el resto del plantel.

El equipo había mejorado en lo estético, lo que permitió renovar la ilusión para la Copa América 2015 que se jugaría en Chile. Messi llegaba en la cima tras haber ganado su tercera final de Champions League con el Barcelona en Berlín con un tridente sudamericano que brillaba junto al uruguayo Luis Suárez y al brasileño Neymar. La selección argentina era otra vez favorita y lo confirmaba en sus desempeños en el torneo, sobre todo por la barrida a Paraguay por 6 a 1 en la semifinal. Sin embargo, la final tuvo una carga emotiva muy grande. Por un lado, un Estadio Nacional en Santiago repleto, con la enorme expectativa de los hinchas locales que nunca habían visto a su selección coronarse campeona de América y, por otro, un equipo argentino ávido de títulos tras una sequía de veintidós años, habiendo arañado la consagración mundial hacía un año.

Antes del partido, en la arenga del vestuario, fue otra vez Mascherano el que gritó a sus compañeros que estaba «cansado de comer mierda» y que había que ganar, por fin, un título. Pero la selección chilena, dirigida por el argentino Jorge Sampaoli, sorprendió con un sistema táctico basado en una intensa presión en todos los sectores y un juego al límite de la violencia, especialmente en la vehemente marca —rozando lo antirreglamentario— del defensor Gary Medel sobre Messi, quien quedó retratado en una imagen en la que lo rodean nueve adversarios, en una muestra de la superioridad posicional y táctica de los locales, que terminaron venciendo por penales tras ciento veinte minutos sin goles. Para el equipo argentino y para los hinchas, cada vez más descreídos, y para la prensa nacional, todo era una especie de *déjà vu*: una lesión de Di María que lo sacaba del partido en los primeros minutos, un gol perdido de manera increíble por Higuaín (esta vez en el último minuto), y la postal de Messi lejos del arco rival y mirando al suelo, con impotencia, sin encontrar receptores ni socios para crear.

Las sensaciones eran extrañas. ¿Cuánto criticar a un equipo que en dos años consecutivos llegó a dos finales, una mundial y otra de América, y perdió sin haber recibido goles, ya sea en alargue o en penales? ¿Qué detalle faltaba para conseguir ese título que tanto se negaba y cuál era el rol de Messi, que como genio parecía no poder resolver la situación? Muchos comenzaron a verlo ya como líder negativo junto a Mascherano, y la prensa se hizo eco. Por su parte, Martino también comenzó a ser cuestionado porque pese al buen juego y la buena campaña, en la final no había estado a la altura táctica. Con estas dudas comenzó la clasificación para el Mundial de Rusia 2018 y los resultados no eran los ideales, aunque de a poco el equipo iba reencontrándose con el juego del año anterior cuando se acercaba la Copa América Centenario, en los Estados Unidos. Otra chance rápida de dar vuelta la página y ganar, ahora sí, un título tantas veces negado.

Empero, el fútbol argentino se encontraba en una grave crisis institucional. La muerte de Grondona, presidente de la AFA por treinta y cinco años (1979-2014) hizo implosionar todo, con luchas intestinas entre los distintos sectores por tomar el poder. El conflicto terminó en una comisión interventora con representantes de FIFA y Conmebol en plena disputa del torneo continental, esta vez con el agregado de equipos de la Confederación del Norte, Centro y Caribe (Concacaf). Jugadores de élite como los argentinos se encontraban solos en los Estados Unidos, sin representación oficial, sin campos ideales de entrenamiento, sin saber si los vuelos internos saldrían y solo un dirigente los acompañaba, Claudio «Chiqui» Tapia, quien desarrolló una gran amistad con los dos líderes, Messi y Mascherano. Luego, esto le serviría a Tapia de trampolín para llegar a la presidencia de la AFA en 2017.

Pese a todo este contexto, el equipo argentino intentó separar esos problemas del juego y llegó a otra final, la tercera consecutiva en tres años, una vez más ante Chile, ahora dirigido por otro argentino, Juan Antonio Pizzi. Pero el escenario se pareció demasiado al año anterior: 0-0 en el marcador, lesión de Di María, impotencia de Messi, muy marcado y sin descarga, penales y triunfo chileno. Aunque con un condimento especial: en esta definición Messi no pudo convertir su penal, algo que ya parecía condenarlo en la crítica generalizada de aquellos que le iban tomando cada vez mayor desconfianza y sobre todo rabia.

Esta vez no esperó llegar al vestuario para llorar, sino que lo hizo directamente en el campo de juego, y varios minutos más tarde, ya en una entrevista con TyC Sports, el famoso medio detentor de los derechos con el que únicamente hablaban los jugadores, comunicó que consideraba que «esto» no era para él y que dejaba la selección argentina «por el bien de todos», luego de buscar tantas veces los títulos.

El anuncio de renuncia y su repercusión

El impacto de sus declaraciones fue brutal y allí apareció un hecho contracultural que solo Messi pudo conseguir en el contexto de un país futbolísticamente exitista y resultadista, producto en gran medida del discurso monopólico de los medios orales de comunicación y gran parte de las escuelas de periodismo en los últimos cuarenta años.

Ya fuera por comprender que sin la gran estrella del Barcelona podría ser peor para la selección nacional, o por haber entendido que no tenía la culpa o la responsabilidad absoluta de no haber obtenido los títulos, algo que para muchos de los mencionados no fue otra cosa que «fracasar» a pesar de haber llegado a tres finales consecutivas en tres años y sin haber perdido ninguna en noventa minutos: una altísima cantidad de hinchas se lanzaron en toda la Argentina a pedirle a Messi que no se fuera, que regresara, con la consigna *#NotevayasLeo* como *trending topic* mundial. Al mismo tiempo, fue particularmente el colectivo más joven, aquel no contaminado por las duras críticas que repetían el discurso mediático negativo, el que encabezó la larga presión con toda clase de manifestaciones en la vía pública y en las redes sociales para el cuasi inmediato regreso de Messi a la selección argentina una vez pasadas las vacaciones europeas de verano.

De hecho, hasta Edgardo Bauza, el nuevo entrenador que reemplazaba a un Martino renunciado por el hartazgo de no haber recibido los jugadores prometidos por los clubes para los Juegos Olímpicos de Río de Janeiro 2016, se ofreció a viajar a Barcelona para convencerlo «de rosarino a rosarino, mate a mate mediante». Messi, que en cada regreso a Cataluña desde la concentración argentina necesitaba de días de recuperación psicológica, también se conmovió ante este giro social que fue contagiando a una importante franja de los hinchas argentinos. Pese a la crisis en la conducción de la AFA y los desmanejos en torno a una selección que no tenía asegurado su boleto a Rusia 2018, que volvía a cambiar de sistema táctico, emitió un comunicado anunciando su retorno tras una breve meditación. El mensaje era que no quería causar un daño, sino todo lo contrario, y que prefería «arreglar las cosas desde adentro que criticar desde afuera». Era ya un Messi aliviado, genuino, que ahora regresaba a pedido.

Nadie lo imponía en ese lugar, sino que el consenso general aceptaba y hasta le pedía que jugara. La relación con el público argentino comenzaba a cambiar para siempre, sin condicionamientos por los resultados, aun cuando estos se complicarían y que, al cesar la intervención a la AFA, tras un breve paso por la dirección técnica, Bauza fuera reemplazado, a su vez, por Sampaoli para el lapso final de una dura clasificación que hizo temer una ausencia mundialista. Todo se resolvió en Quito en la última fecha... con tres goles de Messi.

Chiqui Tapia, el dirigente amigo de Messi y Mascherano, había facturado su presencia en aquella Copa América Centenario de 2016 y había asumido como presidente de la AFA en marzo de 2017. El nuevo mandatario intentaría complacer a los líderes de la selección argentina, que venían solicitando a Sampaoli, por el que hubo que pagar una indemnización millonaria al Sevilla para que lo dejara salir antes de finalizar su contrato. Los jugadores más poderosos, tras observar su trabajo en Chile y en distintos equipos sudamericanos, estaban convencidos de que se necesitaba un entrenador de ese carácter y esa obsesión por ganar, aunque los nervios del final de la clasificación y los magros resultados de los amistosos de preparación para el Mundial fueron virando su imagen.

Otra vez, aunque ya más querido —la canción más utilizada por los hinchas en Rusia hablaba por ejemplo de una selección «que tiene a Messi y a Maradona»—, la sensación era que el jugador del Barcelona no alcanzaba. Que no estaba bien rodeado, con un Mascherano ya muy veterano que un día decidía jugar en la posición de «cinco» en el mediocampo y otro día, de «dos» en la defensa central. La idea original del DT, tendiente a recuperar la antigua fórmula imaginada de un esquema «WM», con un osado planteamiento de 3-2-2-3 en las líneas, quedó archivada en un cajón, y aun con el mejor futbolista del mundo no había un convencimiento de realizar una gran campaña tras haber tenido tres entrenadores en un ciclo de cuatro años.

Por si faltara poco, Messi erró otro penal en el magro empate del debut mundialista en Rusia ante Islandia. Croacia aumentó los interrogantes con un duro 3-0 y la selección argentina arañó la clasificación a octavos de final con un agónico gol del defensor Marcos Rojo ante Nigeria y eso sí, un delicioso gol de Lionel en aquel encuentro. Esperaba Francia, en octavos de final, mientras Valdano, siempre sabio lector de la realidad futbolera, nos susurraba en un breve encuentro ante la consulta sobre las chances albicelestes que haber llegado hasta esa instancia era solo «prolongar la agonía». La derrota 4-3 ante los «blues», a la postre campeones mundiales, si bien hasta pudo ser empate en una última jugada de Sergio Agüero, había sido la constatación de tantos años de desorganización que ni un genio como Messi podía remediar.

Se sumaba a todo esto la decepción de un final de ciclo para varios protagonistas que no habían estado a la altura.

Cambio de timón y regeneración alrededor del maduro Messi

Habría que comenzar de nuevo. El enorme desorden institucional en el que estaba inmerso el fútbol argentino impedía que los entrenadores de mayor jerarquía pensaran en dejarlo todo para regresar al país y conducir esta nueva etapa. Messi, padre de tres hijos y en otra instancia de su vida, sabía que sus mejores años ya habían pasado y que, de llegar al Mundial de Qatar 2022, sería a sus treinta y cinco años y ya sin sus compañeros de viaje. Apenas Di María, Nicolás Otamendi y Sergio Agüero continuaban en el equipo nacional, por lo que ahora Messi no solo sería el capitán, sino que el paso del tiempo había invertido papeles y se convertía en uno de los más veteranos en un plantel que debía renovarse con jóvenes futbolistas, solo que faltaba el entrenador para conducir la transición.

Ante la falta de los grandes DT, a Tapia se le ocurrió, sin tiempo, probar con Lionel Scaloni, a quien había visto en muy estrecha relación con Messi, ambos santafesinos, vinculados a Newell's Old Boys, excompañeros en aquellos primeros años albicelestes del jugador del Barcelona, como segundo ayudante de campo de Sampaoli durante el Mundial de Rusia. Era Messi, entonces, quien debía comandar un nuevo ciclo desde un absoluto liderazgo, ya sin compartirlo, y, por lo tanto, sin transmisión de vicios ni vestigios de corte semimafiosos y autoritarios en manejos de grupos anteriores. La gran estrella, ya madura, decidió abrir la puerta del vestuario y de su intimidad a una generación mucho más joven. Rodrigo De Paul, Giovani Lo Celso, Leandro Paredes, Lautaro Martínez, Nicolás Tagliafico, entre otros, descubrieron su humildad y su liderazgo, que silenciosamente había desterrado todo aquello que antes le había tocado padecer desde abajo. Decidió, entonces, no seguir con esa cadena de mando histórica que tanto lo hizo sufrir.

Además, desde su lugar, ayudó a la consolidación de la autoridad de Scaloni y su cuerpo técnico colegiado, en una nueva ecología que no se componía de imposiciones sino de convencimientos. Comenzó a ser evidente que, con la crisis del Barcelona, a partir del retiro de algunos cracks, las salidas de otros, y el caos institucional, la situación del pasado se invirtió.

Messi se sentía ahora más cómodo en la selección argentina que en el club catalán. Todo esto hizo eclosión en la Copa América 2019 de Brasil, cuando el equipo crecía en silencio, a partir de una injusticia: dos claros penales ni siquiera revisados en el VAR en la semifinal ante los locales en Belo Horizonte que derivó en la eliminación pese al gran partido del equipo albiceleste. Con un Messi desatado, provocó varias veces el asombro de todo el estadio, apareció ahí una faceta desconocida del crack, la de la protesta frontal y con la voz elevada, como cuando calificó de «mafia» a la Conmebol (entidad organizadora del certamen) y ya por el tercer puesto, ante Chile en otra gran producción de la selección argentina, enfrentó al defensor Gary Medel acaso con excesiva vehemencia. Una imagen contraria a lo ocurrido en la final de 2015 ante el mismo rival. Ambos fueron expulsados.

Más allá del tercer puesto final, esa Copa América 2019 fue fundacional. Tras un mal comienzo ante Colombia, Messi condujo a un equipo de varios jugadores jóvenes con técnica y talento, y en los momentos decisivos la producción llegó a ser notable. Scaloni coincidió con quien esto escribe, en una conferencia de prensa años más tarde, en que esa noche de 2019 ante Brasil se jugó uno de los mejores partidos del ciclo, a pesar de la derrota. Por otro lado, el capitán argentino se «maradoneó» en su actitud. Ya Messi era un auténtico capitán que reclamaba, pasara lo que pasara. Luego la Conmebol lo penalizó con cuatro partidos de suspensión para las clasificatorias al Mundial de Qatar 2022, en el contexto de un gran escándalo [64].

Ya nada sería lo mismo. La Selección se fortaleció como grupo luego de aquella Copa y se juramentó conseguir lo que

---

64. Luego reducida a un partido por la apelación de la AFA al Comité de Disciplina de la Conmebol.

otras generaciones anteriores no lograron. Prueba de ello fue la confirmación de Scaloni como DT. Ni siquiera se amilanó por el hecho de perder la localía en la Copa América 2020 a causa de la pandemia, trasladándose otra vez a Brasil en 2021. El equipo tuvo una actuación sólida y esta vez llegó a la final ante los locales en el legendario estadio Maracaná. No solo venció por 1-0 a la escuadra brasileña de su amigo Neymar para consagrarse campeones después de veintiocho años de sequía en esta competencia, sino que lo hizo con un gol de Di María, el mismo que siempre se lesionaba en los partidos decisivos. La aparición en el arco de Emiliano «Dibu» Martínez le agregó otra cuota más de seguridad y se sumó al resto del plantel que también venció con claridad a Italia en Wembley por 3-0 en la llamada «Finalissima» [65] —donde, por si faltara poco, volvió a marcar gol Di María— y el equipo, que se mantuvo treinta y cinco partidos invicto, pasó a ser considerado candidato a ganar el Mundial a desarrollarse en Qatar.

Esta generación más joven comenzó a repetir que quería ganar la tercera Copa para Argentina, pero especialmente por Messi. Pocas veces un líder, un crack, una megaestrella, había generado tanto consenso y había conseguido de manera tan rotunda, dar vuelta una historia.

---

65. Un nuevo torneo implementado por la FIFA entre los campeones de América y Europa.

Lionel Messi, el jugador del siglo XXI. Perspectivas desde Inglaterra

John Williams

Traducción del inglés por Fernando Segura M. Trejo

Cuando a fines de la década de 2000 Lionel Messi comenzó a unirse, más por inercia que por iniciativa propia, a la sensible y conflictiva conversación futbolística entre Inglaterra y Argentina, la cual se remonta intensamente, por lo menos desde la perspectiva inglesa, a la década de 1950, su figura moderó con el tiempo la febril desarmonía que había caracterizado la rivalidad entre estas dos naciones, tanto dentro como fuera del campo. La llegada de Messi a la escena mundial, su evidente talento y su conducta generalmente discreta han ayudado a cambiar el tono de lo que antes habían sido difíciles intercambios y acusaciones, construidos sobre choques de interpretaciones culturales, valores y estereotipos. Su ascenso contribuyó, como sugiero en este capítulo, a modificar algunas percepciones inglesas malignas, muy arraigadas, sobre el fútbol argentino y los hombres que lo hicieron.

Sin haber jugado nunca contra Inglaterra a nivel selección al momento en el que escribo este texto, de alguna manera Lionel

Messi ha logrado moderar opiniones y ganarse un lugar de admiración en un público difícil como el británico, particularmente el inglés. Pero antes de adentrarme en todo esto, me gustaría comenzar el capítulo destacando los encuentros que llevaron a mi propio club, el Liverpool FC, del cual he sido uno de los biógrafos[66], a enfrentarse en el césped a Messi y al FC Barcelona en la más elevada de las competiciones europea de clubes. Sucedió primero en 2007, luego nuevamente en 2019. La primera fue una visita bastante anodina de un joven Lionel al legendario estadio de Anfield. La segunda fue un asunto mucho más memorable para nosotros, una eliminatoria de semifinales de la Champions League excepcional cargada de emociones. Como en el caso de la selección argentina, los contextos históricos del Barcelona y del Liverpool se integran aquí de manera relevante y dan una tonalidad diferente a partidos de fútbol determinados, los cuales podrían parecer a veces aislados en su desenlace, pero no lo son y menos aún para la trama de este escrito.

Liverpool FC versus FC Barcelona: la preparación y los contextos

Gran parte de lo que se habla actualmente en los medios europeos que cubren el fútbol pasa por la regularidad, a veces asfixiante, con la que los principales clubes se enfrentan en competiciones de la UEFA. Por ejemplo, en el periodo que va entre 2018 y 2023, el Liverpool FC se topó con el Real Madrid tres veces en la Liga de Campeones de la UEFA,

---

66. Williams, John (2022), *Red Men Reborn*, Pitch Publishing, Sussex.

perdió en cada ocasión y dos veces en la final. Si tomamos el historial con el FC Barcelona, cuando el Liverpool enfrentó al club catalán en una semifinal de la Copa de la UEFA en 2001 —la segunda competición en orden de importancia ahora denominada Europa League— fue sorprendentemente la primera vez que los estandartes se cruzaron desde su primer enfrentamiento, en marzo de 1976. Sin duda, esta fue una ausencia demasiado larga según la medida de clubes de la élite.

Tras el final del régimen del general Franco en 1975 en España, el Fútbol Club Barcelona volvió inmediatamente a su escudo y nombre original. Para ese entonces ya había fichado al gran holandés Johan Cruyff por una cifra récord mundial para jugar junto a su compañero internacional Johan Neeskens en el corazón de este nuevo equipo. Ya se podía así vislumbrar como potencia futbolística internacional emergente, que era en sí un club de verdadero simbolismo y significado, ahora libre del gobierno nacionalista autocrático. Hay pocos clubes de fútbol importantes o grupos de aficionados en Europa que tengan una identidad opositora y ampliamente «política» tan declarada. Los ultras en algunos clubes italianos pueden afirmar inclinaciones políticas históricas. El St. Pauli, famoso en Alemania, posee sus propias y orgullosas afiliaciones anarquistas de izquierda. Los vascos reivindican también sus causas. En este espectro, podría decirse que el FC Barcelona es otro club con auténticas raíces «políticas», una razón legítima para ser considerado por sus ciento cuarenta y cuatro mil socios y por ojos extranjeros como «*Mes que un club*»: más que un club.

En Gran Bretaña, el Glasgow Celtic en Escocia afirma su herencia irlandesa, mientras que los seguidores del Liverpool FC ofrecen sus credenciales de «*Scouse not English*» a este respecto[67]. El Liverpool incluso ha sido muy criticado por los medios de comunicación conservadores y otros fanáticos en Inglaterra por ser el único cuyos seguidores abuchean instintivamente la reproducción de los himnos, el nacional y de la UEFA. En 2023, sus partidarios se negaron, por ejemplo, a reconocer públicamente la ascensión del nuevo rey Charles de la dinastía de los Winsor. Al igual que Barcelona, la ciudad de Liverpool, y su principal club de fútbol, tienden a seguir su propio camino en cuestiones de identidad, política y Estado. Pero volvamos a la década de 1970 para dar contexto a algunos cimientos del destino al que queremos llegar.

El Barça había ganado el título de la Liga en 1974 después de catorce años de sequía, pero desde entonces se quedó atrás del Real Madrid, una vez más, por una serie de temporadas. El Liverpool, mientras tanto, estaba en una fase doméstica dominante en la década de 1970 bajo su sereno entrenador, Bob Paisley, con el delantero Kevin Keegan en su mejor momento. Los Reds, como conocemos en casa al equipo, estaban a punto de ganar otro título de la liga inglesa, seguido de un primer triunfo de la Copa de Campeones de Europa[68] en el mismo año. Pero en los encuentros de 1976 entre Liverpool y Barcelona, un Liverpool cauteloso y defensivo arrebató la ventaja en la ida, 1-0 en el Camp Nou (gol de Toshack), antes de conformarse con un empate 1-1 en la fase de clasificación en Anfield. El FC Brujas fue luego derrotado por el Liverpool en una final de dos partidos bastante anárquica, y el club inglés se recuperó

67. También denominados *Scousers*, como se dice a los habitantes o nacidos en Liverpool y alrededores.

68. Es decir, el viejo formato de la Champions League actual.

de estar dos goles abajo en el partido de ida. Esa era de alguna forma la mística de los Reds.

En el período de veinticinco años antes de que Liverpool y Barcelona se enfrentaran de nuevo, en la Copa de la UEFA en 2001, los catalanes prosperaron con una nueva generación de brillantes jugadores holandeses (De Boer, Cocu, Overmars, Kluivert) bajo la dirección de Louis van Gaal. Sin embargo, fue el Liverpool el que se impuso por segunda vez, ahora intensamente dirigido por el tecnócrata entrenador francés defensivo Gerard Houllier. De hecho, el Liverpool jugó tan agazapado en el empate 0-0 del partido de ida en España, pateando constantemente el balón fuera del juego, que Cruyff, horrorizado, y otros presentes acusaron a Houllier de querer asesinar el fútbol. Quien esto escribe estuvo esa noche en España y puedo confirmar que había motivos de sobra para quejarse. «Un juego horrible», informó el periódico *The Guardian*. Estaban siendo amables. El gran jugador argentino y luego director deportivo y escritor Jorge Valdano diría en *Marca* en 2005 que «el fútbol está hecho de sentimiento subjetivo, y en eso Anfield es prácticamente imbatible. Pon cualquier porquería colgada de un palo en medio de este apasionante y loco estadio y habrá gente que te dirá que es una obra de arte».

Una victoria en casa del Liverpool por 1-0, con penal de Gary McAllister sobre el Pep Guardiola futbolista y sus compañeros, fue suficiente para llevar al club inglés a otra final de la Copa de la UEFA, esta vez en Dortmund. Este encuentro, contra el pequeño FC Alavés, produjo una brillante victoria por 5 a 4 en la prórroga con «gol de oro» para mis Reds. Una vez más, estuve allí, y esto ciertamente no fue un asunto aburrido. Mientras tanto, un espadín argentino en «miniatura», un futuro genio del fútbol, había llegado recientemente con su padre a Cataluña. Su era en el fútbol mundial se estaba gestando, su impacto y su legado posterior tendrían ecos en todos los continentes.

Messi versus Liverpool (I): futuro prometedor, a pesar de la derrota

Sus cruces ocasionales en la historia deportiva hicieron que cuando Liverpool y Barcelona se enfrentaran en febrero de 2007, esta vez en los octavos de final de la Champions League, la venganza histórica estuviera arraigada en el ánimo de los catalanes. Para entonces, el FC Barcelona se encontraba en un nuevo punto álgido, era el reinante campeón español y europeo bajo la dirección de otro entrenador holandés, Frank Rijkaard. Pero este equipo tenía un aspecto muy diferente al anterior. Atrás habían quedado Pep Guardiola en la saga defensiva y el agresivo contingente de jugadores holandeses, pero «adentro» estaba el nuevo ícono defensivo internacional Carlos Puyol, dos mediocampistas españoles auténticamente talentosos, Xavi e Iniesta, flanqueando al creador portugués Deco, y al frente un fascinante atacante brasileño, nada menos que Ronaldinho. También surgió rápidamente una sensación de incógnita acerca del delantero argentino adolescente del que todos en el club (y gran parte de Europa) estaban hablando. Su nombre, por supuesto, era Lionel Messi. Ronaldinho ya le estaba diciendo a cualquiera que quisiera escuchar que este joven se convertiría en el mejor jugador que el mundo haya visto jamás.

El Liverpool FC había asombrado a todo el fútbol europeo —y mundial— en 2005 al lograr el «Milagro de Estambul» en la final de la Champions League contra el AC Milan, remontando una desventaja de tres goles para la más improbable de las victorias en los penales. En última instancia, este nuevo Liverpool de 2007, todavía dirigido como en 2005 por el español Rafa Benítez, «autoridad mundial en vencer al Barcelona desde sus días en el Valencia», según el periodista británico Kevin McCarra, era fuerte físicamente y muy bien organizado, incluso para un conjunto azulgrana con Ronaldihno, Deco, Xavi, Iniesta, y el intrépido Messi como factor de desequilibrio. El Liverpool volvió a ganar en el Camp Nou, esta vez remontando el marcador a un 2-1, gracias a su musculoso centro del campo compuesto por Sissoko, Xavi Alonso y Gerrard, quienes ejercían un control impecable. Messi, en estrecha colaboración con Deco, que con su largo cabello castaño rojizo fluía como un miembro de una banda de chicos, prometía peligro en cada esquina en el Camp Nou al recortar desde el lado derecho al ritmo de su letal pie izquierdo, pero estaba doble o triplemente marcado por instrucción de Rafa Benítez.

En el partido de vuelta, Liverpool aguantó, a través de la regla de los goles fuera de casa, bastante más cómodo, al menos en mi memoria, de lo que sugiere una derrota por 0-1 en el partido de vuelta en Anfield. Leo Messi dejó poca impresión en ese partido, el cual fue altamente físico, pero su futura promesa ya estaba, de todas formas, escrita en grande. En cuestión de días había anotado un *hat-trick*[69] en el clásico con el Real Madrid, y poco después produjo lo que muchos aún describen como el «gol del siglo XXI», una corrida espectacular, comenzando desde la línea de mitad de cancha que eliminó toda oposición de parte del Getafe y que se hizo eco del gol mundialista de Diego Maradona contra Inglaterra en México 1986. Sin

---

69. Es decir, un triplete de goles en el mismo partido.

embargo, el Liverpool FC sufrió muy poco en ese encuentro con el prospecto de astro legendario. Los Reds continuaron hasta la final del torneo y cayeron esta vez 2-1, el 23 de mayo de 2007, contra el AC Milan en un caótico Estadio Olímpico en Atenas. Estuve en Estambul en 2005. Estuve en Anfield para ver la primera visita de Messi en 2007; y también estuve en Grecia para la final de 2007. La historia habitual de los fanáticos, como yo, que antes que profesor universitario me reconozco como un incondicional del Liverpool, recae en conocer los espejos deportivos de los triunfos y desastres.

Cuando recuerdo esa saga de 2007, a pesar de la derrota final de mi club en Atenas, me considero afortunado de haber visto en carne y hueso al aclamado adolescente Lionel Messi en lo que eran sus inicios estelares. Para sus veintiún años, un año después, ya había cosechado una medalla de oro olímpica con Argentina en Beijing 2008. Se trataba claramente de alguien muy especial. Además, fueron unos juegos que seguimos muy de cerca en mi país, pues la próxima cita sería en Londres 2012. En lo que me concierne, disfruté mucho en televisión de ese vistoso equipo olímpico, jugaba un fútbol total con un Riquelme inspirado, acompañado nada menos que por Messi, Di María, Agüero y otras figuras. Una de las mejores expresiones que he visto de selecciones argentinas. Había claramente un futuro prometedor.

El siguiente encuentro entre estos dos clubes en cuestión, que involucró a Lionel Messi, ahora ganador de múltiples ligas y copas en su aura de superestrella planetaria, resultó ser el contexto de semifinales de la Champions League en 2019, es decir varios años más tarde. Este cruce merecería por sí mismo un libro, al menos para el acervo de mi club. Fue una metáfora de montaña rusa de cómo el ahora maduro mejor futbolista del mundo para el siglo XXI se enfrentó a uno de los entrenadores más impresionantes del norte de Europa, el emotivo alemán Jürgen Klopp, y su nuevo equipo de Liverpool repleto de energía. Pero antes de recordar en detalle la extraordinaria saga de lo que sucedió allí necesito brindar un poco más de contexto sobre la forma en que el sentido común en Inglaterra solía considerar el fútbol y los futbolistas de Argentina en comparación con su gran rival de Brasil. Esto, antes de que se confirmara a Messi como el mejor representante argentino. Luego regresaré a 2019 y analizaré la reacción en Inglaterra ante el último —y posiblemente el mejor— jugador estrella del mundo.

Percepciones sobre el fútbol de Argentina en comparación con Brasil

Hace algunos años, junto con el eminente historiador del deporte británico Richard Holt escribimos un artículo para tratar de explicar cómo y por qué los ingleses habían aprendido a enamorarse del fútbol brasileño —el famoso *jogo bonito*— pero habían desarrollado, en paralelo, una posición muy diferente en relación con Argentina[70]. Los ingleses llegaron al punto de idolatrar a Brasil y en gran medida a demonizar a Argentina. Debemos recordar que, en parte debido a los temores xenófobos sobre la evolución del fútbol mundial y a pesar de las persistentes propuestas de la FIFA, Inglaterra optó inicialmente por permanecer distante del orden internacional en este deporte y no jugar en ninguna Copa del Mundo hasta Brasil 1950. Mientras

---

70. Williams, John y Holt, Richard (2020), «"The beautiful game"? The FIFA World Cup and English perceptions of Brazil and Argentina, 1958-1986», *Contemporary British History*, vol. 34 (1), pp. 140-162.

tanto, Argentina había ganado ocho de los doce campeonatos sudamericanos entre 1925 y 1947, lo que ayuda a explicar por qué se le dio a ella, y no a Brasil, el honor de ser la primera nación sudamericana en ser invitada a jugar en el estadio de Wembley como parte de las celebraciones del Festival de Gran Bretaña[71] en 1951.

Cuando, más tarde, Brasil comenzó su propia gira por Europa en Wembley en 1956, los británicos, todavía bastante aislados en sus percepciones, sabían poco sobre el fútbol sudamericano, más allá de la creciente afirmación de que sus principales países en esta rama, Argentina, Brasil y Uruguay —campeones del mundo en 1950— se encontraban entre los maestros en ascenso del juego. Aunque se prestaba muy poca atención a sus jugadores y nada, absolutamente nada, a sus ligas. Esta relativa falta de conocimiento iba a cambiar de manera drástica, por supuesto, en las próximas décadas.

En 1958 fueron los brasileños quienes de repente se instalaron en el imaginario colectivo británico al convertirse en los primeros sudamericanos en ganar la Copa del Mundo en Europa, goleando gloriosamente a Suecia por 5-2 en la final. En 1958, la BBC TV, por primera vez, dedicó una amplia cobertura en vivo (un total de veinte horas) al Mundial, y tanto la prensa británica elitista como la popular también informaron sobre el evento con cierta extensión. *The Times* incluso publicó dos artículos especiales sobre el torneo. Por primera vez, Inglaterra buscaba en el extranjero su conocimiento e inspiración futbolística.

---

71. El Festival tenía el objetivo de estimular el sentimiento de recuperación luego de la devastación de la Segunda Guerra Mundial. En ese sentido, se buscaba promover los inventos y conquistas británicos, en ciencia, arte, tecnología, industria y arquitectura. El fútbol, como vemos, no quedó exento de las celebraciones al ser un producto británico. Argentina tuvo el «honor» de ser invitada al mítico escenario de Wembley.

El prodigio Pelé, de diecisiete años, héroe de la final de 1958 y el regate hipnótico por las bandas del arqueado Garrincha, alimentaron en Inglaterra la emergente versión mitificada del fútbol brasileño: jugadores extravagantes, teatrales y gráciles producían lo que los brasileños llamaban «*futebol arte*». Irónicamente, el equipo estrella del fútbol sudamericano durante gran parte de las décadas de 1940 y 1950 había sido Argentina, pero en el Mundial 1958 su actuación fue desastrosa, derrotada 6-1 por Checoslovaquia.

Cuatro años más tarde, Inglaterra jugó contra Argentina en la fase de clasificación de grupos de la Copa del Mundo de 1962 en Chile. Previendo el juego, los periodistas británicos ya habían comenzado a emplear lo que se convertiría en una oposición binaria característica con los supuestos argentinos «despiadados» y «defensivos», quienes jugaban «sin tener en cuenta el verdadero espíritu del juego para ganar a toda costa», según el periódico *The Times*. En cambio, el «enfoque» sobre Brasil era radicalmente diferente, tanto es así que la victoria espléndida sobre Inglaterra en 1962 fue aclamada por su audacia. El *Daily Express* incluso llamó a Brasil «un equipo enjoyado por once brillantes, el mejor equipo del mundo». En resumen, Inglaterra empezó a ver a Brasil como un país que producía futbolistas escandalosamente talentosos, a menudo afrodescendientes o mulatos como Pelé y Garrincha, respectivamente, artistas que eran celebrados por valorar la belleza sobre la victoria en el imaginario inglés.

En 1966, cuando finalmente la Copa del Mundo se organizó en Inglaterra, *The Times* declaró que el juego mundial era nada menos que un proyecto de civilización global: «Un lenguaje común que vincula a personas de muchos credos y colores, un juego que ha sobrepasado el hierro de cortinas políticas y ha ayudado a emancipar al negro sudamericano». La referencia era, por supuesto, al surgimiento de Brasil como un poderoso «crisol» de fútbol. Por otro lado, la masiva migración ítalo-europea a principios del siglo xx hacia Argentina había atravesado no solo el modelo socioeconómico existente del país, sino también aspectos de la narrativa de la propia nación. En términos futbolísticos, para los ingleses, Argentina había comenzado a parecer simplemente «demasiado del sur de Europa» en su estilo basado en marcajes duros, organización y estabilidad, con el aditivo de planteos defensivos y un cinismo percibido. Todo esto, a diferencia de los «románticos» multiétnicos jugadores de Brasil. Esta versión imaginada mucho más pragmática y «europea» del juego proporcionada por Argentina estaba lejos de ser una alternativa exótica al *statu quo* internacional, como sí lo era, para la percepción inglesa, la brasileña.

En la cita de 1966, los tan esperados brasileños fueron ubicados justo en la ciudad de Liverpool. En esa época yo era un niño y recuerdo la excitación en mi ciudad natal por recibir a los campeones mundiales, cuya figura mediática, el gran Pelé, estaba decidido a brillar. Recordemos que el Mundial anterior tuvo que abandonar de manera prematura la competición debido a una lesión. Pero en Inglaterra fueron desde el principio del torneo tratados con bastante brutalidad en la cancha. Casi expulsados, literalmente, por la despiadada violencia deportiva europea y la lasitud de los árbitros. El líder espiritual, Pelé, se lesionó nuevamente producto de tantos golpes y comentó con amargura que «el fútbol dejó de ser un arte, dejó de atraer multitudes por sus habilidades. En cambio, se convirtió en una guerra real». Cuatro años después, el resucitado y victorioso equipo de Brasil que triunfó en México 1970 se convertiría en legendario y emblemático en la historia del fútbol por su estilo festivo y su exuberancia ganadora. Pelé, en su pompa tardía bajo el sol mexicano, lideró un equipo que fue reconocido, por supuesto en Inglaterra, como posiblemente el mejor equipo internacional jamás producido.

Por el lado de Argentina, al jugar (y perder, por desgracia) en 1966 contra los eventuales campeones anfitriones, la visión general sobre el fútbol argentino que se solidificaría entre 1960 y 2000 encajaba con las preocupaciones de Pelé sobre el peligro del estado de guerra sobre el supuesto estilo artístico. Los jugadores de Argentina ciertamente fueron vistos por la mayoría de los ojos ingleses, bajo la influencia de la prensa, como tramposos incivilizados, incluso «animales», como los había llamado el entrenador campeón en 1996, Alf Ramsey.

Desde fines de la década de 1950 entonces, en gran medida por el fracaso en el Mundial de Suecia 1958, quedó claro que Argentina había comenzado a buscar un nuevo tipo de estilo de juego para redefinir el carácter nacional frente al de un Brasil cada vez más expansivo. Su juego se volvió más físico, más pragmático y más defensivo con el objetivo de igualar la dureza aparentemente necesaria para desbaratar a sus principales rivales sudamericanos y superar a los europeos[72]. Esta dirección resultó en la adopción desde Buenos Aires de tácticas y entrenamiento en teoría «más modernos», con una promoción de una nueva musculatura y una nueva identidad ligada a la robustez. El joven y poderoso mediocampista de Boca Juniors Antonio Rattín ejemplificó a este caudillo (líder) patriótico de la década de 1960. Justamente fue Rattín quien fue expulsado en Wembley contra Inglaterra en los cuartos de final en 1966 como consecuencia de

---

72. Archetti, Eduardo (1995), «In search of national identity: Argentinian football and Europe», *The International Journal of the History of Sport*, vol. 12 (2), pp. 201-219.

hablarle con un tono altanero al árbitro alemán. Rattín alegaría que su pedido vehemente se debía a la intención de llamar a un traductor. Por varios minutos reinó el caos. El asombrado Rattín simplemente se negaba a abandonar el campo. Los jugadores de Inglaterra se quejaron más tarde, después de su victoria por 1-0 contra los diez argentinos, de sus oponentes, quienes les habrían escupido y tirado del pelo. En Inglaterra, este tipo de acciones no eran consideradas propias de caballeros respetados o respetables. Los argentinos vieron todo esto como una injusticia conspirativa y una gran hipocresía al señalar que Inglaterra había cometido treinta y tres faltas en el partido, contra solo diecinueve de Argentina. No obstante, la enemistad futbolística entre los dos países estaba ahora firmemente establecida. El vencido Rattín, casi se sobreentiende, fue recibido como un héroe en Argentina.

La percepción oscura en Inglaterra sobre Maradona y su legado

Las desdichadas selecciones inglesas no se clasificaron para las Copas del Mundo de 1974 y 1978, esta última ganada por un emocionante equipo anfitrión de Argentina en un país bajo la más cruel ley marcial. Empero, la hostilidad del ambiente del fútbol inglés hacia los argentinos había persistido por más de veinte años y aumentó considerablemente con la guerra de las Malvinas en el período previo a la Copa del Mundo en España de 1982. Los equipos (y fanáticos) se evitaron en España, quizás para fortuna de las partes.

Todos sabemos que los profundos resentimientos deportivos y políticos resurgieron a flor de piel cuatro años después, en

México 1986, cuando Inglaterra y Argentina se enfrentaron en los cuartos de final en el estadio Azteca. El duelo contó con el hombre que incluso los ingleses tuvieron que admitir era para entonces el mejor futbolista del mundo. Envuelto en intrigas, Diego Armando Maradona fue la figura más destacada en el plano internacional a lo largo de la década de 1980. Pero más que eso, como argumentaron más tarde Adriana Novoa y Robert Koch, Maradona se convirtió en una especie de estandarte mítico en Argentina[73]. Precisamente porque su surgimiento como un brillante prodigio de la calle, un pibe, fue un desenlace que coincidió con la radicalización de la política y el surgimiento de villas miseria con sus potreros, en los cuales los muchachos transitaban el tiempo en campos de fútbol improvisados en la tierra, en donde se forjaban estilos distintivos de atrevimiento, gambetas y coraje. Además, como argumentan estos autores, crecer en Argentina en los años sesenta y setenta probablemente moldeó políticamente a Maradona, quien creció en el seno de una familia de peronistas.

La historia indica que el segundo gol de Maradona contra Inglaterra en la Ciudad de México fue votado como el mejor de todos los tiempos. Incluso fue votado así por los ingleses. Pero su primer gol, el célebre asunto de la «mano de Dios», sirvió para confirmar lo que ya eran prejuicios bien establecidos sobre el credo argentino dominante de desprecio por el «juego limpio». De la picardía criolla, incorporada hábil y estratégicamente contra un viejo enemigo odiado. Como ha planteado Bartlomiej Brach, el fútbol jugado por los argentinos era visto en Inglaterra en ese momento como «una serie de pretensiones

---

73. Novoa, Adriana y Koch, Robert (2023), «Argentina's National Style: Maradona, Peronism, and Metaphysical Football», *Journal of Sport and Social Issues*, vol. 47 (2), pp. 158-181.

continuas e intenciones tramposas»[74]. Para esta percepción, la victoria no se logra del todo con la dominación, sino con el engaño como principal arma. Roberto Perfumo, experiodista y exjugador célebre argentino, llegó a decir de 1986 que con ganar el partido contra Inglaterra era suficiente. Ganar la Copa del Mundo era algo así como secundario. Vencer a los villanos ingleses era el verdadero deseo nacional una vez que el calendario anunció el partido en México 86.

Los prejuicios ingleses no solo contra Maradona, sino contra la nación y el fútbol argentino en general, simplemente aumentarían debido a los vínculos del legendario número 10 con la camorra en Nápoles y su prohibición por consumo de drogas promulgada en la Copa del Mundo de 1994 en los Estados Unidos. Ese era el tipo de información que el público recibía. Aunque, recordemos, Maradona fue homenajeado en la Universidad de Oxford en 1995 por un nutrido grupo de estudiantes y fue galardonado como maestro inspirador de sueños. Aun así, la percepción negativa hacia el arquetipo de futbolista argentino estaba férreamente instalada.

Con Maradona ya fuera de escena, los dos países se encontraron una vez más en la Copa del Mundo, en Saint-Étienne, en Francia 1998. Fue la primera vez desde el asunto de la «mano de Dios» en 1986. Con las cosas empatadas 2-2 en el medio tiempo, solo treinta y siete segundos después de la segunda mitad, Diego Simeone cometió una falta por detrás del chico de cartelera en Inglaterra, David Beckham. Después de una rápida disculpa de «manos arriba» al árbitro, Simeone recibió una patada petulante (pero suave) en la pantorrilla con el pie levantado

74. Brach, Bartlomiej (2011), «Who is Lionel Messi? A comparative study of Diego Maradona and Lionel Messi», *International Journal of Cultural Studies*, vol. 15 (4), pp. 415-428.

de Beckham. La mayoría de los jugadores podrían pensar poco en este tipo de contacto menor, pero para Simeone, y, a los ojos de los ingleses, para «Argentina», esta era una oportunidad para explotar. Simeone se derrumbó dramáticamente sobre el césped. Todo ocurrió frente al árbitro Neilson y el resultado fue tarjeta amarilla para el argentino y roja para Beckham. Inglaterra perdió el partido por penales. Beckham fue duramente vilipendiado en «casa» por su estupidez.

Estos hechos se agregaron naturalmente, en la imaginación popular, a una lista de comportamientos «antideportivos» de los sudamericanos. Sin embargo, en 2002 la venganza fue dulce para Beckham. Su penal en Sapporo bastó para derrotar a la Argentina, en papeles candidata al título, en la fase de grupos del Mundial de Japón. Fue una suerte de redención en un partido disputado en una sede lejana. La consecuencia fue contribuir a la eliminación posterior en primera fase de una selección plagada de figuras y donde jugaba el «villano» Simeone. Inglaterra fue eliminada justamente por los magos brasileños, donde la magia de Rivaldo y Ronaldo era potenciada por el magnífico talento de Ronaldihno. A la postre, Brasil fue para Inglaterra el justo campeón de ese Mundial.

Ahora bien, a mediados de la primera década del nuevo milenio hacía su irrupción un cierto Lionel Messi, que se consagraba la estrella goleadora de Argentina en el Mundial Sub-20 en Holanda. A partir de ahí, las cosas comenzaron, lentamente, a cambiar. El escenario estaba en preparación para el surgimiento de un nuevo, y muy diferente, ícono nacional argentino. Un futbolista y un hombre mucho más en sintonía con las preferencias deportivas inglesas. Lionel Messi, sin antecedentes profesionales en Argentina y sin las muchas distracciones fuera del campo de Maradona, sería liberado, poco a poco, de gran parte de este pesado bagaje ideológico que en Inglaterra pesaba sobre el fútbol argentino. A Messi, argumentarían algunos, le faltaría el posicionamiento de Maradona como el archienemigo del fútbol inglés.

Lionel, hombre tranquilo y futbolista letal

El gran Lionel Messi ha compartido, por supuesto, algunas características con el clásico pibe argentino Diego A. Maradona; más allá de la camiseta número 10 de rayas celestes y blancas que ambos ansiaban y pudieron vestir para la selección argentina. Por un lado, ninguno de los dos era de un espécimen físico particularmente notable en sus comienzos. De diferentes maneras, cada uno llevaba las marcas de la imperfección y pobreza relativa; sobre todo una falta de estatura corporal. Y aquí, seguramente, está uno de los grandes secretos democratizadores del fútbol en comparación con la mayoría de otros deportes de equipo de contacto. Lo físico es importante, por cierto, pero de ninguna manera es del todo decisivo. Maradona era delgado y ágil, y con su paso al fútbol europeo terminó con un cuerpo fornido y sólido. El apodo de Lionel, «la Pulga», lo patentó su hermano, Rodrigo, por su estructura muy pequeña y su estilo de juego veloz.

Messi, como Maradona antes que él, también mostró coraje, astucia y engaño en el campo. Algunos de sus goles en España rivalizaron con las numerosas clases magistrales de Maradona. El equilibrio, la visión y la aceleración de ambos han sido simplemente excepcionales. Maradona había jugado un corto tiempo para el Barça, aunque con un éxito limitado. Pero había marcadas diferencias, sobre todo en el temperamento y la actitud, y también el momento de sus carreras en los cuales cada uno llegó al club catalán. Messi estaba entrando en la adolescencia y era un muchacho tímido. Maradona ya era una figura mundial y su carácter estaba formado a inicios de los años 1980.

Es tal vez, irónicamente, una de las claves interpretativas del concepto de «pibe» identificada por el antropólogo Eduardo Archetti donde se hacen visibles algunas divergencias entre Diego y Leo, sobre todo fuera del campo. Según Archetti, en el día a día del verdadero pibe es de esperarse mucho desorden; un comportamiento caótico. El verdadero pibe del fútbol, por lo tanto, era para Archetti una versión en parte mitificada de un cierto carácter nacional masculino, definido típicamente por la resiliencia desvalida, la agitación y el desafío a convenciones morales tradicionales. Léase esto en el contexto de los años 1990, cuando Archetti propuso esta lectura, para la cual Maradona portó toda una vida cercana a riesgos, excesos e impropiedad dentro y fuera de las canchas; un eterno niño sin límites claros. Diego se convirtió en una figura en Argentina por su patriotismo y brillantez futbolística, pero también porque desafió las normas establecidas y la autoridad, en apariencia, en todo momento. Era un disyuntor magnífico en el campo. Pero también un hombre con facetas que fácilmente podían convertirse en daños, a él mismo y a terceras personas.

Por el contrario, su heredero, Lionel Messi, se ha mostrado a lo largo de su trayectoria como un individuo tímido, un ser social muy reservado, criado bajo la tutela de su padre en toda la adolescencia, y quien luego construyó su propia vida familiar serena, prácticamente anónima y alejada del show mediático, por lo menos hasta su llegada a Miami, donde fu familia empezó a tener más visibilidad en notas periodísticas. Sus compañeros le llamaban el mudo cuando irrumpió en el primer equipo del Barcelona. Rara vez hablaba o daba entrevistas. La única mancha en esta persona pública, casi impecable, ha sido un caso judicial de 2017 en el que las sentencias de prisión por evasión fiscal anterior por parte de él y su padre fueron conmutadas por multas.

En cuanto a su despliegue futbolístico, Leo ha jugado siempre con una imaginación y una libertad que desde un inicio lo asemejaban a Maradona. Pero hay aquí también una notable diferencia: la simulación (fingir lesiones o contacto) también se había generalizado en el juego de élite a principios de la década de 2000, y había sido una parte central del arsenal de Maradona en tiempos de intensas faltas físicas. Tales argucias han estado ausentes del oficio futbolístico de Messi; para él, en cambio, fingir en la cancha no tiene siquiera cabida, es como si fuera un crimen contra el juego.

Messi parecería carecer por completo de inclinaciones ilícitas y, en estos aspectos, no encaja en el molde clásico del pibe del arquetipo maradoniano, a excepción de la herramienta limpia y aplaudida del engaño forjado en los potreros: la gambeta. De hecho, Messi puede ser visto como el otro en la cultura masculina futbolística argentina, quizás una de las razones por las que su popularidad en Inglaterra ha sido mucho más alta que la de Maradona. Sumada al hecho, también, de que estuvo exento de enfrentamientos deportivos directos y de la reivindicación explícita de las heridas de la guerra de 1982 en las islas.

La verdad es que la alta consideración de los admiradores ingleses por Messi es consecuencia de su discreta actitud, que significó que por años nunca fuera realmente aceptado en casa durante años como un producto auténtico de la cultura del fútbol argentino. Para los debates futbolísticos en los pubs británicos, Messi no era en muchos sentidos un «producto» argentino.

Messi se unió a Barcelona cuando era un niño de doce años, porque su club Newell's Old Boys se negó a pagar el mínimo equivalente a seis mil pesos al año por las hormonas de crecimiento que lo llevaron a inyectarse un centímetro por mes para desarrollar una estatura normal y no quedarse como una persona, tal vez, de talla corta. Messi nunca pateó un balón en la liga profesional argentina y su fracaso, durante reiteradas citas, como líder y luego capitán de la selección nacional mayor de Argentina significó que a menudo se lo declarara un hombre del Barça, pero no uno tan dedicado a hacer cualquier cosa por la causa nacional. Por décadas, nunca fue tan abrazado ni tan verdaderamente amado en Argentina como lo había sido el voluble Diego. Nunca había sido capaz, quizás hasta la Copa América 2021, de arrastrar a la Selección al otro lado de la línea como parecía poder hacerlo a menudo en el FC Barcelona.

Sin embargo, el anuncio de Messi en junio de 2016 de que no volvería a jugar con Argentina después de fallar un penal contra Chile en la final de la Copa América conmocionó al pueblo argentino. Para un Leo lloroso y los fanáticos de la nación, fue demasiado para soportar. «Para mí se acabó la Selección», dijo a los periodistas. «He hecho todo lo que he podido, he estado en cuatro finales y me duele no ser campeón. Se acabó con la selección de Argentina». Este fue un gran discurso para los estándares de Messi, y citó problemas dentro de la AFA entre sus razones. Luego se le construyó una estatua en Buenos Aires para tratar de atraerlo de regreso a la causa nacional, pero pronto fue destrozada. ¿Fue la ambición o el orgullo nacional lo que convenció a Messi de volver a capitanear a su país ese mismo año? Eso nos preguntamos en Inglaterra. Finalmente lograría sus ambiciones internacionales con una Copa América en 2021 e incluso un Mundial, a los treinta y cuatro años, en Qatar en 2022, un final perfecto para los anfitriones, para la FIFA y para el propio Messi. Pero eso es mirar demasiado lejos por ahora, en este capítulo en el cual nos proponemos describir un episodio anterior.

Cuando Messi, con sus treinta y un años, se alineaba con el FC Barcelona contra el Liverpool en la semifinal de la Champions League de 2019, había jugado treinta y dos veces de manera competitiva contra clubes ingleses en los trece años anteriores de su carrera profesional, con veinticuatro goles anotados. Había jugado contra el Liverpool solo dos veces (en 2007), pero se enfrentó al Chelsea diez veces en partidos generalmente reñidos, y anotó tres veces con un registro de dos victorias, dos derrotas y seis empates. Sin embargo, su oponente «favorito» era el Arsenal: seis encuentros, ninguna derrota y nueve goles. Contra el Manchester United, Messi había jugado seis veces con cuatro goles, incluida la final de la Champions League de 2009, una victoria «extravagantemente» fácil por 2-0 para los campeones españoles, con el genio argentino anotando un gol de cabeza excepcional. Messi marcó otro contra el mismo club en la final de 2011. En este encuentro, efectivamente un paseo para el Barça, el United tuvo solo un treinta y un por ciento de posesión y un tiro al arco en la derrota por 3-1. «No podía acercarme a él», informó el central internacional altamente calificado Rio Ferdinand. «Fue la noche más vergonzosa de mi vida». No fue difícil ver por qué. «De pie al lado de Messi», comentó *The Guardian*, «casi cualquier persona en el mundo parecería torpe». Fue una de las tres victorias de Messi en la final de la Champions League con el FC Barcelona. En 2019, antes de volver a medirse con el Liverpool, el Barcelona había entrado en calor eliminando fácilmente otra vez al Manchester United en cuartos de final por un global de 4-0, con otros dos tantos del incontenible Leo Messi. Ahora el Liverpool FC esperaba una reunión con un hombre al que su propio técnico, Jürgen Klopp, llamó, simplemente, «un genio».

Messi versus Liverpool (II): una saga desconcertante

A medida que se avecinaba esta semifinal de la Champions League en 2019, el récord personal de Messi era simplemente asombroso: los trofeos ganados en el FC Barcelona; una montaña de anotaciones al más alto nivel; el primer jugador en marcar cuarenta goles o más en diez temporadas consecutivas; en camino a un sexto premio Balón de Oro récord para el mejor jugador del mundo, que eventualmente lo convertiría en séptimo y tal vez otro más. El presidente del Sevilla, José Castro, puede haber tenido razón cuando llamó a Messi un «extraterrestre». ¿Qué seres terrenales podrían detenerlo? Es algo que trato en mi libro *Red Men Reborn* y que aquí retomo para intentar explicar cómo funcionó todo esto para el Liverpool en 2019. Es toda una historia, muy peculiar.

«Estoy completamente feliz con la forma en que jugamos. No podría estar más orgulloso». Este es el sonriente, pero algo conmocionado a su vez, entrenador Jürgen Klopp, hablando con la prensa justo después del partido de ida en el Camp Nou el 1 de mayo de 2019. «Fue nuestra actuación fuera de casa más importante en la Champions League». El problema de Klopp, sin embargo, era realmente muy serio; su Liverpool había perdido este agradable partido por 3-0. «No creo que ahora mismo haya una fiesta en nuestro vestuario», afirmó con pesar en la rueda de prensa. «Pero como es fútbol, todavía hay una oportunidad».

Pocas personas estuvieron de acuerdo con el alemán: probablemente él mismo no lo creyó. «Nadie apostaría un centavo por nosotros ahora», admitió más tarde. El Liverpool había creado y desperdiciado muchas oportunidades en Cataluña, incluso el 3-1 habría marcado una gran diferencia, pero el verdadero diferencial había sido, por supuesto, Lionel Messi. Después de que el exdelantero del Liverpool Luis Suárez abrió las cosas con un gol en la primera parte, fue el genio argentino quien anotó el segundo gol vital y luego un tercero que, en teoría, sería el decisivo. Este último fue algo hermoso, un maravilloso e insalvable tiro libre de más de 23 metros, un tiro que incluso el brasileño de clase mundial Alisson en la portería no pudo ni rozar en su esquina superior derecha. Fue el gol número seiscientos de Messi para su hasta entonces único club en su vida profesional. Incluso Klopp sonrió maravillado desde la línea de banda. «Dios —Dios— en su templo», fue el titular triunfal en el periódico español *Marca*. «Hubo un período en la noche», dijo Barney Ronay, especialista en fútbol en *The Guardian*, «donde Messi se fue a otro lugar», se refería a que jugó como si lo estuviera haciendo en el jardín de su casa.

El incontenible número 10 debería incluso haber sido capaz de celebrar una asistencia para un cuarto gol esa noche, pero el joven francés Ousmane Dembélé cortó débilmente a Alisson en una apertura que se percibía fácil por el pase tan bien ponderado de Messi. No importa, se podría pensar. Esta contienda, aunque disputada con dureza durante gran parte del partido, había terminado abrumadoramente y, casi con certeza, de manera concluyente en favor del FC Barcelona. Pero la reacción del argentino fue reveladora ante el fallo de Dembélé. Messi se tiró al césped, abiertamente furioso por el despilfarro del joven francés. Dijo más tarde: «Hubiera sido mejor terminar con cuatro que con tres. Sabemos que el juego no ha terminado. Sabemos que vamos a un estadio muy difícil con mucha historia, donde la gente apoya de verdad a su equipo». Esta frase se podría leer como un signo de respeto al rival, o, por el contrario, una declaración inusualmente ansiosa. Había tal vez una razón. La temporada anterior el Barça había perdido 3-0 ante la Roma en la Champions League, por lo que sabían que un resultado similar estaba dentro de la gama de posibilidades. Ahora bien, ¿en realidad el magistral Leo estaba tan preocupado de que incluso con un colchón de tres goles esto no fuera suficiente para que su equipo sobreviviera a un interrogatorio en Anfield? Pocos lo creían, pero todo estaba por verse.

El entrenador del Barcelona, Ernesto Valverde, puede haber tenido pensamientos similares, porque antes del partido de vuelta en Anfield el 7 de mayo dio descanso a todos los jugadores del primer equipo en lo que fue una derrota de 2-0 en la Liga ante el Celta de Vigo. Klopp, por su parte, había perdido tanto al brasileño Roberto Firmino como al astro senegalés Mo Salah por lesiones para el partido de vuelta. Era la primera vez desde su llegada en que no contaba con estos influyentes delanteros para un partido de la Champions League o la Premier League. El suizo Shaqiri y el crudo delantero belga Divock Origi entrarían como reemplazos. Era un duro golpe para Klopp y, para ser honesto, muchos fanáticos asistieron a este juego sin esperar mucho de él, tal vez ni siquiera una victoria del Liverpool, sino más bien para rendir homenaje a Messi, el hombre de fútbol más talentoso del siglo XXI. Yo mismo lo hice. Un revés para empatar el marcador global parecía, en el mejor de los casos, improbable; se requeriría otro milagro como el de Estambul.

Una delantera del Barcelona formada por Messi y dos exjugadores del Liverpool, Suárez (Uruguay) y Coutinho (Brasil), una mezcla heterogénea de talento sudamericano, seguro marcaría al menos un gol fuera de casa, lo que significaría que el Liverpool necesitaría cinco anotaciones para proceder. Klopp, de hecho, le había dicho a su esposa Ulla que no organizara la fiesta habitual después del partido, por temor a un desolador anticlímax. Pero también dijo algo en el hotel del equipo la mañana del certamen que conmovió a su plantel. Fue un comentario que rivaliza con todo lo dicho por grandes líderes y poetas del pasado: «Lo que hacemos esta noche, diría, es imposible», comenzó. «Pero, debido a que somos nosotros, existe una posibilidad». Fue inspirador, pero quizás, exageradamente optimista.

Lo que siguió fue, quizás, la mejor noche individual en Anfield en los ciento veintisiete años de historia del club hasta el momento en el que escribo estas líneas, y una de las peores de Lionel Messi y el FC Barcelona. Por eso, hablando en vivo en BT Sport TV justo después del partido, un eufórico Klopp prescindió de todo el protocolo habitual: «Los chicos son jodidamente gigantes. Monstruos de mentalidad», dijo con efusividad. Miró fuera de su mente con felicidad.

¿Cómo se desarrolló esta asombrosa noche? Pues bien, al buscar el gol que asegurara por completo su clasificación, el FC Barcelona con una insípida camiseta verde atacó desde el inicio por los extremos, de cara a la tribuna popular denominada Kop, aquella donde se encienden los cánticos, de la cual soy abonado hace literalmente décadas. Messi y Coutinho juntos tejieron sus escurridizos patrones hacia nosotros. Todo parecía normal. Pero esa noche, estos grandes artistas tomaron de forma constante decisiones equivocadas. El Liverpool defendió con organización y resiliencia, con la voz de mando del portero Alisson y el central holandés Virgil van Dijk impasibles. Los Reds también contrapresionaron con fuerza, impidiendo que los culés jugaran con comodidad desde atrás. Se dio además lo que se requiere en este tipo de duelos. Liverpool anotó temprano a través de Origi tras un error infantil de Jordi Alba. Una valiosa ventaja de 1-0 en el descanso dejó a la multitud de Anfield con esperanzas. Messi lucía mortal y no imbatible. Nosotros, en la multitud, podríamos calmarnos durante quince minutos, tratar de ordenar nuestros pensamientos. Mientras tanto, Jordi Alba se mordía los labios de rabia al punto de llorar en el vestuario. ¿Quizás intuía lo que podía suceder?

Lo que había pasado también en estos primeros cuarenta y cinco minutos era una pequeña señal tanto de confianza en casa como de un poco más de descaro. El pequeño y duro lateral del Liverpool Andy Robertson había golpeado visiblemente con su puño al castigado Lionel Messi en la parte posterior de la cabeza después de una persecución en grupo que involucró a Milner, Robertson y Fabinho. Fue una acción que indignó al argentino. Messi, inusualmente, fue hacia Robertson a recriminarle y lo miró con cara de pocos amigos antes de quejarse con el árbitro. Robertson dijo más tarde: «Es cierto que no estaba muy feliz, es algo que no volvería a hacer, ¡eso es seguro! Fui un poco irrespetuoso con el mejor futbolista que jamás haya jugado este juego». En el momento, por supuesto, el mensaje transmitido fue que, aquí, el Liverpool no tenía ningún respeto por Messi ni por el FC Barcelona. Ninguno. El simbolismo más amplio de este incidente con el imperioso Messi alborotado también fue significativo. De hecho, Robertson se lesionó y fue sustituido en el medio tiempo, lo que puso fin a la disputa personal. Sin embargo, la sustitución puso en cancha al mediocampista ofensivo Gini Wijnaldum. El emocionado holandés dijo más tarde que estaba enojado porque el entrenador lo había dejado fuera del once inicial. Canalizó bien su enfado, de modo que la situación resultó a favor de la escuadra comandada por Klopp. Wijnaldum anotó rápidamente dos goles promediando el minuto nueve y el once en la segunda parte. La clave fue su posición como un tercer hombre detrás de los atacantes, lo cual le permitió recibir centros atractivos de izquierda y derecha. Visiblemente, el ánimo del gran Messi había caído y le costaba levantarlo ante el denso panorama.

A veces, los partidos de fútbol pueden tomar su propio impulso, una dirección que se siente prevenida e imparable. Así como Messi había controlado la ida en España, ahora una fuerza colectiva estaba conduciendo la vuelta en un rumbo bastante diferente. El marcador electrónico rojo en lo alto a la derecha de nuestra posición en el Kop decía 3 a 0 a favor nuestro. Los equipos estaban empatados en el global. Anfield estaba ahora lleno de expectativas y casi todos a mi alrededor creían saber lo que sucedería a continuación con treinta minutos para el final. Incluso el propio Messi parecía disminuido, perdido en estas vibraciones y oleadas de ataques del Liverpool. A pesar de todas sus grandes cualidades, no tuvo esta noche un papel útil. George Sephton, locutor, escribió más tarde que su sala de cristal, situada sobre el Kop, a nuestra derecha, estaba empezando a vibrar de forma alarmante por el ruido que se generaba debajo, es decir por la emoción del público. El comentarista de TV catalana presente también percibía el probable desenlace: «Es la eterna pesadilla», manifestó. «Todos y cada uno de los fantasmas están reapareciendo». Estaba pensando en lo sucedido en Roma el año anterior.

El cuarto y fulminante gol fue apenas imaginable, algo que se puede ver ocasionalmente en un partido de fútbol en los parques, pero nunca en uno decisivo de la Champions League. Nació del trabajo de suministro de un recogepelotas y la audacia de un *Scouser*, porque este rápido retorno de pelota le dio al lateral nacido en Liverpool Trent Alexander-Arnold la oportunidad de ejecutar un tiro de esquina instantáneo antes de que la defensa del Barcelona pudiera incluso ponerse en pie. Trent envió un balón raso, una ocurrencia, en el área del Barça, que Divock Origi, quizás el único despierto, barrió con calma con el pie derecho hacia la red del guardameta Ter Stegen. Se desató un completo caos. Había un balón en la portería del FC Barcelona, pero ¿cómo llegó hasta allí? La mitad en el Kop (y el propio entrenador Klopp) se habían perdido la obra por completo, solo la verían más tarde en la televisión. ¿Había sucedido esto realmente? Ningún jugador del Barcelona, estos purasangres del fútbol altamente entrenados y extravagantemente recompensados, había reaccionado a tiempo frente al tiro de esquina lanzado con premura. Fue entregado como si estuviera entre un grupo de chavales en un callejón. Una jugada de esas que quien la hace en el barrio sabe que madrugó a los demás y se va rápido a festejar, para luego validar él mismo su acción con sus camaradas.

Los catalanes estaban avergonzados, completamente deshechos. Un solo gol de Messi (o de cualquiera) hubiera ganado la eliminatoria, pero el ruido era ensordecedor y no había vuelta atrás para estos desmoralizados visitantes; Anfield vibraba de alegría. Y con el pitido final, los adultos en los asientos a nuestro alrededor estaban llorando de emoción. Otros, de todo tipo de edades, estaban simplemente aturdidos, estupefactos, con las manos sujetas a la cabeza y los ojos desorbitados. Solo el fútbol puede hacer esto, de vez en cuando. Mover emociones de esta manera, dejarte sin palabras y fuera de control con esa psicosis colectiva y felicidad radiante momentánea, que luego genera raíces en recuerdos, una sensación de

«Gracias a Dios que estuve allí». Más tarde, todo el equipo y el personal del Liverpool celebraron juntos en la cancha lo que había sido una velada asombrosa con un final lleno de cantos, a todo pulmón, frente al aturdido y exhausto Kop. Lionel Messi y sus compañeros se sentaron en silencio y desconcertados en el vestuario.

Cuando por fin se calmó, en esta asombrosa noche, Jürgen Klopp se mostró ansioso por enfatizar a los periodistas locales la combinación de factores que habían llevado a su equipo a esta saga excepcional: «Sabemos que este club es la mezcla de atmósfera, emoción, ganas y calidad futbolística», dijo. «Saca un solo elemento de esto y no funciona». La emotividad y la unión del colectivo había trascendido el vínculo irreductible entre las gradas y el césped. Era justo lo que Messi había temido tras la falla de Dembélé en el Camp Nou. Messi ya era sin dudas el mejor jugador del mundo, pero sin un equipo completamente compenetrado poco pudo hacer el 7 de mayo de 2019. Los fanáticos del Liverpool habíamos asistido a admirarlo boquiabiertos y maravillarnos con él, pero en cambio pudimos celebrar nuestro propio papel en su impotencia. ¿En qué otra parte de la existencia sobrecontrolada de uno hoy en día es remotamente posible presenciar al mejor del mundo, pero también experimentar este tipo de alegría extática en su derrota? Y no tengan ninguna duda de que esta noche memorable y frenética estuvo a la altura de todas esas fantásticas e históricas ocasiones europeas del Liverpool del pasado. Pero, en verdad, fue aún más dulce por el hecho de que el gran Lionel Messi y una ventaja de tres goles no fueron suficientes para desafiar el deseo y la creencia del equipo y la multitud de Anfield.

Posdata: un Mundial y un Messi ganador en números

Retrasado por el test antidoping, Messi fue confrontado vergonzosamente por fanáticos furiosos del Barça en el aeropuerto después del partido en 2019. Uno podría imaginar que una derrota tan aplastante como esta arruinaría algunas carreras en el futuro, y así fue. El técnico azulgrana, Valverde, se fue pronto y tanto a Suárez como a Coutinho les quedaba poco tiempo útil en el FC Barcelona; el gran centrocampista Ivan Rakitic también se escurría inexorablemente del cuadro azulgrana. El propio Messi haría lo propio, tiempo después, en su partida hacia al PSG en Francia. Un año después de la fatídica noche en Anfiel sufrió una derrota aún más dura con su club, la peor como jugador profesional, un humillante revés por 8-2 ante el Bayern de Múnich en la Champions League de 2020 marcada por la pandemia y sin público en las gradas. Pero, insisto en mi hipótesis, nada había dañado más su determinación y confianza que aquella noche en Anfield.

Sin embargo, su cuenta final contra clubes ingleses en competencias europeas fue de treinta y seis apariciones y veintisiete goles, un rendimiento notable. Como ya se expuso con anterioridad, nunca ha jugado para Argentina contra Inglaterra, lo que significó, irónicamente, que el respeto en Inglaterra por su asombroso talento permaneció intacto. Pero Messi finalmente jugó para Argentina en Inglaterra en el verano de 2022, contra Italia en la *Finalissima*, un duelo creado por un acuerdo entre UEFA y Conmebol, avalado por FIFA. Enfrentó a los ganadores de la Eurocopa contra los campeones de la Copa Sudamericana. Parece haber pocas dudas de que el concurso se organizó, al menos en parte, debido a la participación de Messi. Los argentinos establecidos sobre todo en Europa inundaron el estadio de Wembley. El juego en sí fue unilateral, Argentina ganó con comodidad 3-0, pero se sumó al brillo de Messi en Inglaterra y claramente disfrutó la experiencia diciendo: «Fue una final hermosa, llena de argentinos, lo que vivimos aquí fue hermoso».

El hecho de que una Argentina vibrante bajo un capitán inspirado finalmente ganara la Copa del Mundo en Qatar, más tarde ese mismo año, también enterró algunos de los demonios que la Pulga todavía enfrentaba en Argentina. Ver al mejor jugador del mundo levantar el trofeo frente al emir de Qatar, el jeque Tamim bin Hamad Al-Thani, y vestir un *bisht*, una capa tradicional masculina utilizada durante las celebraciones en el mundo árabe, también agregó un brillo más que bienvenido para la FIFA. Un torneo que había estado plagado de cobertura mediática negativa en Inglaterra con preguntas sobre política, corrupción y lavado de imagen por la vía deportiva. Una vez más, el pequeño Leo había conspirado para salvar el día y darle una tonalidad mágica al Mundial, que incluso disfrutamos sobre todo en la final frente a Francia, desde nuestras pantallas.

Como posdata, en junio de 2023 el director de investigación saliente del Liverpool FC, el analista de datos educado en Cambridge Ian Graham, habló en el Festival de Ciencias de Cheltenham en el Reino Unido. Su tema: los méritos relativos, medidos por la ciencia, de Lionel Messi y el portugués Cristiano Ronaldo. Estos delanteros están muy igualados en goles marcados, Botas de Oro y una ventaja para Lionel en Balones de Oro. Pero según Graham, una mirada más profunda a los datos reveló un claro ganador. «Es Messi», dijo Graham a su audiencia. Cuando se clasificó a la pareja, utilizando modelos sofisticados para evaluar su contribución más amplia al éxito de sus equipos, Messi resultó no solo un gran goleador, sino un mediocampista ofensivo de clase mundial único. «Las oportunidades que crea para sus compañeros de equipo son de un orden bastante de magnitud mayor que las de Ronaldo», dijo Graham. «Messi hace dos trabajos de manera brillante. Ronaldo hace un trabajo brillantemente. Esa es la diferencia». La mayoría de los fanáticos del fútbol inglés informados, incluso los que estaban en Anfield en esa famosa noche de 2019, habrían asentido en este punto antes de decir: «Gracias, pero realmente no necesitaba ciencia o números para confirmar eso».

El Paris Saint-Germain, esbozo histórico de una aspiración y una decepción

Patrick Mignon

Traducción del francés por Fernando Segura M. Trejo.

Cuando Lionel Messi llegó al Paris Saint-Germain en agosto de 2021, el club era un universo muy diferente al que conocí a mediados de los años 1980, sin embargo, había una idea plasmada desde su creación, pretender convertirse en una entidad futbolística para proyectar cierta imagen de glamour desde París hacia el mundo. Sobre ese deseo, que fue conquistado parcial y paulatinamente, aún hoy existen embates de visiones entre la comunidad que conforma el club.

Por más de tres décadas, ya casi cuatro, he observado las aspiraciones y las tensiones alrededor del Paris Saint-Germain (PSG). Mi primer acercamiento fue el intento de interpretar en 1985 el testimonio de *hooligans* de la tribuna de Boulogne, aquella que se ubica detrás de uno de los arcos. Frente al drama del viejo estadio de Heysel en Bruselas en ocasión de la final de la Copa de Campeones de clubes de la UEFA —la antigua versión de la actual Champions League—, en la cual los *hooligans* ingleses del Liverpool cargaron contra los aficionados de la Juventus italiana, el saldo fue de treinta y nueve personas fallecidas cuando cedió un muro del recinto. El canal de televisión privado propietario de los derechos de transmisión de la Liga francesa[75] en aquel entonces fue a entrevistar a individuos que no solo se declararon admiradores de sus pares ingleses sino dispuestos a hacer lo mismo. En otras palabras, atacar a grupos rivales para defender, supuestamente, su honor. Ante el estupor generalizado, descubríamos que en Francia también había *hooligans*.

A partir de aquel momento, me dediqué a estudiar la cultura de los aficionados del fútbol en Francia, en particular la del PSG, pero siempre en comparación con diferentes colectivos de apasionados, organizados o no, en paralelo al estudio de los *hooligans* británicos tan en boga por aquellos años 1980, así como otros perfiles similares o divergentes. A la par de colegas como Eric Dunning, discípulo de uno de los mayores sociólogos del siglo xx, Norbert Elias, John Williams, joven investigador en aquella época y actualmente de los más respetados estudiosos de la sociología y la historia del fútbol inglés, junto con varios colegas entre los cuales menciono a Richard Giulianotti en Escocia y al antropólogo argentino Eduardo Archetti, pionero como el resto, él en la exploración de las construcciones culturales en torno al fútbol, la figura antropológica de Maradona, la masculinidad, la violencia en los estadios y las barras bravas, participamos en numerosos encuentros. Nos reunimos en el Mundial de Italia 1990 y en Francia 1998 en seminarios y congresos, publicamos capítulos de libros y artículos académicos en equipo con otros pares. Con algunos proseguimos la aventura por mucho

75. La antecesora de la actual Ligue 1, donde jugó Lionel Messi.

tiempo. Años después me adentraría en comparaciones entre aficionados europeos y sudamericanos en seminarios de la Escuela de Altos Estudios de París (EHESS)[76].

Cuando un sociólogo decide abordar un tema, una de las primeras tareas es despojarse de prejuicios propios y ajenos para acercarse a la complejidad del asunto en cuestión. Fue así que al visitar estadios en Francia, explorar otros horizontes y vincularme con la comunidad que estudiaba estos tópicos, considerados marginales por la academia e interpretados bajo la óptica de la irracionalidad por los medios de comunicación, descubrí la cultura de los grupos ultras, la cual era diferente en gran medida a la de los *hooligans*, con algunos puntos en común.

¿Por qué escribo sobre los ultras y los *hooligans* en un capítulo alrededor de Lionel Messi? Hay una razón que importa, la estrella fue muy celebrada al aterrizar en París, tanto en los días en que fue anunciado como en su debut en el Parque de los Príncipes. Fue precisamente el colectivo de ultras de París (Collectif Ultras Paris), la asociación que hoy aglutina a miembros de diferentes grupos que supieron superar sus antiguas tensiones[77], la que en un inicio fue a festejar la llegada de Neymar al PSG en agosto de 2017, proveniente del FC Barcelona por un pase récord de más de doscientos millones de euros, y posteriormente a Messi cuatro años después, en su transferencia al PSG. El hecho sociológico radica en que fueron ellos mismos quienes primero manifestaron encono contra ambos jugadores, sobre todo desde el inicio de 2023 en lo que constituyó un punto de quiebre. De ahí que vale la pena intentar desmenuzar esta problemática desde una perspectiva histórica.

---

76. Ese es otro asunto que con Fernando Segura M. Trejo y Diego Murzi hemos trabajado, pero con el ánimo de no desviarnos de nuestro tema dejaremos para otras ocasiones.

77. Sobre este aspecto volveré más adelante en el texto.

Los estudios de campo del antropólogo Christian Bromberger realizados a inicios de los años 1990 entre Nápoles y Turín, y en Marsella, una ciudad donde los grupos de aficionados adoptaron rápidamente el estilo militante italiano, nos permitieron comprender lógicas identitarias y pasionales del mundo de los ultras. Ya nos adentraremos en el conflicto con Lionel Messi en particular, pero antes es importante ubicar ciertos imaginarios y patrones de comportamiento.

En unas pocas palabras, los *hooligans* en su versión original británica, como sus imitadores de la tribuna de Boulogne en el PSG —y también otros grupúsculos en Francia con poco arraigo— han sido actores sociales con objetivos de agresividad muy marcados. En su versión francesa, nítidamente vinculados a una ideología de un nacionalismo exacerbado, antiinmigrantes, portadores de símbolos como cruces celtas y un consiguiente gozo por las peleas callejeras. Los ultras, en cambio, presentan mayor diversidad, los hay de diferentes inclinaciones políticas o, por el contrario, su única militancia es por su grupo y por extensión, su club. En cuanto a la agresividad, también varía. No rehúyen al combate físico si son atacados, o a veces lo buscan en determinadas circunstancias, pero no como un objetivo *per se*. Además, son más proclives a la integración de inmigrantes o sus descendientes. Fue así que en el Parque de los Príncipes nació a inicios de los años 1990 el grupo de Auteuil, una aglomeración de jóvenes opuestos espacialmente a la tribuna de Boulougne, y sobre todo a la ideología de los *hooligans*. Auteuil se compuso y se expandió como una afirmación ligada a los suburbios y su diversidad cultural, de origen árabe, caribeño y afrodescendientes, sumados a individuos de piel y cabello claros con una visión antifascista.

De esta manera, el público en los estadios puede observarse como una teatralización expresiva y ritualística de pertenencia social y visiones del mundo. Algunas más dramáticas que otras, porque el Parque de los Príncipes, al igual que cualquier estadio, es visitado por personas que solo van con la intención de vivir una forma de entretenimiento. Pero para los ultras y para sus «camaradas» *hooligans*, para ser lo más irónico posible, los espacios ocupados en las tribunas y las esquinas conforman territorios de tensiones. Ahí donde hay cuestiones de vida, o pulsiones de muerte como veremos, de género —masculino— y de otredad, en una dialéctica donde se delimitan fronteras imaginarias (y reales) entre la idea de «nosotros» y «ellos».

Lo que se intentará narrar a continuación tiene que ver con las imbricaciones de la historia del PSG, el papel de los ultras y su impacto en la etapa de Lionel Messi a partir de un contexto de elementos arraigados que influyeron en la balanza. El actual grupo de Ultras Paris está integrado, por ejemplo, por viejos miembros de Auteuil y algunos más moderados de Boulogne. Quedaron afuera las expresiones antiinmigrantes y los *hooligans* más radicales. En un escenario europeo en el cual el fútbol como negocio-espectáculo es lo que predomina en los estándares, los Ultras Paris supieron moderarse, recuperar un lugar y, podríamos argumentar, ganar su batalla. Aunque no todo el mundo esté de acuerdo y muchas voces han reprobado su comportamiento frente a Lionel Messi, lo que hicieron fue reivindicar su papel imaginado en el destino colectivo de un club. Con su propia percepción, según su visión y los valores que se autoatribuyen, fueron partícipes de forzar la partida del quizás mejor jugador del mundo, pero no el mejor para el PSG, a su entender.

Claro que no podemos otorgar todo el peso de la salida de Messi a los ultras, ya que evidentemente hay otros factores que entraron en juego. Él y su familia no se adaptaron a la ciudad. No encontraron canales de disfrute en sus aspiraciones. El proyecto deportivo no encajó con la etapa de la carrera del jugador posterior al Mundial de Qatar 2022, y tampoco con la del propio club a futuro.

El fútbol es un espacio de pasiones e intereses diversos, lleno de conflictos, acuerdos inestables, contratos legales y morales entre varios actores. Francia se ha vuelto un país de peso mayor en la aldea global de este deporte desde la conquista del Mundial 1998. Aquella selección con su símbolo principal en Zinedine Zidane, nacido en Marsella de ascendencia argelina[78], sumado a jugadores de origen antillano como Lilian Thuram, afrodescendientes como Marcel Desailly, o normandos como Emmanuel Petit, representó la idea de una integración social exitosa. La euforia desatada elevó el fútbol a un rango que hasta ese entonces no había ocupado jamás en la sociedad francesa. Vinieron algunas decepciones ulteriores, pero Francia volvió a ganar el título mundial en 2018 en Rusia, veinte años después, con figuras como Antoine Griezman, Paul Pogba y la nueva estrella, Kylian Mbappé, nacido en París, criado en el suburbio de Bondy, de padre camerunés y madre de origen argelino. No obstante, a pesar de las conquistas y la proyección de las selecciones, a nivel de clubes el palmarés es bastante pobre.

En el momento que se escribe este capítulo, solo un club ganó la Copa de Campeones de clubes en Europa, hoy llamada Champions League, el Olympique de Marsella en 1993. Con la llegada de los cataríes en 2011, el PSG, máximo rival del Marsella, subió a la primera plana de la liga local, pero la aspiración y subsiguiente frustración de no obtener el mayor trofeo para un club en Europa se transformó en una obsesión. En el año pandémico de 2020 se llegó a la final de la Champions League,

---

78. En particular de la región de Cabilia (Kabylie).

no es poca cosa, aunque tanta ansiedad a veces resulta contraproducente. Se pensó, entonces, que con la incorporación de Messi para sumarse a Neymar y Mbappé al poderío ofensivo estarían más cerca. Lamentablemente, aconteció lo contrario en el plano europeo. Para entender la aturdida identidad del PSG y lo sucedido en la recíproca decepción con el capitán de la selección argentina, repasemos un poco de historia.

El nacimiento del PSG:
entre aspiraciones e íconos

El Paris Saint-Germain Football Club fue fundado en 1970. Su creación tenía el objetivo, mediante la fusión de dos viejos clubes, el Paris Football Club (Paris FC) y el Stade Saint-Germanois, de devolver a la capital un equipo de fútbol con suficiente gravitación tras el vacío que había dejado el antiguo Racing Club de France. La primera experiencia no funcionó y el Paris FC se emancipó dos años después, mientras que el PSG se encontró participando en la tercera división. Empero, para 1974 el PSG había ascendido a la máxima categoría y su excompañero (ahora adversario) Paris FC, bajado a la segunda. Desde entonces, el PSG se convirtió en el equipo faro de París. Mucho se debe a la voluntad política de la alcaldía, la *Mairie*, de ceder el Parque de los Príncipes como estadio e incluso posicionarse como sponsor.

Si bien administrado como privado, el PSG fue salvado de la bancarrota con recursos públicos frente a gestiones financieras escandalosas. Su primer presidente, Daniel Hetcher, amigo de celebridades como Jean-Paul Belmondo y otros artistas de renombre, fue separado de su cargo acusado de malversación de fondos en 1978 e imposibilitado de por vida a administrar clubes. En aquellos años, Jacques Chirac, flamante alcalde elegido al abrir las urnas para la administración de París en 1977, decidió apostar firmemente por el proyecto del PSG.

Recordemos al lector que junto con Marsella, el otro club popular por excelencia era por entonces el Saint-Étienne. Un club de raíces obreras que pudo entregar una epopeya en la Copa de Campeones de 1976 cuando llegaron a la final, eliminando en su recorrido al Glasgow de Escocia, al Dinamo de Kiev, al PSV Eindhoven y sucumbir frente al Bayern de Múnich por 1 a 0. En ese equipo, los Verdes (*les Verts*), jugaba el defensor argentino Osvaldo Piazza, reconocido por su entrega, valentía y capitanía de liderazgo.

En la visión de los actores que impulsaron al PSG, hombres de negocios, artistas que frecuentaban el Parque de los Príncipes, como Belmondo, y por supuesto la alcaldía, una ciudad con un fuerte equipo de fútbol podía representar cimientos de capital simbólico, cultural y económico. En 1977 llegaría el primer jugador emblema, nada menos que Carlos Bianchi, el argentino que había sido goleador de la Liga en el Stade de Reims. El público que asistía al Parque de los Príncipes tenía más motivos para entusiasmarse. Bianchi convirtió treinta y siete goles en treinta y ocho partidos en su primera temporada. Fue así que en la era del segundo presidente a partir de 1978, Francis Borelli, el club conoció una fase ascendente. Sin embargo, con Carlos Bianchi como figura, el equipo todavía estaba lejos de pelear los primeros puestos del campeonato. El PSG no pudo mantener a su estrella más de dos campañas, pues necesitaba recibir ingresos y Bianchi se marchó al Racing de Estrasburgo. Todo lo contrario a lo que ha acontecido en tiempos recientes. Por ejemplo, cuando Kylian Mbappé tuvo una temporada memorable en el AC Mónaco a sus dieciocho años de edad y le arrebataron el título al PSG en 2017, el club parisino-catarí lo compró en el mismo año que trajo a Neymar. Cuatros años después, el proyecto atraería a Lionel Messi. Ya llegaremos a esa etapa, por ahora sigamos con el recorrido por el cual queremos transitar.

En 1982 vino el primer título, la Copa de Francia frente al Saint-Étienne, en donde destacaba Michel Platini antes de emigrar a la Juventus de Italia. En 1983, el PSG conservó el mismo trofeo frente al FC Nantes. Conforme iba subiendo la expectativa, el club se convertía en un polo de curiosidad. No solo se trataba de ver al PSG en el Parque de los Príncipes, sino a otros equipos que visitaban la capital y se iban construyendo las rivalidades. ¿A quién no le gusta ganar en París? En consecuencia, la alcaldía y sus socios debían asegurar más espectáculo. La columna vertebral en la temporada 1985-1986 reposaba sobre el portero Joël Bats, el centrocampista de recuperación Luis Fernández y el atacante Dominique Rocheteau. Note el lector que estos jugadores eran parte de la selección francesa y participaron en el Mundial de México 1986. Es decir, el PSG ya podía ufanarse de contar con internacionales. En la siguiente campaña llegó el ansiado título de liga profesional.

Dado el ambiente vibrante en el Parque de los Príncipes, el público fue cambiando. Fue entonces cuando irrumpieron algunos grupos que se comportaban diferente. En una fiebre de imitación de las tribunas británicas, el grupo de Boulogne ya estaba presente. Fue en esa época que descubríamos al *hooliganismo* en París producto de las repercusiones del drama internacional de Heysel, pero también porque eran aquellos que cantaban y levantaban los brazos de forma coordinada. Otro sociólogo que interpretó este fenómeno fue Alain Ehremberg, quien identificó el deseo de adrenalina, consumos y experiencias únicas como parte del *ethos* del *hooliganismo*.

Por otro lado, el ultranacionalismo no era del todo una novedad, las heridas y el rencor de la guerra de Argelia, finalizada a inicios de los años 1960 pero con consecuencias que duraron décadas, estaban a flor de piel en los resentimientos nacionalistas. Siempre es más fácil culpar a otros de las propias frustraciones, y los inmigrantes argelinos en particular servían a los discursos de odio como destinatarios. La identificación del grupo de Boulogne adhería claramente a esta visión que subyacía en parte de la sociedad. No olvidemos que el Frente Nacional, liderado por Jean-Marie Le Pen hizo su irrupción en las elecciones legislativas de 1986. Por lo tanto, así como en la política la ultraderecha se infiltraba en las urnas y en el Parlamento, lo mismo sucedía en el Parque de los Príncipes mediante la tribuna de Boulogne (y también en otros grupos en contra y a favor).

Lo cierto es que después de los eufóricos festejos por el primer título de la liga profesional y algunas buenas actuaciones posteriores, la alta masa salarial y las pretensiones de la dirigencia conducirán a nuevas dificultades financieras. En 1990, el presidente Borelli no podía sostener la situación y fue acorralado para renunciar. Es ahí cuando el alcalde Jacques Chirac, a la postre presidente de Francia en 1995, propone que un nuevo dueño se haga cargo del club. Un acuerdo con la empresa de medios Canal + resulta ser la «solución» al equilibrio de intereses. Con fondos frescos, y con la rivalidad encendida con el Olympique de Marsella, que atravesaba buenas actuaciones no solo en el campeonato sino en el plano europeo, el PSG reclutó a jugadores como Paul Le Guen, el brasileño Ricardo Gomes y David Ginola, un joven promesa del fútbol francés. Un poco después llegarían el guardametas Berard Lama y el liberiano George Wea, quien marcaría la intención de atraer a estrellas mundiales.

El lector se preguntará por Messi, poco a poco nos iremos acercando a su figura, lo que esta reconstrucción permite es traducir un contexto. Los jugadores emblemas del PSG fueron configurándose, en particular desde los años 1980 y la década de 1990, como defensores de una identidad imaginada del club. Básicamente, hay ciertos elementos que resaltan, la calidad técnica, ya sea para defender en un equipo cuyo estilo siempre tendió al juego ofensivo, tal el caso de Ricardo Gomes, la capacidad para distribuir el balón de forma efectiva, como Luis Fernández y más tarde Paul Le Guen, o jugadores letales en ataque, como George Wea. A todos ellos y a otros que más adelante nombraremos se los valoró por la entrega física y simbólica. El público del PSG se constituyó, en sus diferentes vertientes, como amateurs muy exigentes. El compromiso llegaba a opacar, incluso, la ideología racista de los *hooligans*. Recuerdo muy bien hasta qué punto Bernard Lama, hombre de color, era ovacionado por la tribuna de Boulgone por considerarlo un estandarte.

Un punto importante radica en el hecho sociológico de que ningún club que pretenda proyectar grandes aspiraciones puede permitirse no contar con un público fiel y apasionado. La excepción puede ser el Monaco FC, varias veces campeón en Francia e incluso finalista de la Champions League en 2004, pero el no disponer de tribunas pobladas de aficionados bulliciosos lo hace un destino menos desafiante. Un ejemplo claro fue la experiencia abortada del Racing Matra a fines de los años 1980. Un proyecto impulsado por hombres de negocios como Jean-Luc Lagardère y sus socios, quienes ambicionaban crear una entidad que rivalizara con el PSG en París. Si bien realizaron grandes contrataciones —el uruguayo Enzo Francescoli pasó por ahí— nunca generaron una masa de seguidores asiduos, lo cual fue uno de los motivos del fracaso de la empresa.

En cambio, la atmósfera del Parque de los Príncipes que imponía el PSG ya era un diferencial y competía con otros estadios fervorosos del país, Lens, Burdeos, Marsella y Saint-Étienne en particular. En 1993 llegó al PSG otro de sus jugadores emblemas, el brasileño Raí, quien era parte de la selección de su país, un año después campeona del mundo en Estados Unidos. Precisamente, en 1994 el club parisino conquistó su segundo título de la liga profesional, con lo cual estaba generando un arraigo popular cada vez mayor. Por consiguiente, los sectores juveniles detrás de los arcos también vieron movimientos significativos. En oposición a las características ideológicas del grupo de Boulogne, había surgido, enfrente, la configuración de Auteuil con una abrumadora mayoría de habitantes de los suburbios, las llamadas *banlieues* parisinas. Era evidente que entre estos dos grupos surgirían amenazas. Y así fue, se cantaban improperios de lado a lado y se prometían enfrentamientos. El clima escaló y las fuerzas de seguridad pública agregaron más tensión al entorno en sus agresivos esquemas de prevención.

Con impresionantes operativos con grupos de intervención antidisturbios, ir al Parque se convertía en una experiencia de adrenalina. Fue entonces cuando el Instituto de Altos Estudios en Seguridad me convocó para realizar una investigación sobre la situación. Conviví en ese sentido con ambas tribunas para conocer sus posturas, sus identidades y reivindicaciones. Investigación que luego me propuso continuar la Liga Profesional de Fútbol. Aunque no hubo reconciliación posible entre los grupos, se generó una suerte de tregua adentro del estadio. Al menos dejaron de insultarse, cada cual entraba por su sector sin buscar provocar al otro y los cánticos se concentraron en celebrar al equipo. Eso ayudó también a los cuerpos de seguridad, que participaron de las mediaciones y generaron mayor proximidad con los referentes de cada tribuna.

Así pues, un hito en la historia del PSG, que fue celebrado fervientemente y elevaría las expectativas para siempre, fue el primer título europeo. En 1996, el club ganaba la antigua Copa de Campeones de los ganadores de las Copas Nacionales —Copa de Francia, Copa del Rey en España, Copa Italia, FA Cup en Inglaterra, entre otras— frente al austriaco Rapid de Viena. En aquel equipo, del cual quedan postales en los pasillos internos del Parque, destacaban Patrick Loko, Bruno Ngotty y el francoarmenio Youri Djorkaeff, luego campeón del mundo con Francia en 1998. Con ese título, el club se convertía en el segundo equipo francés en ganar un trofeo continental. De ahí la importancia y las aspiraciones ulteriores del PSG. Estoy convencido de que desde aquel entonces la comunidad de la capital se ha imaginado conquistando más copas europeas. De ahí también la frustración que se ha extendido por años. Sin ir más lejos, luego de las celebraciones, ese mismo año disputaría la Supercopa contra el ganador de la Copa de Campeones de Europa, la Juventus, que rodaba alrededor de Zinedine Zidane. En Turín, el PSG fue derrotado por 6 goles a 1 y en París por 3 a 1, con un desastroso 2 a 9 en contra. Estaba claro que más allá de las ilusiones y deseos, lejos estaba el éxito en Francia de poder competir contra los grandes de Europa. Y así sería por mucho tiempo.

Ahora bien, lo que quedaba claro de estos veintiséis años iniciales de vida era la búsqueda de íconos del club. Muchos nombres pasaron, algunos fueron venerados, como Bianchi, Rocheteau, Fernández, Ricardo, Lama, Djorkaeff y Wea, quien por cierto ganaría el Balón de Oro (en 1995) cuando partió al AC Milan, pero el haber pertenecido al PSG ese mismo año llenaba de orgullo a los seguidores del club y la prensa. ¿Cuál fue el siguiente jugador que detentaría este galardón para el club de la capital francesa? Lionel Andrés Messi en 2021.

El año de 1996 fue una bisagra, pues a partir de entonces la presión subió tanto que el club se convirtió en un hervidero, un desfile de entrenadores y jugadores, y con una prensa cada vez más exigente. Saltando algunas temporadas en esta cronología, que no dejaron más que decepciones en cuanto a los objetivos, Canal + apostó por un equipo sumamente ambicioso para el nuevo milenio. El grupo mediático abrió su cartera para generar contratos con Nicolas Anelka, Peter Luccin y Bernard Mendy, entre otros. La meta volvió a ser la conquista del campeonato francés y alguna actuación decorosa en las ligas europeas. Pero veamos qué ocurrió en realidad.

Dada la pobreza de resultados, los dueños convocaron a Luis Fernández, ahora como entrenador, quien hizo venir al argentino Mauricio Pochettino y al español Mikel Arteta. No obstante, se repetiría una constante, que se extendería hasta la etapa de Neymar y Messi. En la ya ahora llamada la Champions League, el PSG se entusiasmó con un 3 a 0 arriba del Deportivo La Coruña, para luego terminar con un 4 a 3 abajo. Ya eliminados, en el siguiente partido de la entonces segunda fase, el entretenimiento para los *hooligans* de Boulogne fue enfrentarse a los ultras turcos de Galatasaray, lo cual provocó un escándalo y mostraba que las rivalidades entre aficionados seguía siendo un asunto de adrenalina y prestigio para ellos, así como de desprestigio para el resto de los actores. ¿Qué es lo que hicieron los propietarios para calmar las aguas y encender las expectativas a futuro? Un joven Ronaldinho, estrella brasileña, fue anunciado como la nueva contratación.

Las actuaciones fueron oscilantes, entre buenas dosis de espectáculo y falta de resultados. No se podía negar el talento en la cancha, pero el equipo carecía de temperamento en momentos claves. Ronaldinho se entretenía en el campo y gustaba a los aficionados de todos los sectores del Parque, pero su inclinación por las fiestas nocturnas molestaría a sus entrenadores. En 2003, el brasileño partía al FC Barcelona, donde escribiría una historia de amor y sería más adelante uno de los mentores futbolísticos para pasarle la posta a Lionel Messi. Hubo muchas contrataciones en el PSG por aquellos años, la lista es larga e incluye al nigeriano Jay-Jay Okocha. Podríamos describir detalles de cada temporada, pero preferimos aquí hacer un balance de época. Canal + invirtió mucho dinero, y su producto no era del todo rentable, al menos no a la altura de las expectativas creadas. Por lo tanto, la decisión fue poner el club en venta.

Nuevas aspiraciones en los papeles: tragedias de *hooligans* y ultras

En 2006, el fondo de inversión norteamericano Colony Capital, la sociedad financiera francesa Butler Capital Partners y banco Morgan Stanley se hicieron de la propiedad del PSG. Por ese entonces, un joven llamado Lionel Messi no solo había surgido de la cantera del FC Barcelona, sino que era la sensación en Europa ante sus estelares actuaciones en la Champions League. Aunque no pudo jugar la final en el Stade de France en París contra el Arsenal inglés por una lesión, la prensa mundial deportiva y la francesa, vehículo de importantes publicaciones como *France Football* y *L'Équipe*, las radios como RTL, RMC y las emisiones históricas de la televisión ya hablaban con frecuencia del argentino.

El PSG, a pesar de sus aspiraciones *fashion*, jugadores como Édouard Cissé, la decoración de sus camisetas y el Parque de los

Príncipes como escenario, lejos estaba todavía de competir en Europa. Por si faltara poco, en noviembre de ese mismo año sucedería una tragedia. La primera muerte en París consecuencia de la violencia en el fútbol. Es importante detenerse aquí. Una derrota en la Copa de la UEFA (la actual Europa League) en el Parque frente al Hapoël Tel Aviv por doloroso 4 a 2 en contra encendió las pasiones racistas y antisemitas. Algunos *hooligans* fueron a cazar seguidores del equipo israelí. En alegato de defensa propia, un policía disparó desde el suelo contra Julien Quemener, un miembro de los Boulogne Boys, con el ánimo de defender a un joven francés que portaba la bandera de Israel y estaba a punto de ser agredido. Quemener falleció posteriormente. Esta muerte conmocionó a Francia. Sin embargo, más allá de la condena generalizada por todo lo sucedido, no se hizo gran cosa por encontrar una solución a las tensiones vigentes.

Además, el PSG cayó en un pozo futbolístico, y la urgencia fue evitar ser relegados a segunda división, algo que se consiguió en las últimas jornadas de la temporada 2006-2007. En aquella época el club que reinaba en el campeonato era el Olympique de Lyon. El PSG parecía, más que nada, un club pretencioso, opaco y hostil.

Los dueños decidieron seguir con contrataciones que lucieran estelares. Llegaron así Claude Makélélé y Ludovic Giuly, este último curiosamente había dejado el FC Barcelona pues había sido desplazado al banco de suplentes por un Lionel Messi cada vez más indiscutible. Todos esos años, el PSG se debatía por intentar calificar a copas europeas y en general quedaba afuera de todo o se colaba a la Copa de la UEFA, en cuanto el Barcelona de Pep Guardiola, con un Messi intratable levantaba la Champions League frente al Manchester United en Roma en 2009. Ese mismo año, anotaba otro gol en una final, frente a

Estudiantes de La Plata en el Mundial de Clubes de FIFA en Abu Dabi, en los Emiratos Árabes Unidos. Unas semanas después, París lo recibía en ceremonia de gala para entregarle su primer Balón de Oro en el premio de France Football.

Mientras tanto, en un duelo entre el PSG y el Olympique de Marsella, en febrero de 2010, una brutal pelea dejó a un miembro de la tribuna de Boulogne inconsciente tras un enfrentamiento con los pares de Auteuil afuera del estadio. Otra muerte era anunciada por los medios de comunicación producto del clima de tensiones en la entidad parisina. La reacción de las autoridades públicas, con la presión del ministro del Interior a la cabeza, fue disolver por decreto a los grupos ultras y a sus enemigos *hooligans*. Por su parte, la dirección del club impulsó el plan de seguridad, llamado Leproux, en alusión al presidente de turno, que imponía la rotación aleatoria en la compra de ingresos y evitaba la aglomeración de grupos en cualquier sector del estadio.

Para la sociedad dueña del PSG las cosas no había resultado como se esperaba. Este nuevo ordenamiento permitía poner el club en el mercado. Qatar Investments Authority manifestó rápidamente sus intenciones. Recordemos que en 2010 el emirato del Golfo logró que se le atribuyera el Mundial de FIFA para 2022. Por lo tanto, desembarcar en París con un proyecto deportivo, y más que nada de *soft power*, servía en gran medida a sus intereses. Se abría entonces una nueva época.

La era de Qatar: cambio de dimensión, Messi como eje referencial

El 30 de junio de 2011, la filial del fondo soberano vía Qatar Sports Investments (QSI) anunciaba la compra del setenta por ciento de las acciones del PSG. Varios de los jugadores de las temporadas pasadas fueron invitados a jubilarse o dejar el club. Nasser Al-Khelaïfi, futuro presidente del club, anunciaba a la prensa ambiciosos objetivos y cien millones de euros inmediatos para nuevas contrataciones. Al-Khelaïfi enfatizaba la importancia de conquistar el campeonato francés, las copas nacionales en juego y la Champions League a largo plazo. Los nuevos propietarios nombraron como director deportivo al brasileño, exjugador, Leonardo, de quien Maradona dijo que no sabía si era dirigente o petrolero. El presidente, cercano a la familia real del emirato, declaraba con frecuencia procurar jóvenes en una búsqueda por el nuevo Messi.

Dado que el propio Lionel Messi era el acervo principal del FC Barcelona más vistoso que se recuerde, vencedores en Londres de otro título europeo frente al Manchester United, y que el PSG era apenas una declaración de intenciones con dinero fresco, la idea era generar condiciones para otros talentos. El argentino Javier Pastore fue la primera contratación rimbombante, cuya firma de contrato se efectuó por cuarenta y dos millones de euros, la más alta hasta entonces en Francia. Ciertos ecos favorables se alinearon en una prensa deportiva ilusionada con el proyecto. Después de todo, la inversión repercutía para una mayor visibilidad a la Liga francesa, bastante alejada del prestigio de la Premier League inglesa o la Liga española, y ciertamente escalones debajo de la italiana y la alemana. Las sumas desembolsadas permitían a Carlo Ancelotti como entrenador, y jugadores como Maxwell y Thiago Motta. En paralelo, QSI se hizo del treinta por ciento de las acciones y se convirtió en el dueño absoluto del PSG; no había que rendir cuentas más que a los intereses del emirato.

De aquí en más, a partir de 2012, el festival de jugadores que desfilaron por los colores parisinos es una lista tan larga que corremos el riesgo de abrumar al lector. Mencionaremos algunos, el atacante argentino Ezequiel Lavezzi proveniente del Napoli, el italiano Marco Verratti, designado como el nuevo Pirlo, la estrella sueca del AC Milan Zlatan Ibrahimovic y el defensor Thiago Silva. El joven prodigio de Brasil Lucas Mora y el golpe de marketing perfecto para aquel momento, el modelo inglés David Beckham.

Paremos aquí un instante, el PSG logra un hito, calificarse a los cuartos de final de la Champions League desde 1995. ¿Qué equipo los dejaría afuera del sueño europeo? El FC Barcelona comandado por Lionel Messi y con un joven Neymar que acababa de incorporarse a la escuadra catalana. Aun así, el 12 de mayo, unos días después, llegaría el tan ansiado tercer título en la liga profesional francesa después de los de 1986 y 1994. El primer objetivo de los nuevos dueños estaba alcanzado en dos años. No obstante, el clima en el Parque de los Príncipes había dejado de ser ruidoso. No había aliento constante que bajara de las tribunas y se veía poco fervor en los festejos. Faltaban los ultras en el escenario.

Afuera del estadio, en la explanada de Trocadero, enfrente de la Torre Eiffel, decenas de ellos, imposibilitados de acceder al estadio, celebraban el título. En su euforia encendían bengalas. A los pocos minutos se encontraban delante de los cuerpos policiales antimotines. La escena desembocó en enfrentamientos, gases lacrimógenos de un lado y lluvia de botellas sobre los uniformados del otro. Todo un escándalo y por supuesto la condena inmediata de los severos medios de comunicación. Yo mismo me preguntaba si mantenerlos afuera del Parque era la mejor medida. Algunos oficiales de la policía, especializados en la gestión de públicos, coincidían en conversaciones privadas en que su administración era más fácil adentro que fuera del perímetro. No poder ingresar les provocaba comportamientos más agresivos en las calles.

Un año después, el PSG obtenía su cuarto título, con el uruguayo Edinson Cavani, contratado por sesenta y cuatro millones de euros, un nuevo récord y el defensor brasileño Marquinhos por treinta y un millones. Tantos billetes colocados en el mercado le valieron una sanción temporal de la UEFA debido a la disparidad entre ingresos y egresos, algo que el club podía permitirse gracias a los fondos del emirato, pero era una clara desventaja para los demás. Sin embargo, el quinto título de Liga se concretaba, el tercero en fila en esta nueva etapa. La sanción financiera duró apenas un año. Así llegaría a París un conocido de Lionel Messi, Ángel Di María, en otra transferencia elevada, por sesenta y tres millones.

Sin embargo, en el plano europeo el techo de los cuartos de final no podía ser sobrepasado. Esta vez la eliminación la consumaba el Manchester City, propiedad de los Emiratos Árabes Unidos, competidores en la geopolítica del golfo Pérsico y ahora también en el fútbol. El FC Barcelona ganaría en aquel 2015 otra Champions League, con una delantera sudamericana compuesta por Messi, Neymar y Suárez. Para Messi se trataba de su cuarta copa mayor de campeones en Europa. Para el club de París, aquel objetivo era una obsesión y el desembolso para nuevas contrataciones no era un problema. La idea de encontrar a un nuevo Messi estaba más vigente que nunca. Fue así como arribó su compatriota, Giovanni Lo Celso, un joven promesa argentino. No obstante, el ambiente del Parque era todo un asunto, pues el público ya no pesaba realmente. Entonces las negociaciones permitieron mediante algunos compromisos, como evitar expresiones de racismo y peleas, el regreso de los ultras reunidos como el Collectif Ultras Paris para ubicarse en la tribuna Auteuil. Los grupos más radicales de Boulogne habían perdido definitivamente la batalla y quedaban fuera de la jugada.

El año 2016, el estadio lucía mucho más animado y la expectativa era muy alta. En octavos de final de la Champions, el PGS se impuso nada menos que por un holgado 4 a 0 al FC Barcelona, con un Di María encendido. Salvo que había que ir a defender el resultado en el Camp Nou. El equipo de Messi, Suárez, Neymar y compañía fue demasiado poderoso en casa y lo tradujeron por la histórica remontada con seis goles incluidos. Una humillación para los *stake-holders* de la empresa parisina. Además, el título local se había escapado a manos del AS Monaco. La decepción era proporcional.

¿Cuál fue la decisión de los dueños? Hacer venir a dos de sus verdugos, Kylian Mbappé del Monaco y la transferencia del siglo, el aterrizaje de Neymar por doscientos veintidós millones de euros. Pero lo que la cartera financiera puede conseguir no desemboca necesariamente en los resultados programados. Si bien se recuperó el título de la Liga francesa y la atmósfera del estadio se tornó vibrante, otra vez hubo caída en octavos europeos de final, ahora frente al Real Madrid. Delante de tantas quejas de otros clubes por el flujo de dinero, la UEFA volvió a la carga e impuso nuevas sanciones. Nadie podía imaginar, sin embargo, que pronto estaría por llegar una pandemia. Tampoco era visible que Lionel Messi fuera a dejar el Barcelona y unirse al PSG. Ambas cosas ocurrieron y es hora de describirlas.

Entre la superación de un techo y la decepción de la MNM

Ya hemos utilizado la palabra «desfile», y es preciso nuevamente recurrir a ella. En primer lugar, obligaciones con la UEFA de por medio, el club se deshacía de altas cargas salariales, se iban Daniel Alves, Gianluigi Buffon, Adrien Robiot, Grzegorz Krychowiak y Giovani Lo Celso, quien a pesar de ser un buen jugador no había resultado el nuevo Messi. Llegaban para acompañar a Mbappé y a Neymar, Mitchel Bakker, Pablo Sarabia, Ander Herrera, Mauro Icardi y el arquero costarricense Keylor Navas. En la liga local, el PSG miraba desde la cima quién saldría en segundo lugar por detrás de ellos. En la Champions League eliminaban al Borussia Dortmund para llegar a cuartos. Los ultras en la tribuna de Auteuil agitaban sus banderas y trasmitían un ambiente ganador hasta que la irrupción de la pandemia paraba el fútbol por unos largos meses. El entonces mayor goleador de la historia del club, Edinson Cavani, recibiría un ingrato adiós en este lapso.

Parece que sucedió hace mucho tiempo, pero cuando regresó el formato de aquella Champions League en Lisboa se jugaron todos los partidos en una burbuja sin público. El PSG pudo avanzar a la final a costas del Atalanta italiano y el RB Leipzig en duelos directos. La final contra el Bayern Múnich terminó con una derrota por un gol e incidentes en París por la decepción, sin dudas la ansiedad generada por el encierro en la pandemia también jugó su papel.

Los magros resultados posteriores y el inicio dubitativo de la liga local exigieron la cabeza del director técnico alemán, Thomas Tuchel. En su reemplazo un viejo conocido del club y de las selecciones argentinas, Maurico Pochettino, de exitosa trayectoria como entrenador, llegaría a París. Sucedió entonces algo que años antes hubiera sido difícil de imaginar. El PSG pudo vengarse de un FC Barcelona con Messi en el campo de juego. Luego de un empate en París, con tantos de Mbappé y el empate por autoría de Lionel, en la vuelta en el Camp Nou Messi abrió el marcador, pero un triplete de Mbappé contribuyó a una victoria parisina por 4 a 1. La aspiración soñada por décadas parecía estar más cerca. Algunos analistas se adelantaban, afirmaban que Mbappé había derrotado a Messi en los octavos de final del Mundial de Rusia 2018, cuando Francia eliminó a Argentina, y ahora con el PSG replicaba su dominio por sobre el argentino. Veían a un nuevo rey antes de tiempo. La inmediatez de las noticias a veces genera juicios apresurados. El PSG derrotaría al Bayer de Múnich en cuartos, otra vez con un Mbappé brillante, y se presentaba el duelo entre los emiratos del Golfo en la semifinal. El PSG se topaba de nuevo con el Manchester City, dirigido por el antiguo maestro de Messi, Pep Guardiola. Ahí se quedaron las aspiraciones de los parisinos-cataríes y unos días después perdían el título doméstico contra el Lille. Dadas las pretensiones, se estaba frente a un nuevo fracaso.

Como ha sucedido durante décadas, incluso antes de la llegada de QSI a París, el anuncio de contrataciones «deslumbrantes» siempre fue usado para renovar expectativas. En el mercado de verano europeo de 2021, la novela romántica de Messi con el Barcelona llegaba a su fin. Para la ilusión de los aficionados del fútbol en Francia y sin dudas para las agencias de noticias, el argentino se decidía por el club de París. El deseo de Nasser Al-Khelaïfi de encontrar el nuevo Messi se traducía por fichar, finalmente, al propio Messi. En términos de estrategia, el contexto era perfecto. Lionel acababa de ganar la Copa América con Argentina en Brasil y el horizonte indicaba que el Mundial de 2022 se encontraba a un año y medio de distancia. Los Ultras Paris fueron al Parque de los Príncipes a rendirle tributo y coreaban su nombre en cada partido. Los medios de comunicación franceses recibían contenido *fashion* para todos los noticieros y columnas de opinión, no solo los deportivos.

Para la geopolítica del *soft-power*, el PSG contaba ahora con tres estrellas cuyos equipos nacionales eran candidatos a ganar el Mundial 2022. Messi-Neymar-Mbappé (MNM), el trío de ataque más mediático del momento. En la Liga francesa, Messi deslumbró con algunas actuaciones y asociaciones con sus pares, habilitó decenas de veces a Mbappé y convirtió goles de antología. Pero en el objetivo que muchos daban por hecho, en la Champions League, se lo vio apagado al igual que al resto del equipo. El Real Madrid los eliminó en octavos con mucho oficio, una decepción sobre todo por la fase en la que sucedió.

El 23 de abril de 2022, el PGS levantó su décimo título en la Liga local, igualando al tradicional Saint-Étienne. Para estas alturas, la exigencia era otra y se produjo el cambio de director técnico. Salía Mauricio Pochettino y el turno era para Christophe Galtier. Hasta ese entonces, la relación entre Messi y el público seguía gozando de buena salud. Era su primera temporada y se le comprendía en su adaptación.

No haremos tan larga la historia, pues entendemos que esta parte es conocida por lo sucedido al término del calendario de 2022. Un Messi que con destellos de genialidades no corría durante los noventa minutos, algo que ningún jugador hace, pero una parte del público y la prensa empezó a sospechar que se guardaba energías para evitar cualquier lesión de cara a su principal objetivo, llegar a punto al Mundial. En lo personal, se entendía que era una forma inteligente de disputar los partidos, al igual que lo hizo en Qatar, pero antes de su partida con la selección albiceleste empezaban a circular esos rumores.

El Mundial en sus detalles está descripto en otros capítulos de este libro. En Francia fue vivido de diferentes maneras. Por un lado, ante los cuestionamientos generales hacia el país organizador había mucha desconfianza al inicio, por otro, a medida que la selección nacional avanzaba se iba generando una mayor expectativa y los medios se concentraban en las performances de Mbappé, Griezman y Giroud como atracciones. Respecto a Argentina, básicamente se hablaba de Messi. Fuera del periodismo especializado, me atrevo a escribir que pocos jugadores eran conocidos para quienes no acostumbran a seguir el fútbol a lo largo del año. Ángel Di María y Leandro Paredes estaban entre los nombres familiares por el hecho de haber sido parte del PSG durante años. Pero se dio, además, la particularidad de que la Selección de Messi, como se la pensaba en Francia, estaba integrada por muchos jóvenes. Esto produjo que al confirmarse la final básicamente se la comentara como un duelo entre el número 10 argentino contra la selección francesa. Obviamente el partido expresó otra cosa. Algunos recordaban el duelo de Rusia 2018 e imaginaban que Francia sería protagonista y dominadora de la posesión. Argentina no solo sorprendió a todos aquellos que pensaban que el poderío se reducía a un jugador. El guion entregó una historia muy diferente. Un equipo argentino mucho más decidido, vibrante y convencido de su objetivo. Mbappé estuvo cerca de arruinar la fiesta sobre el final, pero no fue así. Lionel Messi y compañía pudieron levantar el trofeo.

Al regresar a París, el capitán de la selección sudamericana, ahora campeón del mundo, fue reconocido por sus compañeros y también homenajeado, quizás tibiamente, en el Parque de los Príncipes. Algo empezaría a cambiar desde inicios de 2023.

La reprobación de Messi y Neymar: los ultras se posicionan como militantes

Durante los primeros encuentros, aunque Messi seguía siendo apreciado, se fue instalando un clima distante con el público. Algunos aplausos por sus gestos, pero no se lo vitoreaba desde la tribuna de Auteuil como el año anterior. No se coreaba su nombre. En febrero ganó el premio The Best de la FIFA, lo cual traía todavía más prestigio al PSG, pero la relación se seguía enfriando por ambas partes. Algunas razones fueron futbolísticas y otras, a mi entender, cuestiones de susceptibilidad.

En la escena europea, el PSG se impuso por primera vez en la historia de un club francés frente a la Juventus en Turín. No obstante, no lograron superar en puntos al Benfica al término de la primera fase. Esto, sumado a algunas derrotas en el campeonato francés que no pusieron en riesgo el liderazgo, aumentaba la impaciencia en el Parque. El quiebre definitivo fue la derrota en octavos de final frente al Bayern Múnich, tanto en la ida como en la vuelta. Esos duelos vieron a la sociedad MNM desarticulada. Sin Neymar debido a una serie de lesiones y secuelas, Messi y Mbappé no tuvieron la fuerza necesaria para sacar adelante la llave. ¿Por qué los ultras se ensañaron con Messi y no con Mbappé? En parte, porque no entendían la forma de juego del argentino a sus treinta y cinco años, lo veían viajar con su selección para partidos amistosos y consideraban que no daba toda su entrega al club. Pero también hay otros motivos.

Al recibir reprobaciones y silbidos en los anuncios de las alineaciones, es lógico que Messi sintiera algún tipo de impacto emocional. Su actitud, profesional como siempre, mantenía su exigencia en los entrenamientos al máximo y concentración en los partidos, pero dejó de saludar a la tribuna de Auteuil.

Es irónico quizás. Los ultras lo chiflaban y eso contagiaba a otros sectores del estadio, y cuando el jugador dejó de saludarlos específicamente se ofendieron más. Messi seguía regalando sonrisas a niños en las tribunas laterales bajas. Empero, la indiferencia con los ultras era marcada.

Después de tantos años de observar los comportamientos y reacciones de las tribunas populares, mi interpretación es que Messi fue considerado como objeto de reprobación hacia las decisiones de los dueños. Traer tantas estrellas durante más de una década subió la exigencia, y si bien el club se volvió protagonista del campeonato francés, el objetivo europeo había entregado varios fiascos para las emociones de los ultras, sumados a la apreciación negativa de una parte importante del estadio y la prensa deportiva, en especial la de paneles de televisión.

Regresando al propósito inicial de este capítulo, los ultras se posicionaron como defensores de una causa, el honor del club, según ellos lo entendían. El presidente Al-Khelaïfi también era cuestionado desde las gradas. Desde fines de 2022 comenzó a circular la posibilidad de desplazar la localía hacia el Stade de France en Saint-Denis para aumentar la capacidad de espectadores. Para los ultras, esto constituía una ofensa a la historia del PSG y el vínculo con el Parque de los Príncipes. Por lo tanto, su postura se ubicaba en defensa de la tradición contra el avance de un modelo claramente orientado al *football business*. Estos elementos son importantes para poner en contexto el encono hacia Lionel Messi y Neymar.

El clima se hizo cada vez más tenso. Además de los silbidos constantes, en mayo de 2023 decenas de aficionados fueron a protestar delante de la mansión de Neymar, a quien juzgaban muy poco comprometido. Esta situación, con eco en todos los medios de comunicación, hizo que la seguridad fuera reforzada en los domicilios del brasileño, del argentino y en el centro de entrenamientos del PSG. Los ultras fueron también a manifestarse a la sede para insultar a Messi, Neymar, Marco Verratti, el director técnico Christophe Galtier y el presidente Al-Khelaïfi. Las pancartas decían: «Estamos hartos de los mercenarios», «Hay que echar a Messi y Neymar, hay que echar a Nasser (Al-Khelaïfi)» y otras confirmaban la interpretación de su papel imaginado en el destino del club: «Nosotros somos el PSG», «PSG: ¿a dónde vas?». Los increpados eran expuestos como usurpadores y el rumbo quedaba cuestionado. El club, por ese entonces, anunciaba una sanción disciplinaria de algunos días contra Messi por haber viajado a Arabia Saudita sin el consentimiento de la entidad. Mi hipótesis es que esta medida fue tomada para calmar los ánimos de los ultras y enviar un mensaje al vestuario de jugadores. Estos elementos marcaron la decisión de la estrella argentina de no renovar el contrato más allá de junio de 2023.

Todo esto para decir que el papel de los aficionados es más importante, a veces, de lo que las autoridades desean, aunque sean menospreciados por intelectuales y catalogados como brutos en los paneles de televisión. A lo largo de las décadas, en particular desde la conformación en la tribuna Auteuil, estos grupos han sabido sobrevivir a diferentes circunstancias, mantenerse en la escena y hacer reivindicar su voz.

El PSG levantó su undécimo título a mediados de 2023 en una temporada en la que fue líder desde el inicio hasta la última jornada. En los festejos por la conquista vimos marcharse a Messi y a Neymar en silencio. Unos días después, anunciaba su partida a Miami. Para el comienzo de la siguiente campaña, ya sin él ni Neymar en el cuadro, el PSG lucía más modesto, quizás a la altura de lo que esperaban los ultras. Al menos en apariencia, el equipo se esforzaba por demostrar mayor compromiso. Sin embargo, tendremos que esperar algunas temporadas para no adelantarnos en conclusiones precipitadas para hacer un balance de la era post Messi-Neymar. Habrá que ver cuál es el guion que escribe el propio Mbappé, quien después de una novela acerca de su devenir en el verano de 2023 decidió permanecer en París. Veremos por cuánto tiempo y qué papel jugará; si su desempeño y entrega lo convierten en el jugador más emblemático de la historia del club es algo que deberá ser observado. No lo sabemos, el futuro está abierto a diferentes escenarios.

A modo de cierre, la llegada de Lionel Messi en 2021 encarnó el deseo de los dueños del emirato desde su llegada a suelo francés en 2011. Aunque no se pudo concretar la máxima victoria en el plano europeo, fue reprobado por los ultras y por la prensa, y el propio jugador expresó que no se sintió bien en esta etapa, el ícono pasó por el PSG y, como él mismo lo expresó, fue mientras jugaba ahí cuando se convirtió en campeón del mundo con Argentina. Parte de su recorrido estará por siempre marcado en el registro del deporte por su agridulce incursión parisina.

Messi a través de un caleidoscopio de coberturas periodísticas en París

Ana María Ospina

Martes 10 de agosto de 2021. Tras menos de dos horas de vuelo entre Barcelona y París Lionel Messi aterriza en Le Bourget, el principal aeropuerto de negocios de Europa que está ubicado a doce kilómetros al noreste de la capital francesa. Aunque técnicamente no es oficial su fichaje por el Paris Saint-Germain (PSG), porque falta la visita médica que avale su estado de salud y, por supuesto, la firma del contrato de dos años, ya se da por hecho al tocar suelo francés dos días después de su inesperada despedida del Barça.

Al frente de uno de los parqueaderos de Le Bourget, un importante grupo de camarógrafos instala sus trípodes, pues se dice que es posible que Messi se asome por una de las ventanas del edificio más cercano. Los fotógrafos son un poco más libres y deambulan entre los periodistas y los cientos de seguidores del PSG que logran llegar hasta aquí para decirle *Bienvenue Messi*. Todas las cámaras permanecen encendidas hacia la famosa ventana. Ningún canal de televisión quiere ni puede perderse el momento en que el argentino salude a su nueva afición.

Leo cumple con el primer acto protocolario: se asoma por la pequeña ventana iluminándola con una sonrisa. Levanta el brazo derecho para saludar brevemente mientras que los cánticos de la multitud le sorprenden y le agradan, o por lo menos eso parece al ver la expresión que denota un estado de bienestar interior. Esta imagen puede recordar a la que se ve cada domingo desde la Plaza de San Pedro en el Vaticano, cuando el papa se asoma a la ventana del Palacio Apostólico para saludar a los peregrinos y rezar con ellos el Ángelus. La «misa» de Messi está prevista en los veinte estadios de la Ligue 1, la primera división del fútbol francés.

Viste un pantalón vaquero de color azul índigo y una camiseta blanca con un mensaje escrito en letras negras: *Ici c'est Paris*, en español «Esto es París». Más que un mensaje es una frase que el PSG explota como marca. Desde hace algunos años es pronunciado por el *speaker* o animador del estadio Parque de los Príncipes en cada partido para interactuar con el público, pero este canto nació en realidad en 2001 en el *virage d'Auteuil*[79], un sector del estadio en el que se ubican los aficionados ultras, como se llama en algunos países europeos a quienes apoyan al equipo de forma fanática y sobre todo militante para que el espectáculo en el estadio sea más atractivo con sus banderas y cánticos.

Su nuevo club tiene todo preparado en términos de comunicación mediática. La llegada de una estrella de este nivel debe ser aprovechada al máximo para que el nombre PSG aparezca en la cabeza de la lista de búsqueda de las redes sociales, que se viralice e inunde la agenda informativa.

---

79. En el capítulo anterior se narran la historia y las peripecias de la tribuna de Auteuil en el Parque de los Príncipes.

La noticia de Lionel Messi en París es el tema más evocado por la prensa francesa, relegando a un segundo plano, por lo menos durante algunos minutos, la crisis sanitaria provocada por la pandemia de coronavirus. Un ejemplo de cómo la novedad dicta el orden de aparición en un diario informativo. De todos modos, de eso se trata nuestro trabajo, de contar de acuerdo con nuestro formato lo que rompe con la rutina. Después de meses de informar sobre la COVID-19 y sus consecuencias, el fichaje del argentino da un respiro a lo difícil que puede ser buscar nuevos ángulos para contrarrestar con otro tipo de noticias la tragedia sanitaria y económica que arrastra desde el año anterior esta pandemia, que no solo implica la cobertura de los periodistas dedicados a temas de salud, economía, política, sociedad o ciencia. Los especialistas en educación, cultura o deportes también aportan desde su orilla para una mayor comprensión de una crisis que nos afectó a todos.

Por supuesto, la llegada de Messi al PSG no es del todo comparable con las noticias más importantes de 2021 como la toma de posesión de Joe Biden como presidente de Estados Unidos el 20 de enero o la despedida de la canciller Angela Merkel prevista para diciembre tras dieciséis años de liderazgo de Alemania y sus veintiún años al frente del partido político CDU, pero, quizás, sí la que más eco tuvo en la esfera deportiva, incluso superando a los Juegos Olímpicos y Paralímpicos de Tokio que por culpa de la pandemia en 2020 se disputaron, sin público, en 2021. Si bien un acontecimiento específico no debería sobrepasar en importancia al conjunto de justas que incluyen treinta y tres deportes, entre ellos el debut olímpico del *skateboarding*, la escalada deportiva, el *surf* y el karate, el cambio de equipo de Messi impregna toda la actualidad.

En Francia «La Noticia» es la llegada de Messi al Paris Saint-Germain, mientras que para el resto del mundo —aún más en España— es su salida del Fútbol Club Barcelona después de más de quince años de leales servicios en el más alto nivel, sumados a su etapa de formación en el club catalán. Allí la nostalgia es evidente, una era que termina en la que no se verá más a la Pulga lucir la camiseta blaugrana (a menos que al final del contrato con el PSG se activase la opción de volver para terminar su carrera deportiva). Muchos lo tomaron, en su momento, como «no es más que un hasta luego, no es más que un breve adiós»[80].

Desde el lado que se le mire a inicios de agosto de 2021, Messi al PSG o Messi se va de Barcelona, el asunto hace correr ríos de tinta y decenas de minutos en las pantallas. La mayoría de las redacciones nacionales e internacionales emplazadas en París, incluso las que no siguen la actualidad deportiva, mandan a sus reporteros al circuito para cubrir el fichaje. Numerosos medios de otras latitudes trasladan a enviados especiales exclusivamente para el acontecimiento.

Desde mi trinchera, soy periodista en la redacción de Radio Francia Internacional[81] o simplemente RFI, desde 2018. Me ocupo sobre todo de los temas deportivos, lo que me ha permitido seguir la carrera de Leo, aunque sin un contacto directo con el jugador. Con el director del semanario *El Deportivo* de RFI, Carlos Pizarro, abordamos todos los horizontes de la práctica

---

80. Algo que como ya sabemos no ocurrió en la temporada 2023-2024 para el desgarro emocional de sus admiradores catalanes.

81. Radio France Internationale (RFI) es una radio pública francesa de difusión internacional creada en 1975. Emite en francés y catorce lenguas extranjeras, entre ellas español, con más de cuatrocientas radios asociadas en América Latina y el Caribe, en Estados Unidos y Canadá, que transmiten los programas realizados en París.

profesional y amateur, aunque el fútbol es el más comentado por su valor universal.

Por tratarse de uno de los mejores exponentes de todos los tiempos en esa disciplina, Messi es quizás el futbolista que más «moja prensa», con la ventaja para nosotros de ser hispanohablantes, lo que nos evita traducir sus intervenciones. Otro elemento favorable para nuestra redacción son sus orígenes argentinos ya que gran parte de nuestros oyentes viven en ese país del cono sur. Por eso su arribo al onceno parisino es vivido por nuestro espacio informativo como una oportunidad para seguir aún más de cerca las gambetas del crack.

Lo mismo piensan las quince diferentes redacciones de RFI, cada una delas cuales corresponde a un idioma diferente, en especial RFI en francés que transmite de forma regular los partidos de la Ligue 1. Un equipo de comentaristas se distribuye entre un estudio en la sede de la radio y los estadios que acogen a los equipos enfrentados. En el caso del Parque de los Príncipes, RFI y en general todas las radios francesas y extranjeras pueden instalarse en un pupitre en el lado derecho de la tribuna de prensa ubicada en la parte alta del flanco occidental del estadio. Decenas de pupitres están distribuidos en ese sector. Cada mesa es lo suficientemente larga como para que tres periodistas puedan trabajar al mismo tiempo cómodamente con acceso a red wi-fi de internet, así como a tomas eléctricas para conectar, en el caso de las radios, la consola que permite la transmisión en directo y la conexión con los colegas a distancia.

El objetivo de los comentaristas en el lugar es narrar con pasión los noventa minutos de juego, por eso la mayoría no miden sus decibeles y las voces de todos se mezclan en una torre de Babel, ya que estando en esta parte de la tribuna se puede apreciar la melodía de las lenguas romances como el francés, el español, el italiano y el portugués, de las lenguas germánicas como el alemán y el inglés. La lengua árabe también tiene su espacio lógicamente. La relación entre el PSG y el holding Qatar Sport Investment ha hecho del club un producto internacional de marketing.

Es decir, la narración de los encuentros del PSG es escuchada en muchos países, sobre todo desde que se ha concretado a lo largo de los últimos años el megaproyecto de internacionalización propuesto por Qatar, el emirato de la costa este del golfo Pérsico, dueño del club desde 2011. El paso de nombres como Zlatan Ibrahimovic, David Beckham, Edinson Cavani, Ángel Di María y Gianluigi Buffon encendió reflectores; la alineación de Neymar Junior y Kylian Mbappé los aumentó. La llegada de Messi los dirigió hacia él para convertir a París en uno de los epicentros del mundo futbolístico. «El club y su visión están en perfecta armonía con mis ambiciones. Sé lo talentosos que son los jugadores y el personal aquí. Estoy decidido a construir, junto a ellos, algo grandioso para el club y para la afición», palabras de Messi transcriptas en un comunicado de prensa que el martes 10 de agosto de 2021 difunde el PSG y nos llega como una alerta a los correos electrónicos de los periodistas.

Ese mismo martes, otro medio internacional con el que también suelo trabajar, Claro Sports[82], me solicita una amplia cobertura de su primer día en París. Esto incluye «hacer guardia» al frente del Parque de los Príncipes a la espera de que el astro salude a sus nuevos fanáticos. La hoja de ruta establecida

---

82. Claro Sports es un canal de televisión latinoamericano de origen mexicano dedicado a la actualidad deportiva. Lanzado en 2013 por el empresario mexicano Carlos Slim, forma parte de la multinacional de telecomunicaciones América Móvil, presente en gran parte del continente americano.

por el equipo incluye la visita al médico en la Clínica Americana de Neuilly. Sin embargo, decido permanecer en el mítico estadio porque el que mucho abarca poco aprieta y no quiero correr el riesgo de que otros medios obtengan esas imágenes antes que yo. Nosotros los periodistas entramos en una fase de competencia para obtener «primicias», aunque en el caso de Messi es prácticamente imposible, lo más importante es no dejarse «chiviar»[83].

A las 3:40 pm el encargado de redes sociales del PSG (su *community manager*) publica un vídeo de trece segundos al que titula *Mercato update*. En él se ve una secuencia de imágenes encadenadas con pistas del protagonista como un avión, un balón de fútbol, un jugador con la camiseta de Argentina, un recipiente para tomar mate sobre una mesa de restaurante al lado de dos copas de champaña con vista a la Torre Eiffel, una mano que firma un documento, se ve otra vez a la Dama de Hierro con seis Balones de Oro a sus pies seguida de la imagen del camerino con dos camisetas del PSG: la número 10 de Neymar a la izquierda y la número 7 de Mbappé a la derecha, en el medio una sin número... extractos de la afición cantando *Ici c'est Paris* para terminar con la silueta que deducimos es Messi y la frase *New Diamond in Paris*. Es la confirmación tan esperada del *transfer* oficial, incluso nos enteramos antes por allí que por un comunicado dirigido a la prensa ya que hoy en día las redes sociales son una fuente de información directa que los redactores utilizamos para aumentar nuestra agenda. Por eso es común leer artículos web en los que se incluyen *tweets* y *posts* de Instagram de cuentas oficiales para

---

83. En el argot periodístico, chiviar es anunciar una noticia de última hora antes que otro.

apoyar o alimentar nuestros reportajes en vivo. Pero Messi no asoma cabeza por el Parque de los Príncipes. La cita será al día siguiente para su primer cara a cara con la prensa.

La prensa francesa desbocada por la Pulga

Miércoles 11 de agosto de 2021, un día histórico para el Paris Saint-Germain. 11:08 am, hora de París; como es de esperarse, cientos de colegas solicitan asistir a la rueda de prensa, pero la mayoría de los pedidos son negados ya que el auditorio donde se realiza este «mano a mano» es de limitadas dimensiones. Se ubica dentro del Parque de los Príncipes. Para llegar a él hay que descender dos pisos desde el nivel de la calle. Los periodistas favorecidos se distribuyen en las siete filas de sillones; mitad rojos, mitad azules. Todos, sin excepción, portan mascarilla porque aún es obligatorio en Francia en lugares cerrados debido a la contingencia vigente de la pandemia. Todos, sin excepción, utilizan la cámara del teléfono móvil para inmortalizar este momento.

Messi entra en el salón donde el PSG reúne a la prensa con sus estrellas cada vez que las presenta o después de los partidos para que estas conversen con los periodistas acreditados. Luce un traje con saco y corbata oscuros. Se coloca un audífono para entender las preguntas en francés o inglés; por eso tres traductores están al fondo de la sala listos para replicar sus respuestas en español para los asistentes que no dominan la lengua de Cervantes.

«Estoy muy orgulloso de presentar a Lionel Messi como jugador del PSG. Es un momento fantástico para nosotros», explica el presidente catarí del club, Nasser Al Khelaïfi. Así comienza la rueda, que es seguida en directo por canales del mundo entero. Los periodistas *in situ* no pueden creer estar tan cerca del ícono argentino. Todos quieren hacerle muchas preguntas, pero no es posible, lógicamente, que todas sean atendidas. No hay un orden claro, simplemente los presentes levantan la mano y siguiendo los criterios de prioridad definidos por el equipo de prensa del club solo algunos logran tener el micrófono en su mano. En los clubes identifican muy bien los rostros en las salas de prensa.

«¿Cuál es su sentimiento frente a la idea de jugar al lado de Neymar y de Kylian Mbappé?». Es la primera de la tanda, realizada por el enviado de la AFP, *La Agence France-Presse,* la agencia de noticias más antigua en el mundo y cuya sede yace en París. La AFP mete su gol en términos mediáticos. Lionel Messi se deshace en elogios ante la plantilla y asegura tener muchas ganas de entrenar con ellos. Les siguen otras, más enfocadas a sus ambiciones deportivas como ganar la Liga de Campeones, la famosa Champions League, el principal objetivo con la llegada de los cataríes. «Hay que tener un grupo unido y fuerte, como creo que lo es este vestuario, por lo que se ve desde fuera. También hace falta un poco de suerte, que siempre está o se busca», responde sobre la receta para ganarla, planteada por el enviado de otra agencia de noticias, EFE, de sede principal en Madrid. Nótese la sencillez, pero a la vez la claridad del jugador, quien insiste con conceptos como la unión del grupo y generar las condiciones para conquistar títulos. Él lo sabe muy bien. Acaba de ganar la Copa América en Brasil hace unas semanas con la fuerza de sus compañeros.

Los periodistas de televisión, radio y prensa escrita toman nota en sus cuadernos de las frases más relevantes para difundirlas más tarde en crónicas o reportajes extensos, otros están conectados al sitio web de sus medios para transmitir o transcribir en directo las palabras de Messi. Entre una pregunta y otra se escucha una ráfaga de fotos. Los medios franceses se enfocan en los objetivos deportivos con el PSG en Francia y en Europa, mientras que los medios españoles en la nueva era de la Pulga. Doce preguntas en media hora. Leo está acompañado en la rutina de su «primer» día por su esposa Antonela y sus tres hijos, así como de Pepe Costa, su mano derecha.

Finalizada la ronda, un gran aplauso inunda la sala y un periodista argentino radicado en París se autoriza a gritar: «Messi, Messi, Messi… vamos Leo… ruge Leo, ruge», ante la mirada incómoda de sus colegas, pero que logra sacar una sonrisa al homenajeado. El recién incorporado a la plantilla estelar muestra su camiseta, la cual lleva el número 30, el mismo que usaba cuando empezó como profesional en Barcelona entre 2004 y 2006. El número 10 en la escuadra es potestad de su amigo Neymar, que fue fichado dos años antes por el PSG, en agosto de 2017.

«Estamos contentos y estamos dolidos al mismo tiempo, la verdad que Messi estaba en su casa en el Barça, pero nosotros los argentinos lo vamos a seguir adonde sea. El idioma de a poco se va a adaptar, y aquí tiene muchos compañeros conocidos, es amigo de Neymar, de Paredes… Le va a sentar bien tanto a él como a su familia porque es una ciudad hermosa», nos comenta para RFI un aficionado argentino, que hace parte de un enjambre de admiradores repartidos por los diferentes puntos de la ciudad.

Una multitud de seguidores se agolpa de nuevo a las afueras del estadio, en la que apenas se distinguen las siluetas. Los cientos de periodistas esperan el prometido saludo al público una vez que finalice la visita a su nueva casa. La emoción de los colegas es palpable ya que muchos de ellos son extranjeros, enviados especiales a la capital francesa para cubrir el magno evento. Hasta hace un par de semanas no era imaginable que Messi dejara su acostumbrada vida en Barcelona, el club al que estuvo ligado por poco más de veinte años.

Las cámaras de televisión se instalan diagonales a la puerta principal del estadio, que se abre como un telón para que el actual rey del balompié, como es aclamado, se posicione frente a sus súbditos. En ese instante algunos canales cambian la programación para que sus enviados describan en directo lo que está sucediendo. Messi se sube a una tarima de color azul y rojo desde la que saborea la admiración de la muchedumbre, mientras que los periodistas no escatiman en adjetivos para describir el entusiasmo, el fervor, la locura que desata su presencia, una situación normal por tratarse del jugador más importante del mundo. Messi trata de retribuir a tanta admiración levantando la mano derecha para saludar a los miles de almas reunidas, como si se tratase de una ceremonia de coronación en una monarquía. Con los ojos muy abiertos intenta apreciar a una marea humana que parece no tener fin. Aunque las cámaras que lo graban estén a diez metros, por momentos es difícil distinguirlo, pues el cielo está teñido de humo rojo. El propio futbolista decide bajar de la tarima para acercarse aún más a los entusiastas ultras.

El efecto mediático más allá del fútbol

No solo el Paris Saint-Germain se beneficia con la exposición mediática, la Ciudad Luz parece brillar aún más con la llegada de megaestrellas del balompié. En parte porque los medios de comunicación aprovechan cualquier movimiento de las figuras para crear contenido y atraer nuevos lectores, televidentes u oyentes. Para las publicaciones, programas y secciones especializadas en deportes es sencillo decidir cómo abordar el arribo de Messi, ya que desde hace casi dos décadas siguen su carrera desde los primeros pasos del rosarino en Barcelona; así como sus gestas —triunfos y fracasos— con la selección argentina. Su consagración en el reducido círculo de cracks, jugadores a emular por las nuevas generaciones o a disfrutar, simplemente, de sus pinceladas en la cancha para los amantes del deporte rey.

Si bien la calidad de juego es indudable, no es suficiente para que se lleve por sí solo el título de leyenda. Para trascender ha necesitado también de los medios de comunicación para que su magia fuera vista, analizada y apreciada de forma masiva. Su llegada a Francia es tratada como el hecho informativo más importante de la semana, incluso por los medios que no están necesariamente enfocados en la actividad deportiva, como los periódicos o programas para una audiencia de nicho, es decir, que difunden para un público especializado en una serie de temas determinados. La prensa mundial quiere aprovechar el instante para ganar la gran batalla por la audiencia. Los canales deportivos realizan ediciones especiales en directo en las que se descifran los primeros movimientos de Messi en París, permitiendo a los televidentes la ilusión de participar del evento desde la comodidad de su salón. Por el lado de los medios generalistas, los directores de redacción reúnen a sus periodistas para que propongan un ángulo desde la temática que tratan habitualmente.

Antes de lanzarse a la etapa de observación, investigación, recolección y confrontación de fuentes para escribir una noticia, el tema o los temas que un periodista trata durante el día deben ser aprobados por su jefe de redacción, la figura que se encarga de hacer respetar la línea editorial del medio. Si la redacción cuenta con un gran número de periodistas, solo asisten los jefes de sección a la reunión matutina en la que se definen los temas, el tratamiento que se les dará y el orden de prioridades.

La llegada de Messi a París necesita una escrupulosa mirada desde todos los ángulos, ya que su impacto va lógicamente más allá de lo deportivo. Por ejemplo, en mi caso también colaboro con el noticiero de televisión DW Español cuyo propietario es el canal alemán Deutsche Welle. Para ellos me encargo de cubrir la actualidad francesa que tenga repercusión mundial y que toque de cerca o de lejos a los latinoamericanos. Puede ser de índole política, económica o social, y como el tema «Messi» roza todo ello naturalmente debemos estar presentes.

De parte de la encargada de planificación de DW Noticias recibo un mensaje en el que me solicita disponibilidad para una conexión en directo a las 8:00 pm hora local. Como ya han pasado casi doce horas desde la llegada de Messi a París tengo tiempo para digerir todo lo vivido durante la frenética jornada: el «corre-corre» entre un sitio y otro buscando historias de los fanáticos, las llamadas que realizo a mis fuentes en el club para obtener más detalles sobre su transferencia, el intercambio de información y análisis con mis colegas, de la misma manera que debo sortear un gran número de llamadas de medios de comunicación argentinos, que solicitan mis servicios como corresponsal *ad hoc* para hablar de este momento histórico. Desafortunadamente es imposible trabajar gratis como algunos me lo piden, por más euforia y sentimiento albiceleste que lleve en mi corazón, que aclaro: cuando no juega Colombia, mis buenos deseos van para Argentina.

Me concentro entonces en la conexión para DW Noticias en lo que será el cierre periodístico de mi labor de tan importante jornada. Sé que es una de las informaciones más esperadas por los latinoamericanos, en especial para los que quieren saber los pormenores de su contrato para hacerse con los servicios de uno de los mejores jugadores de todos los tiempos, el cual debe ser estratosférico. No se equivocan. Llamo nuevamente a mis fuentes cercanas al *dossier* para confirmar algunas cifras antes de anunciar en televisión, aunque son números aproximativos ya que ningún equipo de fútbol revela el monto exacto que recibe el jugador cada mes como salario, primas, derechos de imagen... mucho menos cuánto dinero recibe el interesado al firmar el contrato, mejor dicho la cantidad que le queda en el bolsillo después de que esa suma sea repartida entre los intermediarios que hacen posible la transferencia entre clubes o la compra directa de los servicios de un futbolista si este no está libre[84]. Solo que aquí el PSG no le «compró» a Lionel Messi al Barcelona, porque su contrato con el club catalán terminaba y él decidió no renovar e irse como jugador libre al PSG. Claro que la elección envuelve sumas millonarias.

Para los directos, o también llamados vivos, en televisión o radio siempre tengo un cuaderno en el que anoto las palabras claves de la información que debo condensar en unos dos o tres minutos. En pleno aire suelo observarlo para que no se me escape ningún dato. Para este tomo nota sobre los detalles económicos del *transfer* de Messi, ya que es el ángulo elegido durante el consejo de redacción de DW Noticias. Anoto que el entonces

---

84. Jugador libre: un futbolista que no está vinculado a ningún equipo; puede ser porque su contrato terminó y no fue renovado por alguna de las partes. Así que queda liberado del club donde prestaba sus servicios y puede elegir jugar en otro sin que este último deba pagar una cláusula a la entidad de origen.

seis veces Balón de Oro y el PSG acuerdan un contrato de dos años, más uno opcional, con un salario neto anual de treinta y cinco millones de euros, primas incluidas, convirtiéndolo en el futbolista mejor pagado de la plantilla por delante de Neymar. Por fichar recibe, además, unos veinticinco millones de euros.

Media hora antes del directo me coloco en la entrada de la tienda del PSG que se ubica frente al Parque de los Príncipes. Es verano, el sol aún acompaña a los cientos de aficionados agolpados en el lugar con la esperanza de ver otra vez a su nuevo embajador, así ellos mismos hayan identificado horas antes su auto salir del estadio. Su rumbo era Le Royal Monceau, morada temporal de la familia Messi-Roccuzzo. Un hotel cinco estrellas de estilo art déco donde Lionel Messi, su esposa Antonela Roccuzzo y sus tres hijos, Thiago, Mateo y Ciro, pasan sus primeras noches en París. La familia puede disfrutar de un gimnasio y un spa de mil quinientos metros cuadrados, con baño turco, baño seco, sauna y fuente de hielo, además de una piscina de veintitrés metros de longitud, la más larga que existe en un hotel en el corazón de París. Desde su apertura en 1928 otras estrellas se han hospedado ahí. La lista encuentra a Walt Disney, Coco Chanel, Ernest Hemingway, Joséphine Baker, Madonna, Michael Jackson, Robert De Niro, Céline Dion y Christina Aguilera. Esto, mientras a la familia Messi le encuentran su residencia definitiva en Neuilly-sur-Seine, al occidente de París, donde viven las familias más adineradas de Francia.

En cuanto a mi enlace en vivo, la presencia de los fanáticos no me desconcentra, por el contrario, le da más vida. Sin embargo, me alejo un poco de la multitud. Muchos usuarios intentando acceder a la red al mismo tiempo puede complicar mi conexión vía Skype con el estudio de televisión de la DW Noticias en Berlín. Hago una prueba de velocidad de conexión a internet. Me ubico en un lugar estratégico, con un buen fondo en el que se ve claramente el rostro de Messi y una que otra persona salir de la tienda después de comprar por unos ciento veinte euros la camiseta con el número 30. Como la conexión se realiza con el teléfono móvil, mi trípode es liviano y fácil de instalar. Luces, cámara… Se verifica a distancia la entrada de audio de mi micrófono y la salida de sonido de mis audífonos, las instrucciones me las indican en inglés: «*Please move further to your right… Everything looks and sounds good*»[85]… al fondo se escuchan algunas palabras en alemán cuando se comunican entre ellos y finalmente en español cuando ya estoy conectada con el estudio.

La presentadora introduce: «Lionel Messi ya tiene nuevo club. Tras derramar lágrimas en su despedida del Barcelona, la estrella futbolística se prepara para firmar contrato con el Paris Saint-Germain… Ana María Ospina, periodista en París con los detalles del contrato». Miro mis notas para detallar el costo de su transferencia y explicar cómo puede ser rentabilizado por el club durante estos dos años explotando la imagen del argentino tan benéfica para Qatar a menos de dos años de organizar el Mundial de Fútbol en su territorio. El tema de esta conexión es extradeportivo, esta noche es económico y un poco geográfico.

Una gran cantidad de turistas vienen a París y su región para visitar sus monumentos históricos: la Torre Eiffel, el Arco del Triunfo, la basílica del Sacré-Cœur, la catedral de Notre-Dame (aún dañada por el incendio de abril de 2019 sigue siendo prioridad), Montmartre, el palacio de Versailles… a todos estos atractivos se suma, desde este verano, Messi. Para el

---

85. En castellano la indicación es: «Por favor da un paso hacia la derecha, todo se ve y se escucha bien».

aficionado al fútbol, visitar el Parque de los Príncipes para verlo puede ser comparable, quizás, con la emoción del amante de la pintura cuando llega al Museo del Louvre para contemplar a la Gioconda. Algo parecido en sensaciones, algunas más efusivas que otras por el contexto, naturalmente.

Messi al servicio de la albiceleste en París

Antes de sacrificarlo todo por un club, en esta etapa de su carrera la prioridad de Messi es claramente defender los colores de su selección. Su recorrido es muy seguido por los medios de comunicación internacionales, pendientes de su devenir con la albiceleste. Incluso la prensa francesa se ha interesado constantemente por el compromiso del número uno del mundo en todo lo que rodea a su país, incluso antes de ser un jugador de la Ligue 1. Por ejemplo, cuando su compatriota el papa Francisco lo recibió el 13 de agosto de 2013 en el Vaticano, junto al entonces capitán de la selección de Italia Gianluigi Buffon, y días después jugaron un amistoso en honor al pontífice, aficionado declarado del club San Lorenzo de Almagro, el acontecimiento fue ampliamente cubierto por la prensa francesa.

Por nuestra parte, en RFI hicimos toda una cobertura especial de su primer título con la camiseta de la selección mayor de Argentina en la Copa América. Desde una crónica sobre la victoria 1-0 al Brasil de Neymar el 11 de julio de 2021 en el legendario Maracaná de Río de Janeiro hasta la celebración dos meses después con su hinchada. «Dale campeón, dale campeón» coreaban los miles de argentinos presentes en el estadio Monumental en Buenos Aires al ver el trofeo, el más importante hasta entonces ganado por Messi con la selección absoluta, después de aquellos «lejanos» títulos de medalla dorada en los Juegos Olímpicos de Beijín 2008 y el casi olvidado Mundial Sub-20 en Holanda 2005, prácticamente archivados en los rincones de las redacciones.

Más allá del dato deportivo, como periodistas lo que buscábamos ahora era transmitir el sentimiento de un país que respira fútbol, que acabada de imponerse a su eterno rival, el orgullo de quienes lograron una nueva Copa América tras las perdidas en 2016 y 2015 frente a Chile y cuya última conquista remontaba a la edición de Ecuador 1993 con goles de Gabriel Batistuta y el Cholo Simeone para vencer 2 a 1 a México. Desde entonces, a la albiceleste se le escaparon varias finales. En 2004, en Lima el vistoso equipo dirigido por Marcelo Bielsa cayó frente a Brasil en penales luego de tener el partido hasta el último minuto en su favor. En 2007, la talentosa escuadra que incluía a Juan Román Riquelme, Javier Mascherano, Juan Sebastián Verón y en la delantera a Carlos Tévez y Lionel Messi también sucumbió ante un pragmático Brasil, tras un desempeño a lo largo del torneo que hacía de Argentina la favorita. La edición 2020-2021 se trataba entonces de algo muy especial. En primer lugar, acabó con la sequía de veintiocho años sin títulos en el continente, en segundo, era la décimo quinta Copa para Argentina y la primera que se lograba en la era Messi.

Para los festejos en el Monumental, los dirigidos por Lionel Scaloni enfrentaron a Bolivia en el marco de los partidos clasificatorios para el Mundial de Qatar 2022. Corresponsales de la prensa internacional estuvieron todo el día transmitiendo el sentir con entrevistas a personas rumbo al estadio, en el que por cierto no jugaba la Selección desde hacía cuatro años. En RFI recuperábamos parte de esas emociones como color de la cobertura. Además, eran todavía tiempos en los que la pandemia de

COVID-19 no soltaba a la humanidad. Se exigían medidas para ingresar a recintos deportivos, como certificados de vacunación, test antígenos, cubrebocas, y no se permitía un aforo completo. Como antesala al encuentro hubo un concierto con artistas como Luck Ra, Los Totora, Fer Palacio, Jimena Barón y Ricardo Iorio encargados de entonar el Himno Nacional.

La celebración sirvió para recordarles a los auditores lejos del continente americano —como nosotros en RFI— cómo el capitán Messi llevó hasta la victoria a sus compañeros, quienes le agradecieron particularmente por su desempeño y liderazgo. Leo fue el mejor jugador en la Copa América en Brasil, el goleador con cuatro anotaciones, una distinción que compartió con el colombiano Luis Díaz. Y con un máximo de cinco asistencias. En fase de grupos le marcó un gol a Chile, dos a Bolivia, y en cuartos de final hizo lo suyo frente a Ecuador. En total remató once veces al arco. «Necesitaba sacarme la espina y conseguir algo con la Selección. Sabía que en algún momento se iba a dar», aseguró Leo. Podría ser el final feliz de su historia con la albiceleste cuando muchos ya la daban por terminada; sin embargo, el capítulo más hermoso estaba todavía por escribirse. Como anécdota, en el encuentro frente a Bolivia, aquel 9 de septiembre de 2021, Argentina ganó cómodamente 3 a 0 con un triplete suyo. El público lo homenajeó con todo el cariño posible. Un mimo para un corazón que había sido duramente criticado frente a derrotas en el pasado.

Una barrera entre la prensa y «el ídolo»

A menos de pertenecer a un medio de comunicación que pague por los derechos de transmisión de los partidos, para un periodista es difícil acceder a una declaración de Messi en la previa o después de un encuentro. Da la impresión, además, de ser un poco tímido y no disfrutar el ejercicio de responder preguntas. Aunque es muy expresivo con los pies, es reservado con sus palabras. Ha tenido a su ventaja que en muchas ocasiones —aunque no en todas— es el jugador más destacado en la cancha, sea marcando goles o dando asistencias claves, por lo que de él se habla sí o sí. Pero también se ha hablado de él, particularmente en la prensa argentina, como culpable en el «fracaso».

A lo largo de los años, pocas han sido las apariciones de Messi en conferencia de prensa previa o posterior a un partido, así como las entrevistas individuales que ha otorgado. A esto ya nos tiene acostumbrados. Sin embargo, en la ceremonia del Balón de Oro[86] y en los premios The Best de la FIFA, cada vez que los gana pasa por la zona mixta luego de recuperar el trofeo y suelta alguna frase del momento. La zona mixta o zona de entrevistas es el sitio designado dentro del estadio o lugar donde se desarrolle un evento deportivo para que cada reportero pueda obtener la mayor cantidad de voces de los protagonistas del encuentro. En ella el reportero analiza la mejor ubicación para grabar las sensaciones tras el partido o después de recoger un premio. Es el terreno de juego de los periodistas, por eso antes de que pasen por allí los futbolistas se prueban los equipos de grabación.

---

86. El Balón de Oro es el premio anual individual más prestigioso. Fue creado en 1956 por la revista gala *France Football*. Inicialmente estaba reservado a los jugadores europeos, y a partir de 1995 se postuló a los mejores jugadores de equipos europeos sin importar su nacionalidad; es así como el delantero brasileño Ronaldo (Real Madrid) lo pudo ganar en 1997. En 2007 se abrió al mundo entero, aunque hasta ahora nadie que no juegue en Europa lo ha ganado. Desde 2018 el Balón de Oro también se le otorga a la mejor futbolista del año.

Medios de todas las latitudes envían a sus expertos en balompié a Zúrich cuando se entrega el galardón al mejor jugador FIFA o a París para el premio de la revista *France Football* para narrar estas ceremonias. La zona mixta por la que pasan los galardonados está dividida con vallas para separar el tipo de publicación en el siguiente orden: medios audiovisuales, medios radiofónicos, medios impresos y medios digitales. El periodista que llega primero en general queda en la mejor ubicación, que es el centro del espacio dedicado, donde es usual que se paren los jugadores por la visibilidad de los patrocinadores, y los colegas se paran a la derecha o la izquierda a medida que van llegando.

Con Messi, realmente la mejor ubicación es al lado de un periodista que ya haya tenido la suerte de entrevistarlo o un medio que él identifique con facilidad. Leo es fiel a sus conocidos, y son ellos quienes logran a veces sus únicas reacciones. A los demás en ocasiones nos toca saltar las cercas de separación si le vemos pararse al frente de un colega, pues puede ser la única vez que lo haga. Metemos nuestro micrófono para captar las respuestas que le da a otro. No nos queda chance de preguntar, solo de acomodarnos lo mejor posible para obtener la imagen deseada o la declaración oral del futbolista.

Y yo sin poder hablarle...

Como periodista puedo sostener que de alguna manera me ha sido frustrante ser testigo de la magia de Messi en el terreno, de ver todos sus movimientos y gestos durante noventa minutos, con la suerte de disfrutar de ello por lo menos cada quince días en los dos años que estuvo en París, de lo que las cámaras de televisión no siempre captan para sus abonados, de analizar el efecto de sus jugadas en sus compañeros de equipo, así como en los aficionados, de escuchar a mis colegas en directo describir todo ello y no poder hablar directamente con quien provoca todo esto. Además, en París vivió a menos de diez kilómetros de mi ubicación. Con ello quiero decir que ni la proximidad física es sinónimo de oportunidad para entrevistarlo. Lo ilustro con experiencias de campo concretas.

Domingo 13 de noviembre de 2022. Décima quinta jornada de la Ligue 1 PSG vs. Auxerre. Me dirijo al Parque de los Príncipes con la esperanza de que esta vez podré hacerlo, o al menos obtener su breve testimonio en alguna pregunta: sobre todo porque estamos a puertas de la Copa del Mundo y queremos conocer sus sensaciones para la próxima cita orbital. Desde el inicio de temporada el crack tiene un gran nivel, se entiende a la perfección en el campo con Mbappé y Neymar. El público está contento con el contenido de sus partidos, que el año anterior podríamos decir que fue el mínimo esperable.

Diez minutos antes del partido recibo *la feuille du match,* como se le dice en francés a la lista de jugadores retenidos para el encuentro. La oficina de prensa del Paris Saint-Germain la envía sistemáticamente a todos los medios acreditados. Cada vez que la recibo y veo MESSI CUCCITTINI, Lionel Andrés (en Francia se suele poner primero el apellido y en letra mayúscula, también se evitan las tildes), significa disfrutar, a priori, de un gran espectáculo futbolístico y se abre la posibilidad de que pase por la zona mixta.

Sin embargo, entro en una fase de montaña rusa porque si bien los clubes están obligados a que por lo menos sus jugadores pasen, incluso sin hablar si no lo desean, con el PSG rara vez se cumple esta regla. Hasta ahora no se puede asegurar si el club es el que impide que algunos de sus jugadores hablen para no «exponerlos» o si son los propios jugadores los que se rehúsan. Los que más se extrañan en zona mixta y rueda de prensa son algunos sudamericanos. Por ejemplo, la única vez en la que pude entrevistar ahí al delantero uruguayo Edinson Cavani[87] fue el domingo 24 de febrero de 2020, día en el que marcó su gol número doscientos con los colores azul y rojo, convirtiéndose en el máximo artillero del Paris Saint-Germain. El PSG no renovó su contrato y en junio de ese año se acabó su historia parisina tras siete años de buenos servicios.

Un caso similar ocurrió con el mediocampista argentino Ángel Di María. Su último encuentro con el PSG fue el domingo 21 de mayo de 2022. Esa noche el Fideo marcó uno de los cinco goles contra el FC Metz. Aprovechó para agradecer a los ultras por todo su apoyo desde su llegada en 2015 y dejar claro que no quería irse todavía del PSG, pero tampoco le fue renovado su contrato. En esas ocasiones y otras pude estar mano a mano con los protagonistas en la zona mixta. Ni Cavani ni Di María aprendieron del todo la lengua de Molière durante su estadía, por lo que tuve que traducir, varias veces, gran parte de las preguntas de mis colegas franceses. En ese momento éramos solo cuatro periodistas de medios hispanohablantes para cubrir regularmente el PSG en el Parque de los Príncipes. Menos de un año después de la llegada de Messi, esta cantidad se triplicó.

Al finalizar el PSG vs. Auxerre con una goleada 5-0 de los parisinos, unos treinta periodistas nos precipitamos a la zona mixta. Ni rastro de Leo Messi. Me pregunté entonces ¿será que estamos condenados a esperar hasta su último partido en la Ciudad Luz para hacerle nuestras propias preguntas? Lo que sigue,

---

87. Cavani terminó dos veces como el máximo goleador de la Ligue 1: en 2016-2017 (treinta y cinco tantos) y 2017-2018 (veintiocho tantos). Fue elegido dos veces el mejor jugador extranjero de la Ligue 1 (2016 y 2017).

mientras tanto, es realizar la cobertura desde nuestra redacción de RFI sobre el Mundial 2022.

Catarsis de Messi en el Mundial 2022

Nuestro director del programa *El Deportivo de RFI*, Carlos Pizarro, viaja a Qatar para seguir de primera mano la décima segunda edición de la Copa Mundial de Fútbol. Yo me quedo en París para recibir su material y realizar los programas especiales con sus conexiones desde Doha. Su prioridad es seguir a las naciones hispanohablantes clasificadas: en su radar están España, México, Costa Rica, Uruguay, Ecuador y por supuesto Argentina, una de las favoritas al trofeo tan codiciado.

El trabajo de Carlos Pizarro implica asistir a los entrenamientos, a los partidos de esas selecciones y esperar las reacciones después del partido en las ruedas de prensa o en la zona mixta. Lo acompaña su grabadora y su cuaderno de notas, así como la experiencia de casi cuarenta años en el oficio. El nativo de Valencia, España, sabe que algunas reacciones son más difíciles de obtener que otras dependiendo de la selección de turno y su contexto.

Martes 22 de noviembre de 2022. Estadio Lusail. Argentina cae 2-1 frente a Arabia Saudita, el único argentino en ilustrarse esa noche es Messi al marcar de penal, y sobre todo, al ser el único en dar la cara en la zona mixta para hablar de este inicio catastrófico para la albiceleste. «Parece un Messi diferente con la prensa, no es el mismo al de la época del Barça en la que seguramente estaba muy protegido», me dice agradablemente sorprendido Carlos Pizarro, «nos mostró una paciencia infinita para hablar con los medios, con todos, incluso después del varapalo frente a Arabia».

Pero ni Carlos ni otros colegas *in situ* se entusiasman del todo con la idea de tener a Messi después de cada partido, les parece que es una anomalía, quizás producto de la inesperada derrota frente Arabia Saudita. No obstante, conforme Argentina avanza en la competencia, Messi se acerca más a la prensa. La mayoría de las veces el capitán es el único en pasar por la zona mixta, detenerse y responder todas las preguntas. Según las reglas de la FIFA, por lo menos tres jugadores deben hablar ahí después de un partido. Argentina es una de las pocas selecciones que prefiere pagar una multa a cumplir la regla. Esta vez, en Qatar, Messi decide enfrentarse en todos los partidos al juego de preguntas y respuestas. Se frotan las manos los periodistas que por primera vez logran colar una, a pesar de seguir su recorrido, algunos, desde la época del debut con el Barcelona, o vaya saber desde cuándo para los medios sin derechos de transmisión desde sus estrenos con la Selección.

En este momento de su carrera no descarta ningún tema, por polémico y extradeportivo que pueda ser para el estilo de alguien que prefería expresarse con las mínimas palabras. La más clara ilustración es el día en el que tuvo el encontronazo con el neerlandés Wout Weghorst, al que todos sabemos que le dijo en plena entrevista en directo con la cadena de su país TyC Sports «¿qué mirás, bobo?… andá pa' allá», luego del choque de cuartos de final entre ambos equipos. Pues bien, para los periodistas presentes en Qatar, incluido Carlos Pizarro, fue un deleite cada partido de Argentina. Cada encuentro tuvo dosis altas de adrenalina, un Messi descomunal en la cancha y generoso en la zona mixta. ¿Qué más podían pedir los enviados especiales?

Domingo 18 de diciembre de 2022. Estadio de Lusail. Final de la Copa del Mundo 2022: Francia, defensora del título y Argentina en busca de su tercera corona. Con ese paquete nos preparamos en RFI para cubrir el gran día. La presión es para ambas naciones, pero quizás los ojos del mundo están más puestos sobre lo que puede ser el último Mundial de Messi, su última oportunidad por levantar el único trofeo que le falta a su vitrina. Por eso, sea cual fuere el resultado, hasta los medios franceses tienen en sus objetivos una reacción pospartido del rosarino. El desenlace no hace falta describirlo. Tal vez la final más dramática de todos los tiempos. Al menos de las que me ha tocado cubrir en mi oficio, ya sea desde estudios, en mi casa o en algún pupitre de estadios. La albiceleste vence a *les Bleus* desde el punto penal desatando una histeria colectiva tanto en Qatar como en los más de dos millones de kilómetros cuadrados de la República Argentina repartidos en las montañas de los Andes, las praderas en las pampas y la vista al océano Atlántico. Con esa ansiada Copa, Messi ya puede confirmarse, sin objeciones, como inmortal. Es curioso, para nuestro trabajo sobre el Mundial es el único de su equipo en dedicarles tiempo a los periodistas.

Mi compañero y director del magacín *El Deportivo de RFI* me relata que en un principio el capitán y sus acólitos pasan eufóricos y sin detenerse por la zona de las entrevistas, coreando «somos campeones», tomando champán y desbaratando los carteles publicitarios. Pero después, Messi, fiel a su comportamiento en Qatar 2022, regresa para responder a las preguntas de los medios, incluso de los más pequeños y en esa categoría podemos incluir a la redacción en español de RFI.

Está claro que en este Mundial Messi tuvo la madurez de dosificar las fuerzas para dedicarle tiempo a la prensa, responderle a todo mundo y no de cualquier manera. Durante muchos años, la mayoría de sus respuestas en la zona de entrevistas después de un partido o de recibir un trofeo fueron escuetas, cortas y predecibles. Algunos colegas tenían la sensación de que, por ejemplo, una misma frase podría utilizarse varias veces en diferentes momentos, es decir, «copiarse y pegarse» en radio o prensa escrita a lo largo de años, sin que el oyente o el lector se percatasen de que ya había sido utilizada. Por supuesto ningún colega serio lo ha hecho porque es contrario a la ética del oficio.

«Yo veo una metamorfosis en él. Es muy diferente al Messi del Barça, quizá porque llegó allá muy joven y se le protegió. Es más sincero, incluso más nostálgico, porque le vimos emocionarse un par de veces y yo nunca lo había visto expresar así sus emociones. Es un Messi más humano con el que se puede conversar como lo estamos haciendo tú y yo, antes no era así. Viene a significar un poco que está cerca de despedirse, de jubilarse, no sé si está contando los días o los años que le quedan como jugador profesional y desde mi punto de vista busca reconciliarse un poco con la prensa, con la afición…», concluye mi colega de la redacción en París, Carlos Pizarro. Todo ha sido excepcional, pero Messi ha derrotado a Francia y tiene que regresar a principios de enero de 2023 a París.

El último tango de Messi en París

Del otro lado de la frontera de *La France* muchos no comprenden por qué el fútbol de Messi ya no seduce a los parisinos. Desde su regreso de la Copa del Mundo los aficionados del PSG le reprochan, supuestamente, un bajo nivel deportivo, sobre todo «su falta de amor por la camiseta» y «su desconsideración por la afición».

Después de cada partido, ganen o pierdan, es habitual ver a los jugadores acercarse a las gradas para saludar a los presentes, como cuando se baja el telón de una obra y los protagonistas salen para recibir los últimos aplausos. Messi ya no lo hace y con el paso de los meses se abre una brecha entre los aficionados y el ídolo.

Su «desdén» ha aumentado desde su regreso de Qatar, nos dicen a RFI los ultras parisinos, es una de las razones para silbarlo. La primera vez que se escucha el abucheo al unísono es durante la visita del Olympique de Lyon al PSG. Domingo 2 de abril de 2023, el Parque de los Príncipes se exaspera con el juego «insípido» de la Pulga, muy diferente al visto días atrás durante el parón internacional en el que jugó dos partidos de exhibición contra Panamá (2-0) y Curaçao (7-0) ante un público extasiado ante los cuatro goles marcados por él en estos dos encuentros de su selección. El Paris Saint-Germain cae por la mínima diferencia ante Lyon en un partido en el que el ídolo argentino pierde veintiséis balones… Esta es la octava derrota del PSG este año. La culpa no es solo de Messi, por supuesto, pero el sector considerado como ultras quiere señalar a un responsable, al que «nunca se defiende o se disculpa», si tenemos en cuenta que al no hablar con la prensa después de un partido la pregunta sobre su relación con la afición se queda sin respuesta.

A los periodistas nos toca contar la historia con lo que vemos en el estadio, una escuadra sin alma, un campeón del mundo que parece jugar sin pasión y es abucheado sin compasión. Sin poder obtener una reflexión del afectado, la defensa viene de su entrenador, Christophe Galtier: «Me parece que los silbidos son muy duros, porque Leo es un jugador que da mucho», y agrega, «Leo lo intentó, tuvo éxito en algunas cosas, algunas situaciones. ¿Fantasma? No comparto su opinión. Cuando hay que dar la vuelta a una situación, Leo es capaz de entregar el balón adecuado para hacer un pase decisivo o marcar con un golpe de genio. Nunca pensé en sacarlo».

El propio Galtier es quien confirmará el jueves 1 de junio la salida de Messi del club parisino al terminar el contrato de dos años previsto al final del mismo mes. En dos días será «su último partido en el Parque de los Príncipes. Espero que sea recibido de la mejor manera posible», responde ante los rumores de su salida hacia el Barcelona, el Inter de Miami o algún equipo de Arabia Saudita. Este anuncio es altamente comentado, analizado y debatido en todos los medios franceses.

Sábado 3 de junio de 2023, PSG vs. Clermont, último partido de Leo vestido de *rouge et bleu* (de rojo y azul). Hago mi llegada al Parque de los Príncipes tres horas antes del silbato inicial con el objetivo de palpar el ambiente. No es la misma fiesta del verano de 2021, está claro. Pero la afición y los periodistas queremos ver un poco de la magia del que lleva en su espalda el número 30 durante sus últimos noventa minutos en una cancha francesa. Además, esta noche el PSG celebra su undécimo título de la Ligue 1, todo un récord. Esta noche también se despide el defensor español Sergio Ramos. Para él, los ultras parisinos ubicados en la tribuna popular norte sacan una bandera gigante en la que se lee «Ramos gracias por todo». Para Messi, solo pitos al escuchar su nombre o al tocar el balón. Nosotros desde la tribuna imaginamos el malestar que vive porque desde el terreno todo se escucha. Es tan fuerte que durante las transmisiones radiales se filtran y los narradores deben explicar para quién van dirigidos. Al presenciarlo siento que es una falta de respeto a uno de los mejores exponentes del balompié de todos los tiempos.

«Lo idolatran como jugador, pero nunca los seguidores de París se enamoraron de Messi. No lo silban por ser Messi, sino por lo que representa Messi: frialdad. De pronto si pasa por la zona de entrevistas entiende el mensaje que le están enviando. Lo que da en el césped Messi no lo da en la comunicación ni a los aficionados ni a los periodistas», dice decepcionado Gary de Jesús, periodista francés corresponsal de la agencia de prensa inglesa Stats Perform, con quien me cruzo regularmente en el Parque de los Príncipes. Durante la entrega del premio The Best 2022, este colega obtuvo reacciones de Messi tras recibir el premio, según él, porque tuvo la fortuna de estar ubicado al lado de un medio argentino (ESPN). En el Balón de Oro 2021, en cambio, tuvo que saltar algunas barreras de separación entre los medios de comunicación presentes porque Messi paró a dar declaraciones en un solo punto. «Recuerdo que fue una locura, los que no estábamos en el lugar en el que él decidió parar corrimos con nuestros micrófonos y nuestras cámaras hasta ese punto para tener el audio y la imagen del protagonista de la noche». A excepción del Mundial 2022, sus apariciones ante la prensa son tan raras y pueden ser tan virales que vale la pena aguantar pisotones, estrujones o que te falte un poco el aire.

El rendimiento menguante se confirma esta noche con la derrota ante Clermont (9° en la tabla) por 3-2. Sin embargo, ya el PSG es campeón así que los festejos del título inician en el centro del campo. La tribuna de prensa se desocupa poco a poco porque es la última oportunidad de conseguir una reacción de Leo Messi. Unos cuantos periodistas van hacia la rueda de prensa del entrenador Galtier, los más optimistas como yo nos dirigimos hacia la zona de entrevistas. Y ahí estamos Gary y yo, apostando con otros sobre si pasa o no pasa. Por mi parte yo guardo la esperanza, porque les recuerdo a mis colegas que tanto el delantero uruguayo Edinson Cavani

(2013-2020) como el mediocampista argentino Ángel Di María (2015-2022) hablaron ante los micrófonos tras jugar el último partido, y les recuerdo que ambos nos evitaron durante años.

Mal augurio. Inicia la ceremonia del título con el regreso al césped del equipo y el staff, cuando Neymar, Lionel y Galtier son llamados para levantar el trofeo son abucheados por el público, por lo que, imaginamos, los tres regresan a los vestuarios y no participan en la vuelta de honor. ¿Se van a casa? ¿Hablar con la prensa está en sus planes? Ahí estamos a la espera de una reacción de ellos, o del club. Una hora después aparece el arquero italiano Gianluigui Donnarumma. Aprovechamos para preguntarle sobre el último partido de Ramos y Messi a lo que responde: «Estoy orgulloso de haber estado en el mismo equipo que ellos. Son leyendas, escribieron la historia del fútbol. Les deseo lo mejor para el futuro».

El guardameta es el único parisino en pasar, por lo que pierdo la apuesta con mis colegas. Messi se va de París sin una palabra sobre sus setenta y cinco partidos disputados ante el micrófono de RFI en español, por lo que considero que mi trabajo de dos años queda incompleto. Fiel a su proceder, días después de terminar la temporada les otorga la última entrevista en exclusiva a dos diarios catalanes, *Sport* y *Mundo Deportivo*. Les abre las puertas de su casa a las afueras de París. Entre otros asuntos, da la respuesta a lo que muchos franceses se preguntan, incluidos nosotros, en los medios de comunicación. Le preguntan si estos dos años en París han afectado la decisión final de no continuar. Su afirmación es clara: «La verdad es que fueron dos años donde yo no era feliz, donde no disfrutaba, y eso afectaba mi vida familiar, donde me perdía cosas de mis hijos, del cole. Yo en Barcelona los llevaba, los iba a buscar. Acá lo hice mucho menos que en Barcelona o en el compartir actividades con ellos. Un poco mi decisión pasa por ahí también, por volver a, entre comillas, reencontrarme con mi familia, con mis hijos y disfrutar del día a día»[88]. Porteriormente agradece a Dios y explica que para esa altura de su carrera presta atención más allá de lo deportivo, que aclara le interesa y mucho, pero las dimensiones familiares y el bienestar son mucho más importantes en esta etapa.

Estas palabras fueron retomadas por la prensa francesa, así como la decisión sobre su próximo destino. Un contrato de dos años en el Club International de Fútbol Miami, conocido como Inter Miami, copropiedad de David Beckham. Los detalles del contrato de dos años no son públicos. Sin embargo, se pueden destacar tres posibilidades de ingresos económicos adicionales al pago de su salario. Por un lado, Messi recibirá un porcentaje por los nuevos suscriptores a la plataforma de *streaming* que transmitirá sus partidos. Por otro, recibirá dinero por las camisetas que venderá el Inter de Miami. Por último, tendrá la posibilidad de ser accionista de un equipo de la Liga de Estados Unidos al finalizar su carrera deportiva. Otro destino le espera, donde tal vez el entorno lo lleve a ser más comunicativo con la prensa, como lo fue en el Mundial 2022.

---

88. Tomado del sitio web de *Sport* del 07 de junio de 2023. Entrevista exclusiva del subdirector de este diario de Barcelona, Albert Masnou, en: https://www.sport.es/es/noticias/barca/lee-entrevista-exclusiva-messi-88425567.

La consagración de Messi en los estadios y las calles de Doha

Fernando Segura M. Trejo y Diego Murzi

A las 11:00 del 22 de noviembre de 2022, horario de Doha, el público se dirige masivamente al estadio Lusail, el imponente escenario recubierto con una capa color dorado, acorde con la fastuosidad del país. De la moderna estación del metro, a unas cuadras del recinto, descienden cientos de argentinos. Los pequeños que sujetan de la mano a sus padres portan en su mayoría camisetas de Messi. En paralelo, se acercan miles de jóvenes saudíes con casacas y banderas verdes con las espadas del reino. Cantan con fervor. Entre sus entonaciones al unísono se puede distinguir con fuerza el sonido de Allah. A su lado caminan algunos hombres mayores con túnicas blancas impecables y sonrisas en sus rostros.

Argentina debuta contra Arabia Saudita a las 13:00 en un día soleado con un intenso cielo azul. Unos meses antes, el 1 de junio, la albiceleste se floreó en la Finalísima disputada en el estadio de Wembley en Londres, que enfrentaba al campeón de la Eurocopa 2020-2021, Italia, con el triunfador de la Copa América, Argentina. El 3 a 0 fue contundente. Lionel Messi,

Ángel Di María, Rodrigo de Paul y compañía se lucieron para el delirio de los clamorosos hinchas argentinos.

El invicto de treinta y seis partidos conduce naturalmente a imaginar que el debut contra la selección árabe será un trámite. En el césped aparecen las banderas de los equipos y en el medio una gigante réplica de la Copa del Mundo, el anhelo absoluto de Messi y sus seguidores. El himno argentino resuena. En las pantallas se puede leer en las expresiones faciales de los jugadores: «O juremos con gloria morir». De la misma manera, las estrofas se entonan con pasión en las gradas. Acto seguido, suena la versión saudí. Los protagonistas ostentan posturas que combinan quietud y rigidez. Entre el tupido color verde que aglutina en las tribunas a los fieles se realizan saludos marciales.

El estadio reviste en su interior un techo plateado brillante con más de ochenta y ocho mil almas en una atmósfera vibrante. Argentina toma rápidamente la iniciativa. A los pocos minutos, Messi apunta al arco y el guardameta alcanza a desviar el remate. Instantes después, en el cobro de un tiro de esquina, el árbitro es llamado por el VAR[89] y un penal es marcado debido a una carga a Leandro Paredes. Messi se acomoda, respira y ubica el balón a la izquierda del arquero. A los diez minutos Argentina se posiciona 1 a 0. Los hinchas se abrazan. Su ídolo acaba de estrenarse con el pie derecho. En Rusia 2018 falló su penal en el duelo inaugural contra Islandia y luego el recorrido del equipo argentino en esa Copa acabó siendo decepcionante. Aquí todo hace presumir que el desenlace será favorable, quizás ampliamente. Se percibe una sensación de confianza en el público argentino.

---

89. En su versión en inglés significa *video assistant referee*, es decir, sistema de video de asistencia al árbitro.

El encuentro prosigue su curso, aunque con una secuencia de infortunios. El juez de línea levanta primero la bandera de *off side* ante una definición cruzada de Messi producto de una escapada por derecha. Las pantallas apostadas en las alturas muestran en imágenes 3D la silueta recreada adelantada de las rodillas hacia arriba con respecto a la línea-frontera cuando recibió el pase. El sistema funciona por sensores que detectan la ubicación de los cuerpos a partir de cámaras en los techos, que a su vez transmiten la información al centro de operaciones del VAR. Minutos después, Lautaro Martínez anota de emboquillada. En el estadio se grita el gol que parece plasmar justicia a la intención argentina. Sin embargo, el árbitro es solicitado vía micrófono. El *check* semiautomático proyecta un fuera de juego a partir del brazo izquierdo del delantero.

La escuadra argentina persevera en sus intentos. Messi filtra una habilitación para Martínez, quien esta vez elude al guardameta y la empuja a la red. Empero, el banderín del juez de línea está levantado. No vale. Los saudíes celebran. Cuando los jugadores argentinos mueven el balón, desciende una imponente silbatina. Son muchos y opacan a los sudamericanos. Así y todo, ambos equipos son aplaudidos cuando concluye el primer tiempo.

En los programas televisivos y en redes sociales se hizo posteriormente viral el enojo del entrenador de Arabia, el francés Hervé Renard, al reprochar a sus dirigidos su exceso de respeto por Argentina y la admiración por Messi. Les preguntó en forma de grito si no querían tomarse una foto con él. Algo cambió en ese vestuario.

De entrada, al promediar el tercer minuto de la segunda parte, Saleh Al-Shehri, casaca número 11, se escabulle y define cruzado frente al Dibu Martínez. Arabia empata para el delirio de sus aficionados. A partir de ahí, una abrumadora dosis de energía empuja a la tribu verde con sus gladiadores. En otro asedio, tan solo cinco minutos después, Salem Al-Dawsari, el talentoso número 10, recupera el balón de espaldas, hace un recorte de cintura, gambetea y saca un disparo en diagonal que se incrusta en el ángulo. El aullido de alegría es proporcional al estupor argentino.

Durante más de treinta y cinco minutos, el equipo y el público penan por encontrar una reacción eficaz. Ensayos desesperados de parte de los jugadores. Lo que prima es la impotencia. Lo mismo sucede con los aficionados que rodean a uno de los cronistas en Lusail. Unos se muerden los labios, otros levantan las manos y las llevan a la cabeza. Dispersos, no pueden entonar del todo cantos organizados. El bullicio árabe inunda el aire y lo torna una caldera. Es cierto que Messi y compañía no cesan de intentarlo, pero cada ocasión salvada por el arquero Mohamed Al-Owais hace vibrar al campo saudí, el cual parece destinado a la victoria. Y así será. El partido termina 2 a 1 en favor de Arabia. El lenguaje corporal de los futbolistas argentinos es elocuente, entre petrificados e incrédulos. En las tribunas prevalece la misma sensación.

Dos patrones de repercusiones sobresalen respecto a la actuación. El júbilo de la parcialidad del reino, que se expandirá durante días, incluye la burla directa hacia Lionel: «¿Dónde está Messi, dónde está Messi?» También preguntan «¿Quién es Messi?». Alguno llega a decir frente a cámaras: «Messi ya está terminado»[90]. No obstante, el mensaje inmediato del capitán argentino es el de serenidad y llamado a la confianza para cada periodista que lo encuentra en el pasillo, la zona mixta: «Lo

---

90. Las expresiones usadas por saudíes que circularon en pantallas y redes sociales por doquier fue: «*Where is Messi?*», «*Who is Messi?*» y «*Messi is finished*».

vamos a levantar más unidos que nunca [...] Es una situación que hace mucho no nos tocaba pasar. Ahora tenemos que demostrar que somos un grupo de verdad». Lo interesante es que Messi apela a los hinchas, a quienes sabe dolidos: «Le pedimos a la gente que confíe. Este grupo no los va a dejar tirados. Vamos a ir a buscar los otros dos partidos, sabemos que estamos obligados, pero ya hemos jugado partidos de esta característica y lo vamos a ir a hacer bien». Con sabiduría incorporada, reconoce que «estas cosas siempre pasan por algo».

La situación indica que al término de la jornada la albiceleste se encuentra última en su grupo, con cero puntos, debajo de México y Polonia que empataron sin goles. Los saudíes lideran el grupo. Sin embargo, la performance de una de las selecciones favoritas a levantar la Copa no fue lo único que se cuestionó. En redes se criticó la falta de aliento. Algunos lo atribuyeron a la composición del público argentino presente en el estadio, con poca proporción de habitués de las tribunas domésticas. Lo cierto es que del martes al sábado 26 de junio, fecha del encuentro contra México, mucha ansiedad corre ante la posibilidad de quedar eliminados.

Por esos días en Doha la marea de mexicanos inunda el moderno asfalto con su algarabía, sombreros de mariachis y la ilusión de vencer a la quizás no tan poderosa selección sudamericana. Pero también, poco a poco, se empieza a percibir en las calles un mayor caudal de camisetas argentinas, tanto de la Selección como de diversos clubes.

El duelo se anuncia caliente en todos los sentidos. Dentro y fuera de la cancha. Por parte de FIFA hay algo de preocupación por la reputación de dos aficiones no tan solo apasionadas, sino susceptibles y con cierto pique entre sí. Nuestras fuentes en Doha nos confirman que hubo incluso una reunión entre las embajadas, la cual incluyó funcionarios de la seguridad de cada Estado. Por el lado argentino, personal del Ministerio de Seguridad, por el de México representantes de la Guardia Nacional, además de integrantes del Comité Local de Organización del Mundial. Es decir, una alerta en cuanto a posibles choques o altercados.

La lealtad y el fervor de ambas parcialidades han sido una constante en las últimas décadas. Miles y miles se hacen presentes cada cuatros años en las Copas del Mundo para alentar a su selección. Cada clan con sus rituales. Uno característico en varias hinchadas argentinas, trasladado al contexto de los mundiales, es la organización de banderazos previos a partidos claves. Y en una cita mundialista todo encuentro lo es. Se aglutinan en algún punto urbano neurálgico —centro, hotel, estadio— para demostrar su compromiso, pasión y apoyo contundente. En Doha, el viernes 25 de noviembre lo realizan en el perímetro del mercado Souq Wakif. Copan literalmente la parada, apostados en una intersección de calles peatonales munidos de bombos, trompetas y banderas. Lo que puede lucir espontáneo para el clamor del arquetípico amante del fútbol, cantar y saltar eufóricamente, se convierte en una escena de admiración, en especial para árabes e inmigrantes del sureste asiático.

«Vamos Argentina, sabés que yo te quiero, hoy hay que ganar y ser primero. Esta hinchada loca deja todo por la Copa, la que tiene a Messi y Maradona. Ponga huevo y vaya al frente Argentina, ponga huevo y vayan al frente jugadores...» es una de las que más resuenan. Desde una esquina, uno de los autores de este capítulo observa cómo empiezan a encenderse cámaras de medios de comunicación y se multiplican las filmaciones espontáneas con teléfonos de las personas que pasan por allí, y de los mismos hinchas argentinos. Quienes están presentes entienden muy bien que están siendo filmados. Los invade la ilusión de trasmisión energética hacia su escuadra... y de paso de glorificación de sí mismos. Una bandera de varios metros circula por encima de las cabezas, otro ritual típico de estadios argentinos. La invocación a Maradona, por otra parte, está siempre presente: *«¡Olé, olé, olé, Diego, Diego!»*. El repertorio es amplio y los «extranjeros», si bien no pueden emular las palabras, atinan a mover sus cuerpos al son del ambiente, y son aceptados e incorporados al ritual de aliento. Messi es colocado en estandarte salvador: «Vení, vení, cantá conmigo que un amigo vas a encontrar, que de la mano de Leo Messi, todo' la vuelta vamos a dar...». Además, hay una melodía que se luce como novedad: «Muchaaachos, ahora nos volvimo' a ilusionar, quiero ganar la tercera, quiero ser campeón mundial...». En ella se hace alusión a un Diego celestial, que los hinchas imaginan al lado de sus padres alentando a Lionel.

Al día siguiente la cita arranca varias horas antes del partido. Un nutrido grupo vestido con camisetas de clubes, Chacarita, Tigre, Nueva Chicago, Boca Juniors, Argentinos Juniors, River Plate, Racing Club e Independiente de Avellaneda, San Lorenzo, Huracán, Excursionistas, Almirante Brown, Colegiales, Colón y Unión de Santa Fe, Newell's Old Boys, Rosario Central, Belgrano, Talleres e Instituto de Córdoba, Gimnasia y Esgrima, Estudiantes de La Plata, San Martín de San Juan, Vélez y en la lista se nos pierden muchas más, sumadas a cientos de casacas y banderas con los nombres y rostros de Maradona y Messi desencadenan el ritual. Suben al moderno metro y parten antes de las 19 hacia Lusail. ¿Dónde se hospeda toda esta juventud de perfil futbolero? Es una pregunta que nos surge y de la cual obtendremos alguna respuesta en unos días. En el trayecto se topan con mexicanos, que sin estar organizados en forma de hinchada se trasladan al epicentro con entusiasmo. No hay incidente alguno en el camino, solo algunas burlas de un lado y otro, así como pronósticos exagerados. La parcialidad mexicana cree —más bien desea firmemente— que su equipo dará un golpe futbolístico.

Frente a México: el aliento futbolero y restablecimiento de una ilusión

A las 20, en las afueras del Lusail, ya se escuchan los bombos de la afición argentina junto a ese cantito que se jacta de tener a Messi y a Maradona, y prosigue con convicción: «este año tenemo' que dar la vuelta», luego cierra con el cambio de entonación indicando que vienen a Doha a ser campeones[91]. A medida que empiezan a poblarse las sofisticadas entradas del estadio, con los lectores de códigos para los celulares, el paso por los detectores de metales y las escaleras laterales, se hace también presente el sentir de los mexicanos: «¡México! ¡México!», vitorean. Ya adentro, uno de los cronistas se ubica en la parte superior, el otro está en el sector inferior. Cada uno detrás de una portería.

Desde la panorámica alta impresiona cómo un impactante grupo de hinchas argentinos se coloca detrás de un arco. Falta más de hora y media. Comienzan efusivamente a cantar y saltar al estilo de un estadio de su país. La estética es de tribuna futbolera. A muchos se los vislumbra descamisados, revolean sus prendas, saltan de manera coordinada.

---

91. La frase dice: «No' vinimo' todo' a Doha a ser campeones». Claro que el significado sin eses (s) es en realidad: «Nos vinimos todos a Doha». En otra modalidad, todos vinimos a Doha a ser campeones.

Varios agitan banderas de sus clubes. Los bombos dan mayor eco a la performance. Uno de los autores de este capítulo vio cómo en un sector el aluvión de hinchas entró en manada y desplazó sin cortesía a una serie de mexicanos. Llama la atención la forma de ubicarse, pues supuestamente en los padrones de un Mundial todos deben estar en sus asientos numerados y sentados. Aquí no es el caso. El incrédulo personal de logística, denominado *stewards*, no sabe qué hacer. Algunos en apariencia se comunican con sus superiores. Otros tratan de pedir ingenuamente a los hinchas argentinos que se sienten. Ante la actitud rebelde, inferimos que la orden es dejarlos en la medida que no causen incidentes. Un enfrentamiento televisado sería demasiado negativo para la imagen.

En la parte superior del mismo eje, a los pocos minutos, ya se armó otra importante aglomeración con el mismo estilo. No deja de asombrar cómo generan clima, cantan y se desplazan de un lado para otro: «Esta es la banda de la Argentina, que está bailando de la cabeza, se mueve para acá, se mueve para allá, esta es la banda más loca que hay». El resto del estadio, mexicanos, árabes, paquistaníes, indios, incluso argentinos en otros sectores y quien esté presente en Lusail, miran atónitos.

En el polo opuesto se agrupa a la porra, concepto usado para la afición mexicana. Entre ellos hay algunos argentinos y una bandera muy representativa del espíritu que ha permeado en el fútbol, la imagen de Maradona haciendo jueguitos con la pelota en su cabeza y la frase: *Su risa en todas las fotos de 1986*. Solo que del lado derecho está representado un soldado, dirigiéndose probablemente a su ocaso. No es casualidad que en las líricas más populares del Mundial una estrofa exclame: «De los pibes de Malvinas que jamás olvidaré»[92]. A todo esto, las luces del estadio brillan. Suena AC/DC con el hit *Thuderstrack* y el ambiente absorbe a las más de ochenta y nueve mil almas.

La emoción es desbordante cuando ingresan los equipos. Suenan los himnos con una vibración de orgullo replicada por cada tribu en las tribunas. En el duelo, los aficionados mexicanos se les animan a sus pares. Aunque todo parecía indicar que serían mayoría y la visibilidad panorámica los reconoce en masa, los agrupamientos argentinos detrás del arco y los miles de camisetas albicelestes —muchas lógicamente de seguidores de otros países— los supera. De todas formas, la parcialidad mexicana grita: «Y ya lo ve, y ya lo ve, somos locales otra vez».

Cuando el partido da inicio, se palpa la emoción generalizada de estar asistiendo a un duelo histórico. Para Argentina se trata de torcer el traspié de la derrota frente a Arabia y encaminarse hacia el sueño. Para México, de la posibilidad de asestar ese golpe tan anhelado y asegurar prácticamente la clasificación a octavos. Empero, transcurren los minutos y se teje un desenlace trabado. La lucha es cuerpo a cuerpo. Cada vez que un jugador mexicano roba, intercepta o detiene un avance albiceleste, se ruge en la tribuna decorada de verde y rojo. Se respira un aire tenso y el planteo conviene a los intereses de la escuadra mexicana comandada por el Tata Martino. La situación provoca agrado en la parcialidad azteca. En la medida en que Argentina no anote, la ilusión crece. Frente a pases que no generan el mínimo peligro hacia el arco rival los mexicanos claman «Ole, ole», con el ánimo de celebrar a los suyos y trasladar nervios al otro «lado».

---

92. Por «pibes» se entiende aquí a los conscriptos, soldados de dieciocho años que fueron enviados a la guerra de Malvinas mientras hacían el servicio militar o eran llamados de urgencia de batallones desde calurosas provincias del noreste al frío glacial de las islas.

Messi se muestra activo, pero no puede desbloquear los muros defensivos. Pocas llegadas, ninguna con claridad, salvo conexiones argentinas por las bandas que terminan con imprecisiones. México intenta golpear con un tiro libre de Alexis Vega, portador de la casaca número 10, detenido en un salto de tinte fotográfico por el Dibu Martínez. La fervorosa hinchada argentina no cesa: «Vamo', vamo' selección, hoy te vinimo' a alentar, para ser campeón, hoy hay que ganar».

Así se va el primer tiempo y se nota un halo de intranquilidad en el público argentino. El empate no es útil y deja a la selección a merced de muchas variables. Todavía faltan más de cuarenta y cinco minutos, pero la primera parte fue un sufrimiento. Da la impresión, empero, de que hay más vitalidad en el ataque albiceleste después de la pausa. Más ritmo, más triangulaciones, y se va generando una mayor asfixia en el área contraria. De las tribunas desciende un contundente pedido: «Ponga huevo, huevo la Argentina, ponga huevo, huevo sin cesar, que esta noche cueste lo cueste, esta noche tenemos que ganar».

En una de las acciones por las bandas, al minuto dieciocho del segundo tiempo —equivalente al sesenta y tres del partido— Enzo Fernández, recién ingresado, abre para Ángel Di María, quien ve sorpresivamente a Messi desmarcado de frente al área. Di María no duda, le entrega un pase que casi roza al árbitro, quien inclina su cuerpo hacia atrás. Messi recibe el balón un poco picado con la pierna izquierda. Acomoda el cuerpo y saca un zurdazo cruzado. Desde las alturas se aprecia cómo la pelota se cuela en la red al palo izquierdo del confiable portero mexicano. A pesar de su esfuerzo, nada puede hacer Memo Ochoa. Una enorme, realmente impresionante proporción del público en el estadio explota en júbilo. Un grito colectivo de desahogo. El sector donde se ubica la hinchada desata una locura. Quienes cargan los bombos, varios de los cuales portan el rostro de Messi, los ubican por encima de sus siluetas. Los miles de árabes y demás extranjeros levantan los brazos. Vinieron a ver al jugador número 10 de rayas celestes y blancas. «¡Meeeessi, Meeeessi, Meeeessi, Meeessi!», retumba en el Lusail. Los aficionados mexicanos se sientan, lo viven como un golpe letal a sus ilusiones.

Francisco se abraza con un amigo en la tribuna. Es el portador de una bandera con la frase maradoniana: «La pelota no se mancha» y la inscripción La Pampa, su provincia natal. El atuendo lo hace portador de pedidos de fotos. La noche deja ver la luna y unas nubes que parecerían despejarse ante la acción de Lionel. Francisco grita: «¡Vamos, carajo!». Entre los abrazos se cuela algo de llanto. Lo mismo mostraría la televisión al captar las lágrimas de Pablo Aimar, el exjugador de élite, ídolo de Messi en su juventud y ahora ayudante clave en el cuerpo técnico de Lionel Scaloni.

El capitán argentino destrabó una situación muy complicada. A continuación, el partido se abre en sus interacciones, pero Argentina se halla segura. Messi tira un caño. En otras palabras, hace pasar la pelota entre las piernas de un rival y es aclamado al unísono. En el minuto ochenta y seis le cede caminando un pase a Enzo Fernández, quien viene por el costado, ensaya unos regates y coloca el esférico al ángulo de Memo Ochoa. Para ese entonces el triunfo está sellado y la angustia previa, esfumada. La parcialidad argentina delira en alegría.

El silbatazo final es el inicio de carnavalescos festejos. Los jugadores se acercan al grueso de la hinchada. Largos minutos de aliento en las tribunas, en los corredores laterales, y la peregrinación se traslada hacia el metro con los bombos y todo el repertorio. Se extiende la noche en Doha y muchos llegan a sus moradas bien entrada la madrugada. Messi dirá, posteriormente, que fue el partido más complicado por todo lo que rodeaba la tensión de poder haber quedado eliminados en primera fase.

Fiesta argentina en Katara y en el 974... de la mano de Leo Messi

El domingo 27 de noviembre, en la soleada tarde en la playa de Katara, en un anfiteatro de estética romana rodeado de restaurantes, cientos de aficionados se acercan a un concierto. El grupo Ciro y Los Persas se presenta en el auditorio a cielo abierto. Aunque el show no es gratuito, a diferencia de tantos espectáculos públicos, esta cita indica un festejo muy futbolero. Andrés Ciro, antiguo cantante de Los Piojos, es autor de célebres canciones dedicadas al fútbol. Uno de los cronistas de este capítulo se hace presente. Le recomendaron mucho asistir. Las banderas colgadas de las paredes superiores, las laterales y las desplegadas entre la gente atestan la cantidad de rincones representados: El Chocón, Escobar, San Bernardo, Mataderos, una de Jujuy con los rostros de Messi y de Maradona, San Juan, Río Cuarto, Avellaneda, Chubut, Salta, Tucumán, General Pico, Mar del Plata, Venado Tuerto. El horizonte se pierde entre tantos sitios plasmados en pliegos. En otro se muestra a un Messi sentado en un trono con una corona y la leyenda *Larga vida al Rey.* También hay «trapos» de clubes, como se los conoce en la jerga.

A diferencia de los estadios, aquí en Katara la audiencia es netamente argentina. Hay una bandera que provoca curiosidad, *La Banda del Barwargento*, con Maradona a la derecha y Lionel a la izquierda. Preguntamos de dónde vienen y nos dicen, «estamos hospedados en el barrio Barwa». Se refieren a Barwa Barahat, un clúster de edificios estilo pequeños monoblocs construido ante la escasez de hoteles en Al Wakra, ciudad vecina de Doha hacia el sur. Eso nos da una pista respecto a la pregunta que teníamos sobre la hinchada.

La pantalla de telón del escenario indica: «Fiesta Argentina en Qatar». Cuando la noche cae y se ilumina el anfiteatro, el público arranca con tributo al capitán: «Que de la mano de Leo Messi, todo' la vuelta vamos a dar, vení, vení, cantá conmigo...». Ciro hace su aparición y la guitarra acompaña al coro de la hinchada. Se entonan luego viejas letras de los años noventa del grupo Los Piojos con la misma familiaridad que los cantitos en los estadios. Una de las líricas dice: «Por siempre serán héroes, nuestros héroes de Malvinas», enumera provincias y prosigue «Desde todas las provincias argentinas los llevaron para hacer una patriada [...]».

Dentro de la euforia que genera el desarrollo de una hora de concierto se produce un parate. Ciro pide al público respetar una pausa de quince minutos. Es momento del rezo y uno imagina que trabajadores musulmanes que dan soporte al show van a sus oraciones. El comportamiento es ejemplar, todo el mundo se sienta y luego se reanuda el espectáculo. No puede faltar la armónica para entonar el Himno Nacional acompañado a capella por la hinchada para dar rienda a la versión rockera que incluye, lógicamente, le mención a la valentía de Maradona para hacer frente al norte de la vieja Italia rica —en sus épocas del Napoli— y al presidente de FIFA, el entonces poderoso João Havelange. «Maradó, Maradó», rima. El juego de luces que ilumina a Katara es la culminación de un fin de semana de festejos. La ilusión ha regresado con vigor. Cuando se cierra la sesión, el público se despide con su clamor de fe: «Que de la mano de Leo Messi, todo' la vuelta vamos a dar».

Sin embargo, para garantizar el pase a la segunda fase sin depender de otros resultados, Argentina debe obtener un resultado favorable en el tercer partido. Aunque *a priori* y por lo demostrado en el segundo tiempo frente a México, la albiceleste debería vencer, Polonia le ganó al equipo sensación de Arabia Saudita por 2 a 0. Con su empate inicial frente México, lidera el grupo con cuatro puntos y cuenta con el delantero Robert Lewandowski, contendiente de Messi en la edición 2021 del Premio Balón de Oro. El partido se desarrollará el miércoles 30 de noviembre en el 974, el modernísimo estadio construido con containers aparentemente desmontables, un escenario visible desde el cercano aeropuerto internacional Hamad como una de las cartas de presentación del Mundial. Marcos, oriundo de La Pampa, se acerca cuatro horas antes al perímetro, cuando ni siquiera las puertas están abiertas. La ansiedad de llegar le comía los nervios. Además, quería ver los espectáculos alrededor del recinto. Antes de cada encuentro se presentan grupos de música, tambores, murales de arte y otros entretenimientos.

Uno de los cronistas coincide en su ingreso con una funcionaria de la organización por parte de la FIFA. La entidad madre del fútbol mundial está al tanto de la intención de los hinchas argentinos, la cual es muy clara… Entrar unidos al estadio y permanecer de pie atrás de un arco sin importar los asientos asignados. A la FIFA y al Comité local les preocupa, pero la decisión es la de no oponerse, solo monitorear. Aquellos hinchas caracterizados que en Argentina forman parte de la lista negra del programa Tribuna Segura, es decir, que no tienen acceso al fútbol por infracciones a la ley, no han podido viajar. Por lo tanto, si bien el público es muy efusivo, no están las cabezas de las barras como en mundiales pasados, México 1986, Italia 1990, Francia 1998, Alemania 2006 y Sudáfrica 2010 en particular. El «folklore» de los aficionados argentinos en Doha no le viene para nada mal a Qatar 2022. Todo lo contrario.

En la previa del cierre de fase de grupos, la música anima el espectáculo en el 974, como en todos los partidos. Una particularidad del Mundial 2022 es que se proyectan canciones con significados para los países que se enfrentan. *Life is Life*, en los altoparlantes tiene una connotación especial. Es recordada por el calentamiento precompetitivo de Maradona realizando jueguitos en la semifinal de la Copa de la UEFA entre Napoli y el Bayern Múnich en 1989 en Alemania.

Como ocurrió en Lusail en los duelos previos, suena cuando los jugadores comandados por Leo Messi hacen su entrada en calor con la melodía de Opus. El menú también introduce *La cumbia de los trapos*, coreada por el público. Parte de la estrofa dice: «borracho, yo voy cantando con mis amigos [...]», entre los acordes, la hinchada agrega: «Selección, vamos selección, selección». Todo esto en un torneo donde se prohibió la venta de alcohol, pero el ritmo de la cumbia villera aumenta la efusividad y el disfrute.

El fervor está listo y el equipo argentino encara otro partido decisivo con un dominio neto sobre Polonia. A los treinta y cinco minutos, una carga ante un salto de Lionel desemboca en una revisión por parte del árbitro en la pantalla a su alcance. Un penal es marcado. El capitán se alista y dispara, pero el arquero desvía el tiro. Hay sensaciones encontradas en las gradas. Marcos rememora que la iniciativa de la Selección era tal que tarde o temprano llegaría el gol. En cambio, uno de los cronistas en el recinto recuerda haber sentido negatividad. El duelo seguía cero a cero y nada estaba garantizado. Llegó a pensar: «Si hace un gol

Polonia, se complica todo». En el otro partido en simultáneo, México le va ganando a Arabia Saudita por un gol. Hasta ahí, Polonia tiene cinco unidades, Argentina cuatro y México cuatro. La diferencia de gol favorece a la albiceleste.

En la segunda parte cambiará todo, con Messi, Enzo Fernández, Alexis Mac Allister y Julián Álvarez particularmente intratables, Argentina arrollará desde el inicio a Polonia. El marcador final será de 2 a 0 con goles de Alexis y Julián. El resultado se queda corto en relación con la cantidad de ocasiones. Alejandro, argentino, residente en Nueva Jersey, casado con Magda, polaca, padres de Ludovico, abraza a Mariano, compatriota residente en San Pablo, Brasil. Detrás del arco, el grueso de la hinchada menea sus banderas y bombos, todos parados en las gradas, ahí donde florea la bandera del Barwargento.

Lo mismo con Messi a la cabeza del grupo. Van a cantar con ellos y se despiden eufóricos. Para el asombro del personal de logística que permanece frente a la tribuna del 974, la hinchada se quedará varios minutos entonando lo que es ya un hit: «Muchaaachoos, ahora nos volvimo' a ilusionar...». Los jugadores se apropiarán de la canción, no solo la entonarán con el público, sino en los vestuarios. Argentina ganó el grupo con seis unidades, seguida de Polonia con cuatro. México quedó fuera por diferencia de un gol y Arabia Saudita se despidió con tres. En su haber, los vecinos de Qatar regresan a su reino con la histórica victoria frente a la albiceleste. La hinchada argentina festejará a lo largo de la noche el pase a octavos. Es natural, el Mundial comenzó muy sufrido. Ahora, de la mano de Leo Messi tiene otra pinta.

Celebraciones en el Barwa, en el Ahmad Bin Ali y el Asian Town

La banda del Barwargento para este entonces ya había desarrollado una serie de hábitos, o rituales si se quiere, entre cábalas y formas de convivencia. Varios de sus integrantes, entre ellos Lorena, proveniente de San Martín en el Gran Buenos Aires, se habían conocido previamente por un grupo de WhatsApp, redes sociales y algunos asados en Argentina, pero el día a día en los departamentos y sobre todo en los austeros espacios públicos del complejo forjó una familia. A Lore, sus amigos le dicen Campanita. Ir a Qatar implicó su primer viaje en avión y lo realizó sola. Su pasión por el fútbol la animó a investigar que si daba con los tiempos, lugares y costos necesarios podía emprender la travesía. Se contactó con hinchas que tenían experiencia en escenarios anteriores, pero ella fue de las primeras personas en reservar hospedaje ahí.

En Barwa, la gran mayoría era argentina. Desde el arribo empezaron a buscarse entre «vecinos» para tomar mate. La expectativa de ver campeón a Argentina era enorme. A pesar del duro golpe inicial asestado por Arabia, no dejaron de creer en Messi y en el equipo, nos comenta Lore. Poco a poco, las parrillas improvisadas fueron alimentando el convivio. La música de cumbia, cuarteto y rock, los cantos y los colores de las camisetas le dieron vida a la estancia. De ahí en caravana a todos lados. En el metro, los días de los partidos desatan verdaderas peregrinaciones futboleras. La sensación de que hay mística tanto en el equipo como en sus propias experiencias les hace sentir que están atravesando momentos únicos. Lore explica que el gol de Messi frente a México en Lusail constituyó el instante que les devolvió el alma al cuerpo.

La bandera del Barwargento, con los rostros de Maradona y Messi, y además, los edificios donde residían representados, provoca locura. El solo hecho de vestir una camiseta argentina en los suburbios de Doha es motivo de camaradería de parte de los residentes locales, léase sobre todo extranjeros del sureste asiático, trabajadores de supermercado, personal de limpieza, intendencia de los predios, entre otros empleos. Pero la bandera estimula pedidos de fotos constantemente. El estandarte se fue convirtiendo en sí mismo en un tótem. Un día, armaron un campeonato de fútbol, al que se anotaron también unos cuantos mexicanos, uruguayos y hasta brasileños. Un jeque, o al menos así lo identificaron por su vestimenta, apareció con botellas de agua para ofrecer. Todo indicaba que era una suerte de administrador o regente del complejo habitacional. Al vislumbrar la bandera se emocionó a tal punto que terminó pagando la comilona de hamburguesas, salchichas y algo de carne. Su recompensa, ser vitoreado como una eminencia por la banda del Barwa. Sin duda un recuerdo inolvidable para ambas partes.

Para la ansiada jornada de los octavos contra Australia, el 3 de diciembre, se juntan como de costumbre en torno a las parrillas. Costumbre obliga. Así transcurre la tarde. Cuatro horas antes del partido, cuyo inicio era a las 22, parten en los autobuses públicos hacia el metro Al Wakra. Ahí se les agregan más hinchas y a medida que pasan las estaciones y conexiones el recorrido suma adrenalina en los saltos y cantos plagados de optimismo. Cuarenta y cinco minutos en el moderno subterráneo hasta llegar al destino Al Riffa-Mall of Qatar, la última estación de la línea verde. La marea de camisetas de la Selección, siempre acompañadas por casacas de clubes, puebla las cuadras de distancia al estadio Ahmad Bin Ali.

Con una capacidad para 45.032 almas, las pantallas anunciarán ese mismo número, es decir, lleno absoluto. Lógico, juegan Messi y compañía por el pase a cuartos de final. El arranque es vertiginoso pero demora hasta el minuto treinta y cinco, cuando una triangulación por la derecha desemboca en un gol del capitán. Es cierto que había anotado en la definición por penales frente a Países Bajos en Brasil 2014, pero esta conquista se traduce en su primer tanto en tiempo regular en una segunda fase de un Mundial. Ergo, un momento especial. Desde que la pelota entra en la red, explota el estadio.

El número 10 corre con los brazos abiertos hacia la esquina, perseguido por las sonrisas de sus compañeros y una vibración indescriptible que desciende de las tribunas. No pasarán muchos segundos hasta que descienda el ya clásico agradecimiento: «¡Meeeeesssi, Meeeesssi!». Cada vez que anota en Qatar parece extenderse más la pronunciación colectiva de su apellido. También se escucha fuerte el: «Vení, vení, canta conmigo que un amigo vas a encontrar...». Da mucha tranquilidad para los presentes irse al descanso con el marcador arriba y un volumen de juego muy convincente.

A los nueve minutos de la segunda etapa, la presión alta ejercida por Rodrigo de Paul sobre el portero Mattew Rayan resulta en el segundo gol del partido —y del torneo— del joven delantero Julián Álvarez. El partido es rico en oportunidades, Lionel Messi conduce los ataques con maestría, velocidad y pausas. La historia debería incluir varias anotaciones más para los de rayas celestes y blancas. Sin embargo, el partido se complicará. Al minuto setenta y seis un disparo del jugador con camiseta número 23, Craig Goodwin, se desvía en Enzo Fernández y distrae al Dibu Martínez. La pelota se cuela: 2 a 1. Minutos después, el lateral derecho, Aziz Behich, irrumpe en el área luego de esquivar a cuatro oponentes y remata. Lisandro Martínez se lanza vertiginosamente al ras y alcanza a desviar al tiro de esquina. Después, Messi habilita al centrodelantero Lautaro Martínez, ingresado en reemplazo del ahora titular Julián Álvarez, pero su remate se va muy alto: era el 3 a 1 que liquidaba todo. En el tiempo adicional, Lautaro consigue apuntalar un fuerte remate tras una exquisita pared con el capitán. El rebote se presenta para el propio Messi, pero la pelota golpea en su pie antes de poder darle alguna dirección.

Un partido que en su desarrollo lucía sereno termina en un susto grande. Llegados los siete minutos del tiempo agregado, un centro cruzado cae por la derecha a Garang Kuol, quien realiza un movimiento de cintura inmejorable y lo posiciona frente al arco. Peligro absoluto de gol y chance nítida para empatar. Dibu Martínez se convierte en salvador con su cuerpo desparramado y su brazo estirado para contener el balón. La acción le valdrá ser aclamado y abrazado en el césped. Hay un profundo alivio para el campo argentino.

La postal en imágenes es la de miles de hinchas parados en las tribunas del Bin Ali revoleando sus prendas. Argentina está en cuartos de final: «Soy argentino, es un sentimiento, no puedo parar, olé, olé, olé, olé, olé, olé, olá, cada día te quiero más…». Los jugadores se aglutinan y empiezan a saltar en mimesis con su fiel público. Van tomando mucho sentido y un aroma especial en Doha las palabras contenidas en «Muchaaachoos, ahora nos volvimo' a ilusionar […]».

Dani Arcucci, periodista de larga trayectoria y biógrafo de Maradona, dirá en el programa *Tertulias desde Qatar* —que comparte con uno de los autores para la señal del Canal 14 del Sistema Público de Radiodifusión del Estado Mexicano (SPR)— que esta versión de Messi es la mejor de toda su carrera. Plenamente en su papel de líder absoluto del equipo. A diferencia de facetas en etapas anteriores incrustadas en puro vértigo, ahora lleva las riendas con cambios de ritmo. Realiza pausas y habilita a sus compañeros, quienes son los que corren, se desviven por recuperar el balón y se desmarcan cuando Lionel entra en comunicación. Un verdadero concierto orquestado por el número 10, quien además de todo sigue añadiendo goles de su autoría.

Mientras tanto, en el Asian Town uno de los sectores de la Ciudad del Trabajo (*Labour City*) en la periferia sur de Al Rayan, a diecisiete kilómetros del centro de Doha, explotan de emoción los cientos y cientos de inmigrantes en el estadio de críquet convertido en un *Fan Zone* de FIFA. Lo podemos imaginar nítidamente debido a los testimonios obtenidos en la visita realizada dos días antes junto con los periodistas argentinos Ezequiel Fernández Moores y Alejandro Wall. Ram, originario de Kerala en la India, nos explicó que su padre le inculcó este amor en 1986 cuando Argentina derrotó a Inglaterra en el Mundial de México. Para miles, tal vez millones de habitantes de la India, Paquistán, Bangladesh y Nepal, la hazaña ejecutada por Maradona les produjo inconmensurable alegría al ver por televisión al viejo colonizador vencido en un terreno de fútbol. Ram forma parte de la mano de obra de las refinerías de petróleo en la zona industrial.

En los comercios que visitamos en el Mall del Asian Town tuvimos diálogos con paquistaníes, indios, nepalís y bangladesíes. En el sector residen muchos de los obreros que trabajaron en la construcción de los estadios. Al enterarse de la nacionalidad de Ezequiel y Alejandro, un vendedor de indumentaria deportiva, originario de Bangladesh, pide sacarse fotos con ellos.

Entre la población que pasea, hace algunas compras, se corta el pelo o envía remesas a su familia, hay también trabajadores de países africanos como Ghana, Uganda y Sudán. El centro comercial es un paraje de convivencia. A unos metros de ahí está instalado el Fan Zone en el impactante estadio. En el campo hay algunas diversiones. El día que nos adentramos no había partido del Mundial, pero sí encuentros de fútbol en desarrollo entre los habitantes del suburbio, juegos de luces que iluminaban el recinto, música de la India e imágenes proyectadas en las enormes pantallas. Ahí se aglomeran para vivir los partidos de la Copa del Mundo 2022. Cuando Argentina juega, el espacio se repleta. Nos comentan que vibran con Lionel Messi y esta selección. Festejan como propias las victorias. Así lo imaginamos frente a Australia y sentimos su emoción en las horas previas a los cuartos de final que ponen a la albiceleste frente a los Países Bajos.

La batalla de Lusail y la caravana de madrugada en el metro

El 9 de diciembre, a medida que los aficionados argentinos se van acercando al Lusail, está en juego el primero de los cuartos final, en el estadio Education City perteneciente a la Fundación Qatar. Brasil y Croacia luchan por su pase a semifinales. De ahí saldrá el rival que le tocaría a Argentina en caso de eliminar a Países Bajos, un viejo conocido en instancias mundialistas. Los hinchas argentinos se detienen en las pantallas de los bares aledaños con el deseo ambiguo de ver perder a sus vecinos sudamericanos, pero a la vez también querer enfrentarlos en semifinales. Brasil ha sido una de las sensaciones del torneo y viene de barrer, sin concesiones, a Corea del Sur. Sin embargo, tanto el primero como el segundo tiempo con Croacia terminan sin goles, lo cual hace que la mayoría ingrese al Lusail mientras el otro partido se va al alargue.

Llegan noticias de un gol de Neymar. La información resulta natural. Brasil es favorito en los papeles. Unos diez minutos después, el público se entera, con sorpresa, de que Croacia ha empatado. Por las pantallas en los celulares ya todo el mundo está pendiente de un desenlace que se definirá en tanda de penales. El primer disparo de la *verde amarela* efectuado por Rodrygo, es atajado. Las ejecuciones de los croatas son impecables. El defensor brasileño del Paris Saint-Germain, Marquihnos, compañero de Messi en ese entonces, estampa su disparo contra el poste y Brasil queda afuera. En las tribunas de Lusail se festeja. Además de la histórica rivalidad, da la sensación de que el camino se allana de alguna manera para Argentina. El público se anima y late con las estrofas de «Muchaaachoos [...]». Cuando se exclama la parte que dice «quiero ganar la tercera», la entonación de «quiero ser campeón mundial» hace vibrar la ilusión.

En las declaraciones a la prensa, el experimentado Louis Van Gaal se animó a cuestionar el liderazgo de Messi en la previa. El partido empieza tenso como se preveía, pero Argentina presenta muestras de tener todas las intenciones. A los treinta y cinco minutos, Lionel conduce un ataque en el que agrupa y marea a la defensa de camisetas naranjas. En medio de sus gambetas coloca un pase filtrado entre las piernas holandesas para Nahuel Molina, el lateral derecho viene a toda velocidad y alcanza a puntearla para abrir el marcador. Las tribunas entran en delirio de tal forma que uno de los cronistas que se encuentra grabando una cápsula a unas cuadras para el Canal 14 de México —en la que informaba de la derrota de Brasil— siente el clamor y afirma, sin duda alguna, que hay gol de Argentina. El otro de los autores se encuentra adentro y asiste a la algarabía *in situ*. Cuando en el segundo tiempo al minuto setenta y dos Messi marca de penal, el júbilo es desbordante. Faltan poco más de dieciocho minutos para asegurar el pase y el 2 a 0 hace pensar que la semifinal está al alcance.

Empero, al minuto ochenta y dos un centro al área es cabeceado por Weghorst hacia la red. El tanto de descuento genera nerviosismo. Hay muchos roces y agresiones entre los jugadores. En el tiempo adicional, transcurren ya los once minutos cuando una falta desemboca en oportunidad para Países Bajos. El cronista en el interior de Lusail teme lo peor, y esto sucede. El tiro libre al ras del piso es capitalizado por Weghorst y trasladado a la red. El partido está empatado y se irá a tiempos extras. El público argentino se toma la cabeza, no puede creer que el triunfo se haya escapado de esta forma.

No obstante, la actitud de los jugadores no merma en el tramo suplementario. Argentina domina en juego y en ocasiones, pero no concreta el gol de la victoria. El partido tendrá que ser definido por penales. El otro cronista que hace guardia afuera se sienta al lado de un grupo de policías que observan desde sus celulares el partido. Los uniformados provienen en su mayoría de Túnez y Jordania y con sonrisas confiesan que desean ver pasar a Argentina. Casi no hablan inglés pero exclaman: «*Messi, the best!*».

El Dibu Martínez ataja primero el intento de Van Dijk. Messi convierte el suyo, el Dibu volverá a contener otro y Lautaro Martínez, quien no había tenido un Mundial a la altura de pasadas actuaciones finaliza la tanda con un certero remate. El festejo es un desahogo brutal. Messi corre hacia el banco de suplentes neerlandés para realizar el gesto del Topo Gigio, en evidente desafío al entrenador rival. En las tribunas el púbico se abraza. El encuentro quedará sellado como «la batalla de Lusail».

Nuevamente, los jugadores van a celebrar ahí donde se encuentra el grueso de la hinchada, donde están las banderas de clubes y los bombos, ahí donde la muchachada late. Se canta por largos minutos. El público en éxtasis se detiene en las escaleras para seguir clamando su fervor. Parecería que quiere quedarse por horas. Argentina está en semifinales. Sufrió para conseguirlo, pero las estrellas del golfo Pérsico siguen iluminando la mística. En la explanada exterior, el cronista que esperaba encuentra en el punto indicado a sus compañeros de *Tertulias desde Qatar*, quienes salieron a puro trote. Graban un bloque del programa que saldrá en unas horas en México con los comentarios frescos. Se abstienen, oficio ayuda, de la adrenalina que vivieron hace unos instantes [93].

Se empieza a desconcentrar el estadio en una interminable fila que lleva hacia la estación, vallas de metal de por medio y personal de logística con señalizadores. Los hinchas ya no parecen cantar, más bien rugen de emoción. Suena más fuerte que nunca la estrofa que indica: «y al Dieeego, desde el cielo lo podemos ver, con don Diego y con la Tota, alentándolo a Lionel». Mientras tanto, el propio Lionel atiende a la prensa y se produce el «altercado» en el que dirá en una entrevista en vivo: «¿Qué mirás, bobo? Andá pa' allá», una frase que rápidamente ingresa en el panteón de la cultura popular argentina, además de ilustrar memes y camisetas. El destinatario es Weghorst. Afuera, la marea que va accediendo al metro prosigue con un verdadero carnaval. Ya son las 3 am y no paran de ingresar a la estación

---

93. El programa del 9 de diciembre está disponible en la página de YouTube de Canal 14: https://www.youtube.com/watch?v=GSy1n682eAs&list=PLQbf mX0RP0ZMohWFpHec6q1Ii-nTbMWPS&index=13.

torrentes enloquecidos con sus canciones, en particular, claro está, la de «Muchaaaachooos...». A esta altura es la melodía sensación del Mundial. Es fácil distinguir a los argentinos, ellos entonan las letras; los paquistaníes, indios y otros aficionados abren los ojos con sus sonrisas atónitas frente a lo que ven, pero sobre todo registran con sus celulares la peregrinación exultante. Todo aquel que está ahí quiere guardar un recuerdo de lo vivido. Lo comprendemos, no es común que tal magnitud de expresividad se materialice en Doha.

Lusail de fiesta: «Quiero ser campeón mundial»

Al día siguiente de la batalla futbolística entre Argentina y Países Bajos, Marruecos elimina por 1 a 0 a Portugal. Se desata también una algarabía impresionante. El mundo árabe celebra. El equipo del norte de África acaba de hacer historia. Las bocinas de los automóviles hacen tanto ruido que es imposible conversar en las calles de Doha. En el siguiente partido, Francia despachará a Inglaterra. Las llaves están completas. Argentina versus Croacia en el Lusail y Francia versus Marruecos en el Al Bayt, el más «alejado» de los recintos, a treinta kilómetros de la capital.

Los días que transcurren muestran menor densidad de aficionados en las arterias urbanas, mucho menos que las dos primeras semanas. De los aluviones de mexicanos ya no quedan más que puñados que hacen compras y algunos, a pesar de la frustración por su selección, expresan el deseo de ver a Messi levantar la Copa. De los saudíes queda el recuerdo jovial. Los brasileños que también nutrieron con importantes contingentes se han ido. Solo las camisetas de Marruecos y Argentina se ubican claramente. De tanto en tanto, alguna casaca y bandera francesa o croata ondea por ahí.

El 13 de diciembre suenan los himnos de Argentina y Croacia en Lusail. La Selección y el público pasaron por mucha adrenalina para llegar hasta esta instancia. En este partido, de inicio equilibrado, se destraba el cerrojo cuando Julián Álvarez es derribado y Messi marca de penal al minuto treinta y cuatro. La actuación de Julián es magistral. No pasan cinco minutos cuando inicia una jugada en defensa, recupera el balón en territorio argentino y con su extensa corrida entra al área esquivando a tres contrincantes. Uno de ellos alcanza a puntear la pelota, la cual rebota en el pecho del delantero y este la empuja a la red frente a la salida desesperada del portero.

En el segundo tiempo, promediando el minuto sesenta y ocho, pegado a la banda derecha, el capitán Messi inicia un recorrido en el que imprime velocidad y cambios de ritmo. El destacado defensor Gvardiol intenta contenerlo, pero no puede descifrar sus gambetas. Ya en el área es demasiado tarde cuando cede un pase a Julián, quien la manda a guardar. Un contundente 3 a 0 deja en claro que esta selección quiere hacer honor al pedido de la canción *Muchachos*, la cual inunda con sus ecos no solo Doha, sino que es comentada en los noticieros deportivos del mundo.

En la otra llave, Francia no permitirá que Marruecos avance a la final. Los vigentes campeones del mundo intentarán, ellos también, conquistar su tercera estrella. Se llega así al final de un mes de mucha intensidad. La Croacia de Luka Modric se quedará el sábado 17 de diciembre con el tercer puesto. Marcela Mora y Araujo, periodista argentina radicada en Londres, colaboradora de múltiples medios internacionales, estuvo en la semifinal, pero en cambio prefirió tomar un vuelo a Buenos Aires para vivir semejante acontecimiento en su país. El clima de festejos alcanza proporciones tales que los canales en Doha muestran constantemente imágenes provenientes de Argentina. Mientras tanto, en la bahía de Katara desfilan treinta y dos veleros con las banderas de los países que participaron en el Mundial. Se escuchan sonidos de gaviotas agitar la calma de la brisa y el agradable clima. No hace más de veintiocho grados centígrados a pleno medio día. Por este entonces las noches son frescas y conviene portar alguna mascada para cubrir el cuello.

El 18 de diciembre todo está listo para el show final. La Argentina de Lionel Messi se enfrenta a la Francia de Kylian Mbappé. Qatar puede estar satisfecho con su taquilla. El partido será a las 18 locales. Los alrededores de Lusail lucen diferentes. En los partidos anteriores se veían columnas de policías y de vez en cuando a la caballería policial en rondas, o simplemente apostada para cerrar alguna arteria. En esta ocasión, yacen tanquetas militares en los alrededores. La seguridad adquiere otro tinte. Los escuadrones de aviones de combate de última generación, los Eurofighters, resguardan el cielo e incluso hacen una demostración sobrevolando la capital. Pasan por encima del dorado estadio.

La ceremonia de clausura incluye las diferentes canciones que sonaron como demos oficiales del Mundial: *Dreamers* es la que abre, luego vienen los propios artistas Ozuma y el francés Gims para entonar *Arbho*. *Hayya Hayya*, por Trinidad Cardona, Davido y la catarí Aisha, *Light the Sky*, por Rahma Riad, Balqees, Nora Fathei, Manal y RedOne. Acto seguido, se oye la patentada por los hinchas. No puede faltar el *Muchaaachoos,* que ya es parte natural de los coros esperados en las tribunas pobladas de argentinos. Los juegos de luces también acompañan los sofisticados dispositivos de sonidos con

La cumbia de los trapos, celebrada por la multitud que menea cuerpos y brazos.

La emoción invade lógicamente las almas cuando suena el himno argentino y se ve en las pantallas el rostro de Messi junto con su compañeros imprimirle corazón al momento. La Marsellesa también produce escalofríos. No son muchos los franceses, están detrás de un arco pero se hacen sentir.

El partido arranca con un ritmo vertiginoso del lado argentino. La descripción que aquí se pueda esbozar no alcanzaría nunca a plasmar lo sucedido. Messi inauguró el marcador ante una falta al desequilibrio de Di María por la banda izquierda. Luego, al minuto treinta y dos, Mac Allister entrega el balón a Messi, que abre lateralmente para Julián Álvarez, este último habilita en profundidad a la carrera a Mac Allister. La jugada culmina con un pase en diagonal para que Di María defina por encima de la salida de Hugo Lloris. Se trata una jugada artística, gloriosa y llena de identidad criolla.

El dominio argentino es muy amplio hasta que bien entrada la segunda etapa Francia despierta en el minuto setenta y ocho, cuando Mbappé descuenta de penal. Menos de dos minutos transcurren cuando la destreza de Mbappé vence al Dibu Martínez con un disparo cruzado. Lo que se insinuaba prácticamente asegurado se vuelve un calvario para Argentina. Pero en la primera parte del tiempo adicional Messi anotará su segundo tanto. Todo indica que es el definitivo. No lo es. Gonzalo Montiel interceptará con su brazo un disparo en el área que Mbappé traducirá de penal para el empate a tres. Hay ataques de lado a lado, pero será el Dibu Martínez el que evite con su atajada a Kolo Muani, en el último minuto, que Francia se lleve el título. Acto seguido, derivado del despeje inmediato y el encadenamiento, no falta el pase de Messi para habilitar en profundidad.

Así llegará un centro a Lautaro Martínez, pero su cabezazo se va muy desviado.

Se sentencian entonces los penales. Mbappé y Messi anotan los primeros, el Dibu contiene el de Coman y desequilibra con sus gestos a Tchouaméni. Montiel queda en situación de acabar la dramática noche con el cuarto disparo para la albiceleste. El lateral no falla. ¡Argentina se consagra campeona en Doha! Con el resultado consumado da la impresión, ahora sí, de que la historia estaba escrita. Messi es campeón del mundo. El capitán tomará el micrófono en el césped de Lusail y dirá: «Vamo' Argentina, somos campeones del mundo, la cx de su madre». Luego de la ceremonia oficial, se lo verá cargado en andas mostrando la Copa[94]. Messi, eufórico, canta el *Muchaachoos* de cara a la hinchada detrás de un arco. Es su momento sublime, su más preciada consagración.

En el metro y en el ambiente se agradece a Messi

Pasadas las 11 de la noche, cuando el público presente en el estadio desciende al metro y se une con aquellos que vienen de vivir el partido en algún lugar pero quieren celebrar, solo parece oírse en el moderno subterráneo la alabanza más personalizada del Mundial: «¡Meeeessssiii, Meeeessssi!». Se distingue a los fieles paquistaníes, indios, bangladesíes en su aclamación.

La sola imaginación remite, a su vez, al Fan Zone en el estadio de críquet del Asian Town. Festejan los trabajadores, obreros, muchos de los cuales participaron en la construcción de la

---

94. Después se sabrá que era una réplica que alguien en la tribuna hizo llegar a Leandro Paredes.

infraestructura para albergar al Mundial. Algunos llevan años alejados de sus familias, otros llegaron hace unos meses. Las condiciones laborales, aunque duras, han mejorado y el emirato ofrece perspectivas para enviar remesas a sus países. Para ellos, Messi es un estandarte de admiración y este título les provoca un intenso instante de felicidad. ¿Por qué no verlo también bajo la óptica de pertenencia? Ellos contribuyeron a hacer posible el Mundial. Messi y la selección argentina les han dado un respiro y una sensación de satisfacción.

De los más de treinta mil habitantes del Barwa en la primera semana, quedan alrededor de siete mil. Casi en su totalidad, aunque alguna otra nacionalidad está presente, son argentinos. De los remanentes, los que pudieron fueron al estadio, otros estuvieron en el Fan Fest de la FIFA, en el centro de Doha. Todos regresan emocionados a celebrar a su hogar en Qatar, el complejo de edificios que los albergó. Lore ya no está ahí, anda en Buenos Aires, pero recibe decenas de fotos y mensajes de sus amigos en el Barwargento. Están de fiesta toda la noche bajo las estrellas del Medio Oriente. Nadie duerme. Mati Teclas, con su destreza en el teclado, anima las melodías de cumbia.

La afición argentina, parada y revoleando sus atuendos en los estadios, en las calles y en el metro le imprimió un ambiente especial al Mundial, aunque las autoridades rectoras del fútbol quieran imponer la disciplina y la seguridad de la política de «todos sentados» en los partidos como criterio. La postal más nítida que queda es la de Messi levantando la Copa. No hay duda alguna, pero los muchachos también recibieron su galardón meses más tarde en los premios The Best.

En Zúrich, el 27 de febrero de 2023, Messi obtuvo el lógico galardón al mejor jugador del año, Lionel Scaloni al mejor entrenador. Argentina el mejor equipo y su hinchada, la mejor afición de 2022. Messi dejó su huella con su coronación. Hoy, ese sector del Barwa se llama Argentine Neighborhood. En otras palabras, Barrio Argentino. La vibración de la mano de Leo fue alta en energía en Doha, tanto en las pulcras calles aledañas al mercado Souq Wakif como en los lujosos estadios, el metro y, ya lo hemos visto también, en los diferentes suburbios. Una historia que enlaza a Messi con miles de anécdotas personales.

Escenas para una obra de teatro: Maradona, Messi, siglo XX y siglo XXI

Pablo Brescia

> *Nos deja pero no se va, porque el Diego es eterno.*
> Lionel Messi, en ocasión de la muerte de Diego Maradona

I

La primera escena ocurre el 16 de junio de 2006.

En Alemania, Lionel Messi debuta en una Copa de Mundo para la selección mayor argentina en el partido más perfecto y lúcido de aquel equipo dirigido por ese gran formador de juveniles que fue José Néstor Pekerman: el 6-0 a la selección de Serbia y Montenegro. El registro del debut se encuentra en el sitio oficial de la FIFA[95]. Analicemos el vídeo desde nuestro presente. El ayudante de campo le extiende la camiseta 19 —la 10 la llevaba un tal Juan Román Riquelme— y Messi, sentado

---

95. «El debut de Messi en la Copa Mundial de la FIFA», en: https://www.fifa.com/fifaplus/es/articles/el-debut-de-messi-en-los-mundiales.

en el banco de suplentes, de pelo largo y con casi diecinueve años cumplidos, se apresta a ingresar en reemplazo de Maxi Rodríguez (muchos años después, el 24 de junio de 2023 para ser exactos, frente a un estadio de Newell's Old Boys colmado, el mismo Messi estaría en el partido despedida de Maxi, con ambos jugadores unidos por el amor a ese club de fútbol del que son hinchas). Faltan quince minutos para el fin del partido contra Serbia y Montenegro y Argentina gana 3 a 0. Messi ingresa. La cámara enfoca en las tribunas: ¿quién aparece? Diego Armando Maradona vestido con la camiseta albiceleste, fan #1 de la selección argentina (a su lado aparece su esposa de muchos años, Claudia Villafañe). La cámara hace un paneo y va a la tribuna donde están los aficionados argentinos. Allí, algunos sostienen un lienzo de buen tamaño que tiene una leyenda: «Este es mi sueño», aquella famosa frase que emitiera un Maradona niño de once años ante las cámaras de televisión anunciando su deseo de ganar un Mundial. Sin embargo, la imagen en el lienzo no es la del capitán del 86 sino la de un Lionel Messi muy joven sosteniendo la Copa del Mundo. Ya desde ese debut y desde esa copa mundial había una sensación de paso de mando, de ungimiento al heredero de la corona. Tal vez nadie sospechara en ese entonces que deberían pasar cuatro copas del mundo (2006, 2010, 2014 y 2018) y cinco copas América (2007, 2011, 2015, 2016, 2019), con cuatro finales perdidas (una Copa del Mundo y tres copas América), para que Messi pudiera levantar un trofeo de peso específico en el plano continental o internacional con la selección argentina.

El impacto de Messi en el partido es inmediato. En una jugada con desborde por la izquierda, envía un centro rasante para que el 9 de aquella selección, Hernán Crespo, la empuje al gol para el 4 a 0. Luego vendría el 5-0 de la mano de Carlos Tévez.

Y cuando faltan dos minutos en el tiempo regular, Messi arma una jugada desde el centro hacia la izquierda juntando dos rivales, hace una pared con el mismo Tévez, quien arma otra con Crespo y el 9 se la deja al joven estrella para que, entrando por la derecha, evite el cruce rasante del último defensor serbio y defina ¡de derecha! al primer palo del arquero. Abrazos de sus compañeros y otro paneo de la cámara ¿hacia quién?... hacia Maradona, que canta henchido de felicidad y revolea la camiseta.

Final del partido. Mientras en el campo los jugadores argentinos se abrazan y todos saludan a Messi, hay una secuencia reveladora en la escena: caminando hacia los vestuarios, uno de los suplentes con pechera naranja le da una palmadita en la espalda al futuro ídolo, para abrazarlo y saludarlo: es Lionel Scaloni, integrante de aquella selección de 2006 quien, dieciséis años después, se convertiría en el tercer técnico argentino en ganar una Copa del Mundo, con un Lionel Messi ya veterano como máximo estandarte.

¿Qué queda de esta primera escena? La convivencia de los dos ídolos máximos de la selección argentina en dos espacios distintos, el campo de juego y la tribuna. Alguna vez un pequeño Messi vio a Maradona el 7 de octubre de 1993 jugando para Newell's Old Boys en el debut del campeón de 1986 para ese club en un partido amistoso contra el Emelec ecuatoriano[96]. En ese día de 2006, los papeles y los espacios se invirtieron. En ambas ocasiones, uno fue espectador admirado de la magia futbolística del otro. Y luego volverían a coincidir en 2010 en el Mundial de Sudáfrica, cuando Diego dirigió a Lionel. Volvían a cambiar los roles. La inserción de Scaloni en ese 2006 es

---

96. «El día que Lionel Messi vio jugar a Diego Maradona», en: https://www.youtube.com/watch?v=JC6l9vSzVrg.

también significativa: antiguo compañero de Messi, luego se convierte en su director técnico (como Maradona) y es el único (después de Pekerman, Alfio Basile, Sergio Batista, Maradona, Alejandro Sabella, Gerardo Martino, Edgardo Bauza y Jorge Sampaoli) en haber podido llevar al capitán de la selección argentina a la gloria máxima, en Qatar 2022. En este cuadro, entonces, Scaloni aparece como una especie de cuña necesaria, de indicio futuro, de elemento catalizador de un porvenir venturoso para la Selección.

II

La segunda escena está representada por la canción popularizada por el grupo argentino La Mosca durante la Copa del Mundo de Qatar 2022, cuya letra reza[97]:

> En Argentina nací,
> tierra del Diego y Lionel,
> de los pibes de Malvinas
> que jamás olvidaré.
>
> No te lo puedo explicar,
> porque no vas a entender,
> las finales que perdimos
> cuántos años las lloré.

---

97. Aquí el vídeo de la canción oficial del grupo: https://www.youtube.com/watch?v=i4t1bGD-j9M, y aquí una simpática historia del creador de la letra: «El creador de *Muchachos*, la canción del Mundial y todos los detalles detrás de personaje»: https://www.youtube.com/watch?v=7Q2Ny3ysW1g.

Pero eso se terminó,
porque en el Maracaná
la final con los brazucas
la volvió a ganar papá.

Muchachos,
ahora nos volvimos a ilusionar.
Quiero ganar la tercera,
quiero ser campeón mundial.

Y al Diego,
desde el cielo lo podemos ver
con don Diego y con la Tota,
alentándolo a Lionel.

Muchachos,
ahora nos volvimos a ilusionar.
Quiero ganar la tercera,
quiero ser campeón mundial

Y al Diego,
desde el cielo lo podemos ver
con don Diego y con la Tota,
alentándolo a Lionel,
y ser campeones otra vez,
y ser campeones otra vez.

¿Qué es lo notable de la letra? Encontramos en ella la repetición de muchos de los tropos futbolísticos y nacionales que se
han desplegado a lo largo de la historia no solo del fútbol argentino sino de la historia argentina. En primer lugar, la mención al

fértil suelo patrio que hace posible el nacimiento de dos ídolos («el Diego» y Lionel) e inmediatamente se vincula a «los pibes de Malvinas», en referencia al conflicto bélico de 1982 entre Argentina e Inglaterra que terminara en desastre para el país sudamericano. Como es sabido, la victoria argentina en el partido contra Inglaterra de cuartos de final de la Copa Mundial de México 1986 adquiriría un componente simbólico fundamental: la «venganza por otros medios» (el fútbol), batir al otrora imperio, al Primer Mundo, con el engaño (el primer gol de Maradona con la mano) y la genialidad (el segundo gol de Maradona en ese partido con una genial gambeta desde el mediocampo)[98]. Continuando con la canción de La Mosca, la idea de la imposibilidad de explicar el sufrimiento («las finales que perdimos / cuántos años las lloré») es algo que se asocia común y fácilmente a la idiosincrasia popular argentina, en una sociedad que, desde una mirada interna/externa puede verse como los restos de un proyecto de gran país que nunca fue y que también puede asociarse a esa mirada «plañidera» ante los infortunios. El culto al sufrimiento es muy argentino en este sentido, desde el poema épico nacional *Martín Fierro* a la Copa del Mundo de Qatar 2022 —no hay más que recordar de qué manera se desarrolla la final ante Francia, partido que Argentina dominó cómodamente por setenta minutos. Pero la letra de *Muchachos* vuelve al fútbol y gira hacia dos pivotes bien marcados. El primero es mencionar el hecho de batir al eterno rival (Brasil) en su casa, al ganar la Copa América 2021, jugada con estadios vacíos por la crisis de COVID-19. La gran oportunidad histórica de ganar en Brasil se había presentado anteriormente en aquella final del Mundial 2014 y que Argentina

---

98. Para un pormenorizado análisis de ese encuentro, véase Burgo, Andrés (2016), *El partido. Argentina-Inglaterra 1986*, Tusquets, Buenos Aires.

perdiera con Alemania por 1-0 con gol en tiempo suplementario. Recordemos que la canción de moda en ese Mundial comenzaba con un «Brasil, decime qué se siente / tener en casa a tu papá». Esa «paternidad» (totalmente ilusoria, ya que el historial refleja una paridad casi absoluta)[99], iniciada simbólicamente con la victoria de Argentina en el Mundial de Italia 1990 por 1 a 0, con gol de Claudio Caniggia a pase de Maradona, tuvo que esperar muchos mundiales y copas América para llegar al triunfo de la Copa América 2021. La canción cierra con la ilusión de ganar «la tercera» y convoca a los «muchachos» (jugadores) de la Selección a que sean campeones nuevamente. Pero la estrofa final de la canción no está destinada a la selección argentina, ni siquiera a Lionel Messi. Y aquí aparece el segundo pivote. Como un fantasma, como el fantasma que comienza a recorrer el fútbol y la cultura argentina desde mucho antes de su desaparición física[100], surge nuevamente Maradona (quien abre y cierra la canción), como Dios en el cielo, o al menos un ángel de la guarda, ya ubicado en el panteón familiar celestial con sus padres, alentando a Messi, con el mismo fervor que se iniciara en 2006 y que se corona con la victoria en Qatar 2022.

Pero hay más. Aquí está la versión de *Muchachos* que adaptan los jugadores de la selección argentina en el avión de regreso

---

99. «¿Cómo están Argentina y Brasil en el historial?», en: https://www.goal. com/es/noticias/como-estan-argentina-y-brasil-en-el-historial/11y5j9n0j9xld1if 1901vqqb0x.

100. Para este aspecto del fenómeno maradoniano pueden verse los artículos de Bertoglio, Carlos (2021), «Maradona's Ghost and Co.: Narrating Maradona in Argentine Football Literature», *Funes: Journal of Narrative and Social Sciences*, número especial, *Global Maradona: Man, Athlete, Celebrity, Idol, Hero, Myth*, n. 5, pp. 90-104; y de Bilbija, Ksenija (2023), «Spectres of Maradona: Chronicle/Fiction/Autobiography/Film», *Diego Maradona: A Sociocultural Study*, eds. Pablo Brescia y Mariano Paz, Routledge, Londres, pp. 170-185.

de Qatar 2022. El video casero los muestra cantando como hinchas comunes. Subrayo las diferencias en cursiva.

> En Argentina nací,
> tierra del Diego y Lionel.
> de los pibes de Malvinas, que jamás olvidaré.
>
> No te lo puedo explicar;
> porque no vas a entender,
> *la final con Alemania ocho años la lloré.*
>
> *Pero eso se terminó, porque este año en Qatar,*
> *la final con los franceses la volvió a ganar papá.*
>
> *Muchachos, ahora solo queda festejar.*
> *Ya ganamos la tercera,*
> *ya somos campeón mundial.*
>
> *Y al Diego le decimos que descanse en paz,*
> *con don Diego y con la Tota*
> *por toda la eternidad*[101].

Esta readaptación de la canción emblema del Mundial de Qatar es significativa por varias razones. En primer lugar, conserva las referencias a los máximos ídolos del fútbol argentino en el plano internacional y también la alusión a la guerra de las Malvinas, subrayando el vínculo con la historia de una derrota. Pero luego actualiza el enfoque y menciona una final: la de

---

101. «La nueva letra del hit mundial: la selección argentina rebautizó la letra de *Muchachos*», en: https://www.youtube.com/watch?v=gjIyg4N4mX4.

2014, aquella de Messi disparando un tiro libre a la tribuna en los minutos finales, como símbolo de la impotencia y de la frustración. Fueron ocho años «de llanto» —nuevamente las lágrimas argentinas— para llegar a batir a los franceses y reclamar una nueva «paternidad». Se actualiza el presente («ya somos campeón mundial») y, significativamente, Maradona cierra la letra con esta selección de Qatar 2022 que quiere darle «descanso eterno» junto a sus padres; los jugadores le dicen, básicamente, «ya podés descansar». No hablan desde el mandato sino desde el agradecimiento y la compasión. El peso de haber sido el mejor tal vez se haya disipado; su carácter único e inigualable es un atributo que le da vida al mito y que estos jugadores de 2022 reconocen.

Las dos versiones de la canción reúnen varios componentes de la historia de la selección argentina en torno a los últimos tiempos y a sus dos jugadores más emblemáticos. Significativamente, ambas empiezan y terminan con Maradona como arco simbólico de la historia del fútbol moderno argentino. ¿Qué canciones se compondrán cuando Messi pase al retiro plácido que suponemos tendrá?

III

La tercera escena es más personal y tiene que ver con mi relación con Maradona y con Messi. Con la muerte de Maradona algo mío también se fue. Tenía diez años cuando Argentina ganó la Copa Mundial de 1978. A Maradona lo vi jugar para Boca Juniors en 1981, una tarde en la Bombonera donde Boca le ganó a Estudiantes de La Plata 1-0, con recordado gol de Hugo Perotti, gracias a una salida del legendario Hugo Gatti hasta el medio del campo. Un joven y ruliento Diego Maradona trotaba por el mediocampo mientras Perotti recibía el pase del arquero [102]. Tenía diciocho años cuando ganamos la Copa Mundial de 1986. *Ganamos*: eso es lo que hacía Maradona, nos hacía pasar del individuo a la colectividad en un segundo. Cuando murió, estuve de duelo más de dos semanas y de ese duelo salieron dos libros: *Planeta Diego: 16 miradas a un ícono* (2022) y *Diego Maradona: A Socio-cultural Study* (2023, coeditado con Mariano Paz), ambos libros colectivos. Es difícil comunicar o hacer entender lo que me hizo sentir Maradona como jugador en los mundiales. Los adjetivos no alcanzaban y ni los sustantivos podían abarcarlo. Mago, bailarín, «barrilete cósmico» lo bautizó el relator uruguayo afincado en la Argentina desde hace muchos años Víctor Hugo Morales; «el más humano y sucio de los dioses», lo definía el escritor uruguayo Eduardo Galeano. Muchos de los libros que recopilamos en la bibliografía de *Diego Maradona: A Socio-cultural Study* están escritos desde la relación afectiva, desde lo que Maradona provocaba *en el otro*. El ingenio popular hizo aparecer un código de resonancia global: «D10s», aquella cifra que juega con la palabra divina y el número que siempre llevó.

Messi ha sido heredero de ese código. Pero, a pesar de todos sus logros con su club español Barcelona, el largo camino a las victorias de la Copa América 2021 y la Copa Mundial Qatar 2022 estuvo lleno de obstáculos y parte de la prensa y del público argentino lo miró muchas veces con recelo, ese argentino que se fue a España con doce años y nunca volvió, nunca nos «redimió» futbolísticamente como país ante las grandes potencias. Sin embargo, el mayor mérito de Messi fue siempre estar (aun

---

102. https://www.youtube.com/watch?v=Sz9GDCFmsUY.

cuando renunciara a la Selección, momento importante al que volveré en breve) y seguir intentando a pesar de todos los «fracasos» (futbolísticos), a pesar de haber llegado hasta la cima cuatro veces y quedarse ahí nomás para finalmente, en Brasil y en Qatar, cumplir sus sueños. Vi a Messi en tres oportunidades: en un partido de eliminatorias para la Copa Mundial de Sudáfrica 2010, donde mis ojos iban desde el Maradona barbudo director técnico al Messi dibujando gambetas en el campo; en el último partido de preparación ante Trinidad y Tobago antes de la Copa Mundial Brasil 2014, con la gente esperanzada y optimista que lo vitoreó cuando abandonó el estadio Monumental del club River Plate. Y en la gira que hizo la selección argentina por Estados Unidos antes de partir para Qatar; viajé a Miami para verlo frente a Honduras. Argentina ganó 3 a 0. Cada vez que jugó para la selección argentina, su entrega fue total y su visión de la cancha, suprema; como todo jugador, tuvo partidos en alto nivel y otros más discretos (siendo el mejor jugador de la historia moderna del fútbol, ¿qué duda cabe ya?). Pero en ese equipo de 2022 había otra cosa: estaba dentro de un sistema que le permitía moverse y conectarse flotando entre el mediocampo y el frente de ataque. Jugaba libre y en equipo al mismo tiempo. Hizo un gol de penal y uno de emboquillada. Cuando iba a disparar un tiro de esquina, la gente aullaba. Messi ya era ídolo; solo faltaba la corona. En eso Messi se transformó, como Maradona, en algo único: luego de tantas penurias, más allá de algunas simpatías con el equipo de Argentina, había muchos fanáticos del fútbol global que eran sobre todo hinchas de Messi y que vivieron su triunfo en Qatar 2022 como propio.

IV

En la cuarta escena hablaremos de fútbol. Maradona y Messi saben de fútbol (¿será Leo técnico cuando se retire?). Pero la comparación como jugadores —y también entre sus personalidades— es un territorio para los periodistas deportivos y existe infinidad de artículos sobre el asunto que transitan por muchos lugares comunes (el virtuoso vs. el jugador de PlayStation, y tantos etcéteras más). Aquí me voy a detener en testimonios de dos personajes importantes en la relación entre Maradona y Messi: Fernando Signorini, preparador físico de Maradona por muchísimos años, y las palabras que vierte en su libro, escrito junto a Luciano Wernicke y Fernando Molina, *Diego desde adentro. Cómo el mejor futbolista del mundo se convirtió en el mejor de la historia*, y las palabras del mismo Diego con sus expresiones en el libro *México 86. Mi Mundial, mi verdad. Así ganamos la copa* [103].

El libro de Signorini es un relato muy personal y subjetivo y abarca su relación con Maradona a través de casi toda la carrera de quien llamaba *Die*. Hacia el final, comenta la relación de Maradona con Messi [104]. Hay un entrenamiento el 9 de febrero de 2009 en la ciudad de Marsella antes del partido amistoso

103. Signorini, Fernando, Wernicke, Luciano y Molina Fernando (2021), *Diego desde adentro. Cómo el mejor futbolista del mundo se convirtió en el mejor de la historia*, Planeta, Buenos Aires; Maradona. Diego (realización Daniel Arcucci) (2016), *México 86. Mi Mundial, mi verdad. Así ganamos la copa*, Sudamericana, Buenos Aires.

104. Hay un antecedente muy simpático de un encuentro entre Maradona y Messi en el programa de televisión que condujera el primero en 2005, *La noche del Diez*. Luego de una breve entrevista, se hace el acostumbrado partido de fútbol-tenis entre Maradona, Tévez, Messi y Enzo Francescoli, en: https://www.youtube.com/watch?v=39qm6ypTSy8. Messi-Tévez le ganaron a Maradona-Francescoli 10 a 6.

contra Francia. El entrenamiento se termina y los jugadores se van retirando. Algunos se quedan pateándole tiros libres al arquero Juan Pablo Carrizo. Messi dispara, la pelota se va alta, y él hace un gesto de fastidio. Maradona lo llama, «Leíto», lo abraza y le dice que se acerque. Coloca el balón en el mismo lugar que lo había puesto Messi y le dice: «Te estás apurando mucho, *papi*. Cuando le entres a la pelota, no le saques el pie tan rápido. Acompáñala más porque si no ella no sabe lo que vos querés que haga, ni a dónde querés que vaya» (p. 279). Luego toma algunos pasos de carrera y se la clava en el ángulo a Carrizo. «¿Ves? Así tenés que hacer. Acompáñala más» (p. 280). Messi queda algo anonadado y Signorini concluye: «Fue una clase de lujo de un gran maestro a su admirado discípulo» (p. 279). Lo que resalta aquí es el romance futbolístico entre Maradona y Messi a través de la pelota, esa idea de cobijar al futuro ídolo y de que el «viejo lobo» le enseñe algunos trucos. Maradona le pide a Messi que acompañe más a la pelota en los tiros libres para dirigirla y marcarle el camino; eso mismo hace él al abrazarlo en ese momento de fastidio e intentar guiarlo en sus próximos pasos, más allá de que en la Copa Mundial de 2010 no se diera un triunfo argentino.

En el libro de Maradona, hacia el final se habla de Messi. El subtítulo es «*¿Maradona o Messi? ¡Maradona y Messi!*». Maradona fue muy vilipendiado como director técnico, pero estadísticamente la performance del equipo argentino en Sudáfrica fue aceptable (cuartos de final); si bien podemos indicar que más que un estratega era un motivador, no se ha comentado con detalle su faceta como conocedor de fútbol. En sus apreciaciones sobre Messi en este libro podemos ver su astucia y sapiencia. Primero, huye de la dicotomía Maradona vs. Messi y plantea una continuidad entre grandes jugadores de la selección argentina. E indica que él ya en 2005 afirmaba que Messi «tenía una marcha más» y que el fútbol argentino y el periodismo se pasaron años buscando al nuevo Maradona (¿en un momento Ariel Ortega?) y muchos de esos supuestos herederos tocaron un techo. Pero Messi «no tiene techo» (p. 226). Luego se analiza en comparación con él y dice, en 2016 (fecha de publicación de su libro), que a Messi le gusta más el arco que a Maradona, es decir, que es más delantero. «Yo tenía más visión de campo; él tiene más visión de arco» (p. 226). Y hace un vaticinio que se hace profético: «Creo que dentro de unos años estaremos hablando de un Leo todavía más completo. Tal vez con menos gol, pero seguramente con más juego» (p. 226). Agrega que le da la ventaja a Messi en los mano a mano contra los arqueros pero a él en los tiros libres (creo que el mismo Diego hubiera cambiado de opinión luego de ver los varios goles de Messi de tiro libre en los siguientes años; el discípulo aplicó bien la lección del maestro). Maradona también hace hincapié en las personalidades distintas de ambos: «Yo era rebelde adentro y afuera de la cancha. Siempre digo, y lo sostengo, que me hice más daño a mí mismo que a los demás. Pero hice lo que sentía. Leo no es rebelde afuera de la cancha, pero se hace respetar» (p. 227).

En estas dos entradas tal vez algo inexploradas que ofrezco sobre la relación entre Messi y Maradona pueden verse varias de las posibles vinculaciones futbolísticas entre ellos. Desde la conexión técnico-jugador en la ejecución de tiros libres hasta las observaciones de Maradona sobre el presente y el futuro de su sucesor, la relación entre ambos merece mayor reflexión.

V

La quinta escena comienza con un famoso relato.

Ahí la tiene Maradona. Lo marcan dos. Pisa la pelota Maradona. Arranca por la derecha el genio del fútbol mundial. Y deja el tendal. Y va a tocar para Burruchaga. Siempre Maradona, genio, genio, genio. Ta-ta-ta; ta-ta-ta. Goooooool, goooooool. Quiero llorar, Dios santo. Viva el fútbol. Golazo Diegol, Maradona. Es para llorar. Perdónenme. En una corrida memorable, en la jugada de todos los tiempos. Barrilete cósmico, ¿de qué planeta viniste para dejar en el camino a tanto inglés? Para que el país sea un puño apretado gritando por Argentina, Argentina dos, Inglaterra cero. ¡Diegol! ¡Diegol! Diego Armando Maradona. Gracias, Dios. Por el fútbol. Por Maradona. Por estas lágrimas. Por este Argentina dos, Inglaterra cero [105].

La famosa narración de Víctor Hugo Morales cuenta el segundo gol de Maradona en el partido de cuartos de final de la Copa Mundial de México 1986 entre Argentina e Inglaterra, que tuvo lugar el 22 de junio de ese año. Es el relato más famoso del gol más famoso de la historia de los mundiales de fútbol, conocido como «el gol del siglo» o «la jugada de todos los tiempos». Como sabemos, ese gol dará la victoria definitiva a la selección de Argentina por 2 a 1 y el pase a las instancias definitorias de un torneo, que terminará obteniendo al vencer a Bélgica en semifinales por 2 a 0 y a Alemania, en la gran final, por 3 a 2. El comienzo describe la jugada (*ahí la tiene, lo marcan, la pisa*). Cuando el hombre que lleva

---

105. Todo el relato del partido entero está contenido en Morales, Víctor Hugo (2013). *Barrilete cósmico (el relato completo)*. Idea y realización Ariel Magnus, Interzona, Buenos Aires.

la camiseta con el 10 emprende la carrera, el relator va perdiendo el sentido futbolístico del acontecimiento. Hay una chance de pase a un compañero que Morales casi da por sentada (*va a tocar para Burruchaga*) porque intuye la imposibilidad de lo que está sucediendo en el campo. Queda solo la repetición que indica la singularidad del momento y de su intérprete —*genio, genio, genio*—. Y llega el sello del relator (el *ta-ta-ta* que acorta el «está» y anuncia la inminencia de la felicidad) y el gol. Luego… se produce un desborde emotivo y una metaforización a partir de la trascendencia del deporte hacia otros espacios, literal y figurativamente hablando. *Quiero llorar, Dios santo.* La catarsis ante lo sublime y la belleza plasmados entre los cuerpos en movimiento, la naturaleza presente en el césped y los objetos artificiales —arco, pelota, red— provocan en quien habla a/por Maradona, una articulación del deseo (*quiero llorar*) y la apelación a un discurso extrafutbolístico desde una oralidad intempestiva pero personal, íntima y agradecida (*Dios santo*). Por ello, el relato vuelve al campo, al juego, y ve en ese gol y en Maradona la esencia misma de lo inefable e irrepetible. Y entonces solo queda celebrar: *Viva el fútbol*, dice quien ha presenciado lo inenarrable y lo ha narrado. Este gol solidifica definitivamente el mito maradoniano[106]. Y ese mito queda, por supuesto, emplazado durante la épica sufrida de la Copa Mundial de Italia 1990 y el retorno trágico en la Copa Mundial de Estados Unidos 1994.

¿Hay algún momento parecido en la carrera de Lionel Messi con la selección argentina que sea comparable? No. Son épocas distintas. Pero también son épicas distintas. La épica maradoniana está hecha de la lucha ante los más poderosos y también del llanto y hasta de la victimización. El heroísmo messiano (o messianismo) es de otra

---

106. Tomo este análisis de mi prólogo «Siempre Maradona», en *Planeta Diego: 16 miradas a un ícono*, pp. 30-31.

especie. Está permeado de su condición de «extranjero», de un jugador que viajaba a cualquier lado para representar a la selección nacional y a quien se lo criticaba porque no cantaba el Himno Nacional o
porque era un «pecho frío»[107]. Lo que destacó de Messi en este sentido fue ir, e ir, e ir; persistir en ser argentino a pesar de los mismos
argentinos. La épica de Messi es la de perseverancia. En 2006 convirtió un solo gol; en 2010, increíblemente, ninguno. En 2014 hizo
cuatro y tal vez fue el gol contra Irán cuando el partido se moría el
más recordado de los que convirtió en ese Mundial[108]. 2018 fue un
año importante para establecer el mito Messi —que aún se está
construyendo—. Postularía que Messi comienza a edificar su propio
mito en el partido frente a Ecuador por las Eliminatorias a la Copa
Mundial de Rusia 2018, el 10 de octubre de 2017. Argentina jugaba
de visitante y necesitaba ganar al menos por dos goles para poder
clasificar. El equipo llegaba en crisis y empezó perdiendo el partido.
Con tres goles de Messi, lo ganó 3 a 1. Cuando convierte el segundo
gol, su cara de liberación es conmovedora. Y aquí aparece nuevamente un actor insospechado. Cuando se convierte el tercer gol, en
la carrera alocada y en el festejo el primero que corre a abrazar a
Messi es... Lionel Scaloni, parte del cuerpo técnico de Jorge Sampaoli. Indicios de un futuro que sería venturoso[109]. La Copa Mundial 2018 en Rusia fue solo discreta para Argentina y para Messi.
Pero para Qatar 2022, Messi había completado ciento setenta y cinco partidos con la Selección y ciento tres goles, además de trece goles

---

107. El relato de Hernán Casciari captura bien estas aristas de la relación
entre Messi y parte de la prensa y el público argentino, incluyendo lo que dijo
su hijo Thiago a Messi cuando tenía seis años: «Papá, ¿por qué te matan en
Argentina?». Véase «La valija de Messi», en: https://www.youtube.com/
watch?v=lmaLqOj5PWU.

108. https://www.youtube.com/watch?v=52U5_tDhmqk.

109. Los tres goles aquí: https://www.youtube.com/watch?v=TxLgnfMi5w8.

en cinco mundiales, convirtiéndose en el jugador con más presencias en la selección argentina y en el goleador histórico de la Selección en partidos oficiales y en mundiales. Son cifras impresionantes.

Un mito es, ante todo, un relato. Un relato coral; una historia que construye el protagonista con sus dichos y sus obras, sí, pero que también edifica el mundo a su alrededor. Un mito sintetiza, organiza y canaliza inconscientes colectivos que reúnen deseos, transgresiones, tabúes. Opera de muchas maneras, pero sobre todo de dos: crea realidad y sentido —y por eso es fuente de inspiración y puede ser progresista en la acepción más positiva de esa palabra— y también simplifica la complejidad y naturaliza lo construido —por lo que legitima el *statu quo* y puede ser conservador en la acepción más negativa de esa palabra. Atraviesa culturas, define imaginarios, articula ideologías. El crítico francés Roland Barthes en su reflexión «El mito hoy» dice que «el lector vive el mito a la manera de una historia verdadera e irreal» (p. 222), algo que puede aplicarse tanto a Maradona como a Messi. Es incuestionable que la muerte de Maradona resignifica su efecto mítico y por eso, más que nunca, el mito tiene «carácter de interpelación», en palabras de Barthes (p. 218). ¿Qué nos llama, nos continúa llamando, de Maradona? Barthes hace bien en prevenir ante la posible naturalización del mito que conduce a una univocidad de sentidos. En el caso de Maradona, muchas de las publicaciones surgidas en torno y a partir de su muerte parecen ofrecer una única vía de lectura, la del Maradona político, o héroe plebeyo, que parecen ocultar o justificar —para algunos— otras dimensiones más problemáticas de su vida y figura. Pero, «el lenguaje del escritor no tiene como objetivo *representar* lo real, sino significarlo», dice Barthes (p. 231)[110]. Mara-

---

110. Barthes, Roland (2010), «El mito hoy», *Mitologías*, Siglo XXI, México, pp. 199-257.

dona continúa siendo significado en la literatura, en su iglesia, en la televisión, en el cine, en los murales. ¿Qué significaciones y resignificaciones tendrá el mito Messi? Es muy pronto para saberlo. Su victoria en Qatar 2022 hace que, estadísticamente, supere a Maradona, con un campeonato mundial, un subcampeonato y una Copa América, algo que Diego nunca logró. Ha quedado en la historia como un jugador inigualable, como Maradona. Trasciende fronteras, como Maradona. Pero es y será, sobre todo, un ordinario ser humano —ha cultivado cuidadosamente esa imagen— que es un extraordinario jugador de fútbol. Por eso, su dimensión mítica, arriesgo, quedará contenida en el campo del deporte en el que brilló, lo cual no es poca cosa. En inglés hay una expresión que dice *larger than life* (la traducción no le hace justicia). Maradona fue *larger than life* y Messi *larger than football*, digamos [111].

VI

La sexta escena tiene que ver con las palabras y la idea de celebridad moderna y posmoderna.

---

111. Hay muchos artículos que comparan a Maradona y a Messi. Me parecen acertadas las argumentaciones de Bartlomiej Brach, quien afirma que, dada la diferente extracción de ambos jugadores, «desde la lógica del *potrero/pibe* Messi no es el nuevo Maradona» (mi traducción; p. 422); también Pablo Alabarces indica que en la contemporaneidad del siglo XXI «los héroes futbolísticos contemporáneos pueden ser héroes, pero no pueden ser nacionales» (p. 41) y ante la ausencia de la condición «plebeya» en Messi (que sí, en cambio, tenía Maradona) «de todas las condiciones de mito que Maradona presentaba, Messi tiene solo una. Nada menos que la condición excepcional de su juego» (p. 42). Brach, Bartlomiej (2011), «Who is Lionel Messi? A Comparative Study of Diego Maradona and Lionel Messi». *International Journal of Cultural Studies,* vol. 15, n. 4, pp. 415-428; Alabarces, Pablo (2018), «De Maradona a Messi: viejos y nuevos argumentos sobre el héroe deportivo y la patria». *Imago. A Journal of the Social Imaginary,* n. 11, pp. 26-43.

Como todo ser atento sabe, Maradona desplegó siempre una gran pirotecnia verbal de frases ingeniosas. «Fue un poco con la cabeza y un poco con la mano de Dios», dijo, refiriéndose al primer gol contra los ingleses en el Mundial 86; «me cortaron las piernas», se lamentó en la conferencia de prensa luego de descubrirse su *doping* positivo en el Mundial de 1994 en los Estados Unidos. «Lo juro por mis dos hijas» fue una frase repetida muchas veces; «¿sabés qué jugador hubiera sido yo si no fuera por las drogas?» fue tal vez su expresión más autocrítica y lapidaria, la que deja un sabor amargo. Hay muchas otras que han pasado a formar parte de la jerga popular argentina: «se le escapó la tortuga» y «billetera mata galán» quizá sean de las más famosas. Hay varias agresivas y hasta groseras, como dos de su etapa como director técnico de la selección argentina en la Copa Mundial de Sudáfrica 2010: «Vos también la tenés adentro» y «que la sigan chupando». Y… ¿quién no recuerda su «hijos de puta, hijos de puta» a los aficionados italianos que silbaban el himno argentino durante la Copa Mundial Italia 1990? Maradona había sentenciado que en su epitafio debería decir *«gracias al fútbol, gracias a la pelota»*. Y así fue. Es tal la andanada verbal maradoniana que existen dos «diccionarios» maradonianos: *Diego dijo. Las mejores 1000 frases de toda la carrera del 10* y *La palabra de D10S. Maradona desde sus frases*[112].

---

112. Gatman, Marcelo y Burgo, Andrés (eds.) (2005), *Diego dijo. Las mejores 1000 frases de toda la carrera del 10*, Distal, Buenos Aires, y Almada, Lucas (ed.) (2021), *La palabra de D10S. Maradona desde sus frases*, Librofutbol.com, Buenos Aires. Alabarces dice que, a partir de 2009, ya no se trataba de un Maradona «héroe deportivo, sino básicamente discursivo» (p. 116). Alabarces, Pablo (2014), *Héroes machos y patriotas. El fútbol entre la violencia y los medios*, Aguilar, Buenos Aires. Pero no estoy tan seguro. La discursividad maradoniana, como vimos y prueban estos libros que coleccionan sus frases, estaba presente desde mucho antes. El Museo del Libro y de la Lengua de Buenos Aires preparó una serie de doce videos breves comentando algunas de ellas, *Las verdades del diez*, que está disponible aquí: https://www.youtube.com/playlist?list=PLtR7M_AB3_U3OQUTPn48sCekutBASX5z.

¿Y qué de Messi? Se lo criticaba porque no hablaba, no lideraba, era «mudo», «autista». Pero hay dos momentos importantísimos que pintan de cuerpo entero la discursividad messiana (parca, más cerca de las píldoras mínimas de las redes sociales que de la expansión neurótica o hiperbólica de la televisión). Uno es su renuncia a la selección argentina. El 27 de junio de 2016 Argentina cae por penales ante Chile en la final de la Copa América 2016 celebrada en Estados Unidos. En la zona mixta, ante la pregunta de los periodistas, Messi (luego de haber llorado desconsolado en el campo) dice que, ya desde antes del vestuario, venía pensando que «ya está, la Selección se terminó para mí», y luego de una risita nerviosa, concluye «no es para mí» [113]. Esto iniciaría una campaña («No te vayas Lío») y una ruta de reconciliación sobre todo con el público argentino que culminaría con su regreso el 12 de agosto de ese mismo año. Son fechas para agregar al mito. El otro momento ocurre en el partido de cuartos de final de la Copa Mundial Qatar 2022 el 9 de diciembre contra Países Bajos, empatado 2-2 luego de tiempo regular y alargue y que Argentina resolviera en los penales 4-3. El partido fue muy caliente y friccionado. En la zona mixta el jugador holandés Wout Weghorst, autor de los dos goles del conjunto holandés y con quien Messi había tenido roces durante en el encuentro, intentó acercarse al astro argentino para saludarlo ¿o increparlo? Messi, muy enojado, lo sacó con una frase que se hizo viral: «¿Qué mirás, bobo? Anda pa' allá, bobo, andá

---

113. https://www.youtube.com/watch?v=zkeg2F_OG5k. Maradona lo apoyó y dijo: «Lo dejaron solo a Messi y yo no lo quiero dejar solo», en: https://www.espn.com.mx/futbol/copa-america/nota/_/id/2715447/diego-maradona-defiende-a-messi-y-rechaza-dejarlo-solo?device=featurephone. Fiel a su estilo contradictorio y volátil, luego diría que se apuró al renunciar y declaró que tal vez se tratara de un montaje, en: https://hoy.com.do/maradona-critica-idas-y-vueltas-de-messi-con-seleccion-argentina/.

pa' allá», negándose al saludo del holandés[114]. En Argentina esto se celebró como el «momento maradoniano» de Messi, el momento de rebeldía y hasta de insulto[115]. La vicepresidenta de la República Argentina, por ejemplo, no perdió la oportunidad de usar lo que en ese momento era Twitter para remarcar: «Gracias infinitas, capitán… a usted, al equipo y al cuerpo técnico, por la enorme alegría que le han regalado al pueblo argentino. Y un saludo especial después de su maradoniano "andá pa' allá bobo", con el que se ganó definitivamente el corazón de los y las argentinas»[116]. Si bien es cierto que Messi creció enormemente en su rol de líder de la Selección en Qatar 2022, el comentario me parece indicativo de cierta insistencia con un parangón que aparece cada vez más como inadecuado. Messi se ganó «el corazón del pueblo argentino» de una manera muy diferente a la de Maradona. Y hay muchísima distancia del «hijo de puta» de Maradona al «bobo» de Messi. Son discursos distintos[117].

Gary Whannel propone en *Media Sport Stars. Masculinities and Moralities* una idea muy aprovechable: la idea de la «vortextualidad», al indicar que el crecimiento infinito no solo de la

---

114. https://www.youtube.com/watch?v=2zfzaoioxQg.

115. Un buen artículo sobre el tema es el de Cholo Sottile, «Messi, Maradona y el 'qué mirá bobo. Andá pa' allá», en: https://www.infobae.com/deportes/2022/12/11/messi-maradona-y-el-que-mira-bobo-anda-pa-alla/.

116. «Cristina Kirchner elogió a Lionel Messi por la frase "andá pa' allá, bobo" y festejó a Argentina campeón del mundo: "Gracias infinitas, capitán"», en: https://www.clarin.com/politica/cristina-kirchner-elogio-lionel-messi-frase-anda-pa-alla-bobo-festejo-argentina-campeon-mundo-gracias-infinitas-capitan-_0_YFb9eDY0aq.html.

117. De hecho, es muy importante la entrevista donde Messi explica la situación y dice que *no le gustó dejar esa imagen* (énfasis mío). Maradona jamás hubiera hecho eso. «Lionel Messi se arrepiente por el famoso "Andá pa' allá Bobo" en Qatar 2023 [sic]», en: https://www.youtube.com/watch?v=QqkAZGPijs4.

información sino también de los medios donde esta se disemina produce un efecto de vorágine, en donde eventos magnos crean una red infinita de comentarios y exposición mediática incesante en la que todos quieren opinar: «En una Copa Mundial o en unos Juegos Olímpicos, incluso columnistas no deportivos se sienten obligados a opinar» (p. 206). Queda por explorar cómo esta vortextualidad aparece e influye en la lengua de Maradona (primera celebridad global en el fútbol moderno) y en la lengua de Messi (atravesada por la creciente influencia de las redes sociales)[118].

VII

La última escena nos lleva a la literatura o a la idea de Maradona, siglo XX, y Messi, siglo XXI.

El cuento del escritor y pensador argentino José Pablo Feinmann «Dieguito»[119] funciona como una extendida metáfora de las muchas significaciones maradonianas con algunos aditamentos messianos. La parodia y lo grotesco se presentan casi de inmediato en la narración. En una reescritura futbolística del afamado cuento del uruguayo Horacio Quiroga «La gallina degollada» —como sabemos, con dos padres protagonistas, junto a cuatro hijos idiotas y una tierna niña como víctima— Dieguito, el protagonista del cuento de Feinmann, tiene doce años y

118. Whannel, Gary(2002), *Media Sport Stars. Masculinities and Moralities*, Routledge, Londres y Nueva York.

119. Feinmann, José Pablo (2014), «Dieguito», *Bongo. Infancia en Belgrano R y otros cuentos y nouvelles,* Planeta, Buenos Aires, pp. 21-51 (publicado en su versión más corta en 1997 e incluido en *Cuentos de fútbol argentino*, Alfaguara, Buenos Aires, pp. 47-53).

juega con muñecos y muñecas en el ático (según su madre gracias a una película que vieron juntos sobre el vudú en Haití). Debido a eso, su padre sospecha de su virilidad y le dice: «Si te me hacés puto, te mato» (p. 25). Un día, Dieguito andando en bicicleta ve que un tren arrolla y arrastra por cien metros a un BMW; cree que este es el momento de ser cobarde o valiente y se mete en medio de una podredumbre selvática hasta llegar a los restos del auto y de su conductor: «Los brazos por un lado. La cabeza por otro. Más allá las piernas. Cerquita las manos» (p. 23). Para conocer la identidad de quién iba al volante, el niño toma la cabeza y descubre que era ¡Diego Armando Maradona! Dieguito se lleva la cabeza, «la mano de Dios» y el resto del cuerpo a su casa. Mientras tanto, los medios argentinos se hallan histéricos debido a la desaparición del máximo ídolo de la historia del fútbol argentino (algunos dicen que lo secuestró el gobierno del comandante Chávez, otros que está en Cuba, y otros que se escapó a Colombia a vivir una vida de anonimato como el gran Carlos Gardel). Un inspector se encarga del caso y la trama se torna absolutamente disparatada. La maestra de Dieguito, mientras tanto, convoca a los padres para decirles que Dieguito está enfermo de gerundios: «Al ser una forma gramatical muy compleja, se apoderó de él. Y él es feliz. Le gusta hablar gerundiando. Se siente un ser superior» (p. 32). El niño comienza a hablar en gerundios y se encierra en el ático a trabajar. Los padres pelean y se insultan continuamente. Para el final de este caótico relato, los padres se huelen algo feo en el altillo. El padre sube con un rifle para matar a ese «engendro del Infierno» (p. 48). Dieguito abre la puerta con tres cerraduras de hierro y muestra una plácida expresión. Cuando suben, se revela la verdad: «Sobre la mesa, despedazado, cubierto de sangre coagulada, era visible la macabra figura del ídolo ausente» (p. 50).

Dieguito está pegando la Mano de Dios a uno de los brazos de Maradona. Horrorizado, el padre amartilla el rifle y grita: «¿Qué hacés, hijo de Satanás?», a lo que el niño, tiernamente, responde en su lenguaje gerundio: «Dieguito armando Maradona». Luego se oye un disparo (p. 53).

En otro lugar he analizado este cuento con detenimiento, junto a otras muestras literarias que tienen a Maradona como protagonista o personaje [120]. Aquí lo que vale destacar —en un cuento que se desborda en excesos de todo tipo— es el núcleo central (la desaparición de Maradona) y la ingeniosa combinación del segundo nombre de Diego como metáfora de las múltiples ondas expansivas de lo que significa armar y rearmar continuamente una de las obsesiones más perdurables del imaginario sociocultural argentino de los últimos sesenta años, y sobre todo del siglo XX, puntualizando las infinitas potencialidades del nombre, la figura y la iconicidad de un Maradona que, en la realidad o en la ficción, puede estar muerto pero siempre aparece vivo.

Lo interesante es que la versión original del relato es de 1997 y tenía unas pocas páginas (recordemos; apenas han pasado tres años de la Copa Mundial de Estados Unidos 1994 y todavía no ha ocurrido el partido homenaje a Maradona en la Bombonera en 2001); para 2014, año de la Copa Mundial de Brasil, el cuento se transforma en un relato largo de treinta páginas. En esta versión más larga, lo ridículo y lo político se amplifican: aparecen nombres de periodistas (Víctor Hugo Morales; Jorge Lanata) y de figuras políticas (Cristina Fernández de Kirchner); todo es conspiración e histeria. ¿Y quién

---

120. Brescia, Pablo (2023), «Maradona and Literature: God is Only Human». Pablo Brescia y Mariano Paz (eds.). *Diego Maradona: A Socio-cultural Study*, Routledge, Londres, pp. 107-130.

aparece en esta versión de 2014 que no estaba en la anterior? Lionel Messi, es decir, el jugador del siglo XXI. El inspector Vásquez Guerrero tiene la teoría de que a Maradona lo mató Messi; ¿por qué?: «Comprende que solo va a poder jugar en equipo y para el equipo si elimina a Maradona de la realidad primero y de su espíritu después» (p. 32). Terminan secuestrando a un incrédulo Messi y llevándolo a Kamchatka. Messi sostiene un diálogo (totalmente inverosímil, lo que debilita enormemente el relato) con el inspector y con el hijo de Douglas MacArthur y finalmente es liberado debido a la presión internacional. Pero el momento más interesante del cuento en la relación Maradona-Messi es en el inicio, cuando Dieguito encuentra los restos de Maradona. La cabeza de Maradona le habla a Dieguito: «Salvame, pibe. No quiero morirme antes que Messi» (p. 23).

El arte y el ingenio popular ligado al fútbol y a la cultura en general ha dicho mucho sobre Maradona y bastante menos sobre Messi. Ya en este texto de 2014, Messi asoma la cabeza como personaje de ficción. En él, posiblemente, se fabulan todas las intensidades y contradicciones de la relación entre los dos más grandes futbolistas argentinos en el plano internacional. ¿Qué nos deparará el futuro al respecto?

Coda

En su libro *The Philosophy of Football*, Steffen Borge sostiene que el fútbol tiene un carácter ficcional y estético; agrega que, para hacer un parangón con los géneros literarios, este deporte se asemeja sobre todo a una obra de teatro: «el fútbol está escenificado, pero no está escrito» concluye (mi traducción; p. 205)[121]. Si lo pensamos bien, el fútbol es una colección de escenas, casi como la vida misma. Las escenas que presenté y comenté podrían ayudar a definir, no, más bien, a empezar a comprender los múltiples vasos comunicantes entre los dos mejores jugadores de la historia del fútbol argentino y entre los mejores de la historia del fútbol mundial, los dos 10, los dos M, con «M» de mito, de maravilla, de magos.

---

121. Borge, Steffen (2019), *The Philosophy of Football*, Routledge, Londres y Nueva York.

El legado de Messi

Ana Merino

La pasión de los futboleros es un bien inmaterial que anida en sus corazones. Siempre me ha parecido fascinante esa capacidad que tiene la afición para emocionarse y levitar unos cuantos centímetros del suelo. Los seguidores de Messi son hinchas de los que se elevan y lloran y sienten a su ídolo con tanta intensidad que te entran ganas de abrazarlos. Messi es su referente, su inspiración, su credo, su ejemplo, su energía, en muchos casos su vida. Y Messi, que en realidad solo era un chico que quería jugar al fútbol, ahora carga con la responsabilidad de millones de seguidores que lo invocan. La Pulga quedará para la historia mientras el fútbol forme parte de nuestra sociedad y alimente el imaginario de nuestras ilusiones. El legado de Messi se está construyendo en directo, en cada decisión que toma y en la forma que trata de compatibilizar ser estrella, ser jugador, ser compañero de equipo, ser esposo y padre de familia. En la cancha no le pesa ser jugador porque es la vida que ha soñado vivir. Además, ha construido el núcleo familiar que ha querido, y su entorno afectivo se ha blindado a su lado y le protege y le ayuda. Los héroes caídos del pasado han dibujado una senda y Messi ha entendido las luces y sombras que rodean su oficio. También los suyos han aprendido a comprender lo que significa apoyarle de verdad en ese proceso de definirse como personaje, como el jugador que quiere representar.

La partida de Messi a Miami

El 7 de junio de 2023, Lionel Messi anunció que se iba al Inter de Miami y que cruzaría el Atlántico para vivir la aventura del fútbol desde otra perspectiva. Para muchos culés que soñaban con tenerlo de regreso en el Barça significó un genuino disgusto. Por aquellos días era la Feria del Libro en Madrid y coincidí con una de mis editoras catalanas que no podía disimular su pesadumbre por todo lo que había pasado con uno de los jugadores más queridos de su equipo. Conversamos un rato entre las casetas rodeadas del bullicio del público que visitaba la Feria y compraba sus lecturas para el verano. A mi editora le preocupaba cómo iba a explicar a su hijo pequeño que su héroe no volvería al Barça. Se habían creado falsas esperanzas cuando el padre de Messi, en una visita a Barcelona pocos días antes, había declarado a la prensa que a su hijo «le gustaría volver» al club donde se formó y desarrolló casi toda su carrera. En aquel momento estaban sobre la mesa varias opciones y el club azulgrana trataba de solucionar sus asuntos económicos para poder traer al futbolista de vuelta. Pero había un trecho largo entre el deseo de la afición y la capacidad del club para asumir lo que suponía volver a contratarlo. En toda esta situación lo emocional y lo afectivo impregnaban el ambiente. Para los más pequeños Messi es un héroe atemporal, es un jugador que mete goles y hace que su equipo gane. No entienden el paso del tiempo y el desgaste que supone esta profesión, y que hay un momento en el cual los jugadores deben afrontar con perspectiva pragmática otras etapas vitales conscientes de los cambios físicos y la edad.

Los grandes futbolistas se proyectan en la memoria de varias generaciones de aficionados que van creciendo con ellos. Y quizás el momento más complejo es el que tienen que presenciar los niños más pequeños cuando ven que sus héroes, que tanto celebran los adultos y los jóvenes, se repliegan y toman decisiones que consideran extrañas. En el caso de Messi significa cambiar la posibilidad de estar otra vez con ellos en Barcelona por la lejana Miami.

No le pregunté a mi editora cómo le había explicado a su hijo lo que sucedió dos temporadas atrás cuando Messi se tuvo que marchar de forma abrupta al Paris Saint-Germain. Imaginé que entonces el disgusto y enfado de la afición azulgrana había sido inmenso y no quise escarbar en la herida sobre lo que había significado la desastrosa crisis financiera del club y sus consecuencias. Coincidió, además, con los inciertos tiempos de la pandemia y a Messi no le hicieron una despedida multitudinaria, fue todo tosco y precipitado, y el jugador se marchó del equipo sintiendo incredulidad y tristeza. No hubo rituales de cierre que le permitieran digerir a él y a su afición culé todo lo que habían vivido juntos desde 2004, no se pudieron decir adiós. Curiosamente, la despedida simbólica con los hinchas parisinos, que sí se ha dado en un estadio, no ha sido una experiencia demasiado agradable para Messi. Pareciera que los franceses y el astro argentino nunca se entendieron del todo, quizás porque notaban que, aunque el jugador se entregaba con absoluta profesionalidad, emocionalmente su cabeza no estaba en París, estaba en Barcelona, en la selección argentina o en otro lugar.

En cierta medida comprendo la decisión de Messi de irse a Miami. Sobre la mesa hubo varias ofertas y descartó una muy jugosa de Arabia Saudita que sumaba cifras estratosféricas de millones de dólares. El eje simbólico del fútbol como representación de poder quiere trasladarse a los países del Medio Oriente a través de la compra de jugadores. Pero, pese a la impactante oferta de Arabia, Messi y el entorno que lo rodea tuvieron que analizar muchos factores. Si la fascinante ciudad de París fue un espacio en cierta medida amargo para el jugador, que vivió con frustración el primer tramo de su estancia alojado en un hotel, sintiéndolo todo ajeno, sin poder reproducir sus antiguas rutinas barcelonesas, como recoger a sus hijos a la salida del colegio o disfrutar de tiempo libre con familiares y amigos cercanos por la ciudad condal, ¿cómo sería llegar e instalarse con su familia en un país tan lejano y distinto? Allá, en la península arábiga.

El ejemplo de Cristiano Ronaldo, que se fue a Al-Nassar abriendo esa opción profesional en Arabia Saudita, ofrece una perspectiva. Hay otros jugadores que también se han decidido por la oportunidad del fútbol saudí —como Karim Benzema y algunos más entre los que se encuentra nada menos que Neymar, de igual o peor ruptura que Messi con el Paris Saint-Germain— que terminaron optando por los altos, quizás incomparables salarios que seducen en el reino saudí. Pero me atrevo a imaginar que para toda la familia que rodea a Messi y para el propio jugador, la gigantesca oferta monetaria no debió ser el factor determinante, pues la búsqueda de calidad de vida personal y la idea de diseñar una continuidad profesional han sido al final los elementos claves.

Todos saben que en Miami Messi y su familia se integrarán muy bien. El entorno hispano es acogedor y podrán disfrutar de cierta intimidad y mucha libertad de movimientos. Sus hijos se adaptarán sin problemas porque Estados Unidos, tierra de todo tipo de migrantes, es un país que sabe recibir a los que llegan con buen estatus y les dará a su vez un espacio para que sean ellos mismos y la figura del padre no pese tanto. Además, Florida tiene una fiscalidad favorable y un clima apetecible que lo convierte en un destino muy deseado. Llegan en el mejor momento de la carrera personal de Messi, cuando su éxito profesional ha eclosionado al lograr el triunfo en Qatar, la máxima aspiración con el equipo argentino, y está listo para invertir en el futuro.

La llegada de Messi a Miami y la iconografía del 10

Las redes sociales han dejado constancia de los rituales de esa llegada. El verano de Miami le recibió con los brazos abiertos y camisetas rosas, casi coincidiendo con el estreno de la película *Barbie*, que también pintó todo de color rosa. Cabría preguntarnos si este futbolista podría convertirse en una nueva versión del Ken goleador que aparecería ahora en escena para revolucionar el imaginario estadounidense del fútbol. Este Ken no sería tan alto en proporción al que diseñó Mattel, y estos días de estreno futbolero en la Florida lleva pelo castaño sin flequillo y una sugerente barba. Por otra parte, aunque viva cerca de la costa, como en su época barcelonesa, este «Ken» Messi no irá a la playa a surfear. Los futbolistas tienden a transformarse en íconos visuales y Miami es una ciudad que destaca por su capacidad para integrar y modelar a los famosos que buscan cobijo en ella. Messi sería un Ken lleno de tatuajes, el cuerpo del futbolista ha ido sumando muchos trazos en su piel, como si quisiera escribir la historia de su vida y sus emociones y exhibirla para compensar su temperamento silencioso y hermético.

Voy viendo sus fotografías en la pantalla y tiene un sugerente baile de imágenes entre su brazo, hombro y omóplato derecho y su pierna izquierda. Hay flores de loto en el brazo, lo que para muchos simboliza la pureza física y espiritual del muchachito que llegó de la nada y fue capaz de florecer. Como es un hombre creyente, el rostro de un Jesús de Nazareth con la corona de espinas adorna su hombro derecho hacia el brazo para que justo debajo aparezca dibujado un capullo grande cerrado y rojizo de la flor de loto rodeado de otras flores abiertas que conectan con el mecanismo de un reloj, mientras que en el codo aparece el rosetón de la vidriera de la Sagrada Familia.

La curiosidad me lleva a buscar en las redes posibles hilos que expliquen esa necesidad que tiene Messi de expresarse a través de los tatuajes. De este modo encuentro a Roberto López, el responsable de los tatuajes del jugador, que narra su experiencia y cómo se conocieron a través de un amigo común que es arquero. En la entrevista al Canal Diez de Mar del Plata de abril de 2015, Roberto López destaca que en la intimidad Messi es muy abierto y tiene sentido del humor. El trabajo del tatuador implica numerosas horas concentradas en diferentes sesiones; el propio Roberto López explica que el proyecto le ha llevado unas veinticinco horas. En este caso Messi tenía muy clara la iconografía de los dibujos y necesitaba encontrar al tatuador que supiese ensamblar todas las imágenes y que les diera armonía estética adaptándolas a la forma de su piel y al movimiento de sus músculos. Además, Messi llega a Roberto López algo desilusionado con los tatuajes de la pierna. El tatuador explica cómo inserta en el brazo un rosario que representa la silueta de la ciudad de Rosario y que también aparece un mapa de Sudamérica. Las imágenes van dando forma a su historia personal, aparece incluso el rostro de su madre, Celia Cuccittini, en la espalda o el ojo de su mujer, Antonela Roccuzzo, en el brazo. También se suman los nombres y las fechas de nacimiento de sus hijos y su mujer en la pierna derecha. Una corona en el brazo que coincide con otra corona que se ha hecho Antonela, o los labios de su mujer en la ingle. Los tatuajes se matizan y transforman con los años, las manos de su hijo Thiago que adornan el gemelo izquierdo han ido sumando elementos, que ahora se han oscurecido destacando sobre todo las manos y el número diez. Pero, conociendo la fascinación de Messi por los tatuajes, imagino que seguirán creciendo y evolucionando en su cuerpo.

Los rituales iconográficos tienen un poder profundo en su hinchada. Tras el Mundial muchos forofos se tatuaron la imagen de Messi alzando la copa o besándola. Sentían que en sus cuerpos tenía que perdurar la fuerza de la alegría de aquel logro y de la figura que fue clave para alcanzar la victoria. El fútbol es un deporte de equipos, de pulsión colectiva, de jugadores que se entienden e interactúan, pero Messi va más allá y energiza esa dinámica porque concentra la emoción de los instantes más trepidantes del partido y proyecta una plenitud atemporal. La piel de los aficionados da constancia íntima del anhelo logrado.

Pero Messi también ha desencadenado y desencadena una iconografía extensiva fascinante entre sus apasionados seguidores. El año pasado, antes de la Copa del Mundo de Qatar, un ingeniero agrónomo argentino llamado Carlos Faricelli hizo un sentido homenaje a Messi al reproducir su rostro en un campo cultivado. Pero quiso ir más allá y fue compartiendo el archivo con los detalles técnicos para que otros agricultores también pudieran dibujar en sus campos el rostro de su astro. El archivo geocodificado en la sembradora distribuye las semillas en agrupaciones que al crecer proyectan zonas con más y menos verdor, y esa distribución cuando se observa desde el cielo, ofrece un reconocible y sorprendente retrato. El guiño del agricultor comienza como un esperanzado ritual, porque Argentina todavía no era campeona del mundo. Otros agricultores, al conocer la idea, se sumaron y con sus sembradoras plantaron las semillas siguiendo el patrón y presintiendo que su pasión, al unirse, daría frutos. El pensamiento mágico se apoderó de ellos y disfrutaron la dicha de la victoria y, en enero de 2023, creció el maíz lo suficiente como para que desde el aire se pudiera ver el rostro de Messi en muchos sembrados argentinos.

La representación gigantesca del rostro del jugador empodera el espacio dándoles otro sentido a los lugares. Desde el campo, con los sembrados, se hace un tipo de invocación que va creciendo poco a poco formando parte del ciclo de la naturaleza. En las ciudades son las grandes paredes el mejor lugar para expresar, con el muralismo, la celebración del héroe. Con la llegada de Messi a Miami el artista argentino Maxi Barnasco realizó un gigantesco mural en el vecindario de Wynwood entre la 148 Northwest y la calle 28. Fue documentando su proceso en las redes y generó expectativas entre los seguidores y mucha curiosidad desde el espacio virtual. En el lado izquierdo de la fachada aparece un primer plano de la gigantesca y sonriente cara de Messi. En el lado derecho un plano medio del torso y el rostro del jugador con gesto de velocidad y precisión llevando la camiseta rosa del Inter de Miami. El propio David Beckham, copropietario del Inter Miami CF, visitó el lugar en persona y siguió de primera mano el trabajo de Maxi Barnasco mientras estaba reproduciendo las imágenes de Messi con aerosoles de brillantes colores. Barnasco, conocido por sus murales de Diego Maradona en Nápoles, no es ajeno al poder expresivo de Messi, y ya lo ha pintado en varios: uno en Buenos Aires en el barrio de Palermo con la Copa y otro en Rosario.

Miami se engalana con la fuerza estética del futbolista y todo lo que sugiere su imagen de campeón. El artista venezolano Arlex Campos también ha trabajado un mural con la figura de Lionel en su nuevo territorio; en este caso ha usado planillas para reproducir un entramado de líneas donde se proyecta la imagen en un plano medio de brazos cruzados y gesto retador, donde la camiseta rosada de Inter de Miami se fusiona en la parte inferior con las rayas azules y blancas de la selección argentina.

El Messi monumental de los murales se convierte en itinerario de peregrinaje, sus hinchas deben viajar para buscar su imagen, pasear por las calles para encontrar su rostro y su cuerpo inmenso recordando la fuerza de las victorias. Celebrar a Messi con escenas inolvidables, como el momento en el que está levantando la copa en Qatar, que ha sido reproducido con mosaico veneciano por Mosaico Nacional, y se puede disfrutar en la intersección de avenida Callao y Lavalle en Buenos Aires. Quizás, por el tipo de material y su resistencia, esta sea una de las representaciones más sugerentes y busca, como las demás, evocar la atemporalidad del héroe.

Messi se ha instalado en el imaginario popular desde una especie de plenitud madura y calmada. En ese sentido, sería, al igual que Pelé, un héroe estático. Si tuviéramos que caracterizar a los jugadores como personajes de los cuadernillos de superhéroes, tanto Pelé como Messi entrarían en el contexto de los héroes de DC. Es decir, serían en el fútbol como Superman o Batman, tienen muy claros su propósito y su forma de entender el juego y la vida. Ha habido otros jugadores, como Maradona, que por sus contradicciones y crisis internas se parecen a los héroes de la saga de Marvel, mucho más torturados y vulnerables.

La saga de Messi plasmada en cómics y superhéroe en IA

El cómic y las viñetas también han dialogado con la imagen de Messi, su trayectoria y sus gestos. En una página autoconclusiva de *El Comercio* de Perú publicada el domingo 2 de abril de 2017 se le celebra explicando sus orígenes. La pieza, de gran ternura y dirigida a lectores de todas las edades, está titulada «Lionel Messi: un gol hasta el cielo» y fue realizada con guion de Pedro Canelo y dibujos de Víctor Aguilar Rúa. Recoge en catorce viñetas la historia de la relación del niño Messi con su abuela materna Celia Oliveira y la importancia que tiene en su vida como futbolista. En las tres primeras viñetas vemos en una secuencia al niño Messi corriendo en Rosario tras el balón y anotando gol, la cartela abierta narra que ese muchacho fue la figura de la Copa Amistad de 1997 y que anotó más de diez goles en ese torneo. A sus nueves años, según nos explican en la cartela que acompaña el dibujo, el niño Messi «ya tenía una celebración tradicional con las manos extendidas, como si estuviera esperando el abrazo de sus compañeros». De esa viñeta del niño extendiendo los brazos al grito de gol pasamos a un plano detalle de la frente y los ojos llorosos del muchacho, donde nos explican que no todo fue felicidad, pues al año siguiente de ese campeonato en el Perú muere su queridísima abuela materna, Celia. La viñeta dibuja al niño llevando flores al nicho de la abuela mientras verbaliza lo mucho que la extraña. La historia regresa a los tiempos anteriores a su muerte y explica la relación entre la abuela y el nieto, donde la describe como la persona que «más lo empujó para dedicarse al fútbol». Era la que le despertaba temprano y le daba ánimos para que fuera a jugar, la que lo llevaba a los entrenamientos en la academia de fútbol Grandoli en Rosario. Esa escena de abuela y nieto juntos camino del entrenamiento se transforma en una especie de fotografía dibujada en sepia enmarcada en el centro de la página. Otra viñeta representa la escena en la que la abuela convence al técnico del Grandoli para que deje jugar a su pequeño nieto, que entonces tenía cinco años, un rato en un partido infantil en el que faltaba un jugador. En ese primer encuentro, que se transforma en semilla de leyenda, el niño de cinco años demuestra a los niños de siete que él tiene madera de campeón pese a su edad y pequeño tamaño. Otras viñetas con anécdotas refuerzan la historieta, como el primer plano que narra la emoción de Salvador Aparicio, su primer técnico, en una entrevista confesando que cada vez que ve a Messi anotar llora de emoción frente al televisor, o cuando el Messi de siete años llega a Ñuls, como en la jerga se conoce a Newell's Old Boys, y se ganó una bicicleta por anotar tres goles. La penúltima viñeta recupera el momento del verano de 1997 en el que Messi vuelve a Rosario con la Copa de la Amistad y su abuela Celia lo recibe con un abrazo y un sonoro beso, mientras el niño le dice que el trofeo es para ella. La última viñeta regresa al año 2017, cuando se elabora este cómic, veinte años después de ese momento con su abuela, y nos muestra a un Messi adulto con la camiseta del Barça señalando con sus dedos hacia el cielo tras un gol. Ya no es el niño que espera un abrazo de sus compañeros, ahora en su código personal se acuerda de su abuela Celia y es a ella a la que dedica todos sus goles y celebraciones porque con sus triunfos la siente viva y presente. El cómic celebra de este modo al niño y a la abuela y destaca la importancia que ha tenido su familia en el proceso vital de su desarrollo y formación como deportista. La abuela ausente es, sin embargo, la más presente en los instantes de mayor alegría y el cómic quiere trasmitir ese potente mensaje a todos los lectores. Honrar a la abuela de Messi, a la que llamaban «mamá Celia», con su historia de entrega y fe ciega en el talento de su nieto, es la mejor manera de homenajear al jugador.

Las redes de internet ofrecen un denso panorama iconográfico de Messi como figura que se modela al gusto del consumidor. El Playground de AI, la herramienta de diseño gratuita que utiliza inteligencia artificial para crear contenido, confecciona infinitos retratos hiperrealistas del jugador, lo vemos como un robot, como un superhéroe, un personaje del universo ciberpunk, Superman, como si se transformara en Hulk, como David Bowie en la película *Laberinto*, como Capitán América, guerrero, piloto en una nave espacial, vikingo, niño joven, hombre fuerte... paso páginas y páginas de imágenes de Messi que han sido creadas con la fórmula de la inteligencia artificial en las que los usuarios le han pedido a la aplicación que les creara una imagen en el estilo que ellos quieren. Me llama la atención que la de Messi como Superman se repita tantas veces en tantos estilos distintos: de cuerpo entero, en primer plano, en plano medio. En cierta medida, confirma mi teoría de Messi como una especie de héroe de los cómics de DC, estático y seguro, dispuesto a salvar un partido, una liga o un Mundial. Intento ver si alguien se ha imaginado a Messi como el nuevo Ken y me aparece Messi como un Jedi, como Akira en estilo retro de los ochenta, cowboy, pirata, pero sigo buscando y aparece Messi junto a la mansión rosa de Barbie y otras tantas de Messi con la cabrita blanca. La más divertida y sugerente es Messi de rosa, en su trono de rey, acompañado de dos cabritas blancas. En el ciberespacio de la inteligencia artificial, Messi se ha transformado en un hilo interminable de dobles que se apropian de su rostro. No me atrevo a pedirle a la aplicación ningún Messi, porque a mí me gusta escribir e imaginarme mi propio Messi, construir con palabras al personaje y observar la fascinación que otros sienten por él, y cómo esta pasión se proyecta en el futuro, deja un rastro que atraerá a las próximas generaciones a observar su misterio. Porque hay un halo misterioso en su figura y la forma tan personal de sumergirse en la experiencia de vivir el fútbol.

El Messi que ilumina pero debe soportar duros embates

Los escritores también suspiran por Messi, y sus miradas modulan historias emocionantes y nuevas formas de interpretar a este jugador desde los parámetros más literarios. De mis textos favoritos me gustaría destacar la crónica de Hernán Casciari para el número 8 de la revista *Orsai*, aparecida en febrero de 2023, titulada «La valija de Lionel». El bellísimo texto, que el propio Casciari adelantó de forma oral en redes en diciembre de 2022 y emocionó al mismo Messi, está acompañado por las sugerentes ilustraciones de Matías Tolsá y construye una original y conmovedora historia de la diáspora argentina en Barcelona. El escritor, al igual que Messi, vive la aventura de añorar Argentina en la distancia y tener que adaptarse a la realidad barcelonesa. El relato gira en torno a la identidad y al impacto de la figura de Messi en el corazón de esos argentinos que tuvieron que salir de su país por diferentes motivos y encontraron en el talento de este joven goleador rosarino cobijo y consuelo. Arranca en 2003 y lo dibuja a través de las voces del chat de esos argentinos de la diáspora que tratan de sobrellevar la distancia sin perder la magia de su esencia. Las redes no existían, ni había aparecido el Facebook, y entre los murmullos de voces, preguntas e intercambio de consejos, se menciona al «chico rosarino», alguien conoce a la familia, alguien cuenta que jugaba en el Ñuls y se lo trajo el Barcelona, alguien celebra la hermosura de su juego, alguien confirma que jugará con el Barça B en la mañana. Todas esas alusiones se mezclan con las dificultades cotidianas de los argentinos que quieren hacer dulce de leche, que buscan la carne bien cortada, que necesitan piso, que añoran las mollejas, los hígados o los riñoncitos. Casciari vuelve al hilo de su relato y nos informa que descubre que Messi se había ido a Cataluña en el año 2000 con la terrible crisis económica que golpeó a miles de argentinos. La historia del muchacho que llega con su familia en boca de Casciari se muestra mucho más cercana: «En Rosario, a Messi le habían diagnosticado una deficiencia en la hormona del crecimiento y sus padres no podían pagar el tratamiento». Es entonces cuando el Barça decide hacerse cargo y costear el tratamiento. Poco a poco el chat va sumando información sobre los costos del procedimiento, sobre la evolución y el crecimiento, y sobre sus ilusionantes goles. Casciari confiesa que todavía no era capaz de madrugar para verlo jugar los sábados, porque salía de fiesta cada viernes, pero leía con gusto todos los avances del rosarino que se celebraban en el chat. Hasta que una noche de desvelo, amanece sin dormir y decide ver el programa que retrasmite el fútbol juvenil en TV3. Aquí comienza el descubrimiento maravillado, porque el muchacho, como bien explica el escritor, «hacía goles de otra época, daba asistencias imposibles y tiraba gambetas que solamente se ven en los potreros». Además, Casciari construye un paralelismo entre la futura esperanza que proyectará este muchacho en el espacio de desesperación que rodea a la diáspora argentina.

El Mundial de Corea y Japón de 2002 fue un mazazo para los argentinos que tuvieron que ver los partidos de su derrota lejos y en soledad. Hasta entonces Argentina había quedado finalista con Uruguay en 1930 y con Italia en 1990. Sus victorias quedaban muy lejos, la de 1978 y la de 1986. Pero, ese año 2002 del Mundial fue un desastre futbolístico que les hundió anímicamente y, como bien explica el sufrido Casciari, no sabían todavía de la existencia de ese Messi que veinte años después les haría muy felices. El escritor habla por todos los de la diáspora mostrando al Messi más frágil y humano, al chico que lucha por sus sueños desde el espacio del cuidado responsable y se pone él mismo las inyecciones: «Ahora pienso que si alguien nos hubiera dicho al oído aquella noche que había un nene de catorce años que se ponía, él solo, dos inyecciones al día para crecer, un chico en la misma ciudad que nosotros, en Barcelona, que soñaba con ser campeón del mundo, si alguien nos hubiera dicho que Lionel Messi ya existía, esa madrugada de junio de 2002 nos hubiéramos ido a dormir tranquilos».

El relato comienza a enumerar los éxitos del muchacho, va ganando partidos y metiendo goles sin parar. Aquí aparece un rumor que preocupa a la diáspora argentina, la posibilidad de que en la Federación Española lo nacionalicen y lo fichen para su selección, pero Argentina parece reaccionar y lo hacen jugar en un amistoso contra Paraguay en 2004, año en el que le incluyen como parte de su selección Sub-20, por lo que Messi seguirá siendo argentino. El texto comienza a profundizar en la idea de la identidad y el dilema de los inmigrantes que luchan por integrarse pero no pueden evitar seguir defendiendo su esencia argentina. Para definirlos, Casciari utiliza la alegoría de las valijas que saca de un tango de la cantante y compositora uruguaya Laura Canoura. De este modo se determina que hay dos clases de inmigrantes argentinos, los que dejan la valija sin guardar y los que la llevan al desván. Es decir, los nostálgicos que se resisten a perder la fuerza y melodía de sus giros expresivos, y los que con naturalidad se adaptan e integran en el nuevo panorama. Casciari va narrando cómo el paso del tiempo y los triunfos de Messi en el Barcelona no le borran su argentinidad. De este modo Messi se va transformando en el líder de los inmigrantes nostálgicos de Barcelona que comparten con él la melodía, los giros lingüísticos rosarinos y la pasión: «De repente Messi era el humano más famoso de Barcelona, pero, igual que nosotros —dice Casciari—, nunca dejaba de ser un argentino en otra parte». La idea del héroe líder que sigue cultivando su identidad rosarina e inspira a los expatriados va adquiriendo fuerza lírica a través del juego de palabras que introduce el escritor. Aunque el jugador es parco al hablar, desliza maneras melódicas claves pues se come las eses, dice «ful» en vez de «falta», dice «orsai» en lugar de «fuera de juego», habla de «gambetas» en lugar de «regates», «tribuna» en vez de «gradas» y se refiere a la «hinchada» diferenciándola del término peninsular de «afición». Para los argentinos que seguían con «la valija sin guardar» era inspiración y consuelo a lo largo de los años. El texto introduce el conflicto cuando comienzan a llegarle insultos al héroe desde Argentina.

Los éxitos del jugador expatriado comienzan a sentar mal en la tierra de sus ancestros y se cuestiona su lealtad a la patria. El camino del éxito se torna amargo; Messi, que hace felices a los seguidores del Barça y a todos los aficionados de la diáspora, recibe un extraño rechazo desde algunos rincones de su país. Aquí vemos la dualidad de los superhéroes, es Superman en el Barça y lo gana todo, pero es Clark Kent cuando lleva la camiseta albiceleste y es capitán del equipo y «además» queda subcampeón en el Mundial 2014 con una dolorosa derrota frente a los alemanes. Las derrotas en las finales de la Copa América frente a Chile le pasan factura, algunos no creen que pueda lograrlo y por eso en 2016 renuncia a la selección argentina. Esa renuncia conlleva para los expatriados una durísima carga simbólica porque significa sentirse abandonados a la deriva, perder el asidero de la patria amada y lejana y que su propio líder verbalizase ese sentimiento de profunda orfandad. Pero tendremos otro giro dramático cuando un muchacho adolescente le escribe una sentida carta en Facebook en el que le ruega que se quede, lo hace con candidez y con fuerza, y proyecta la misma ilusión que tuvo Messi cuando era adolescente.

Messi abre nuevos lenguajes

Los jóvenes, pese a la adversidad, siempre creyeron en Messi, sabían que debajo de las gafas de Clark Kent estaba agazapado Superman. La carta que se viralizó era de un jugador adolescente, Enzo Fernández, y por carambolas del destino debutará en Qatar 2022 y compartirá con su héroe la victoria. En ese momento el Messi maduro campeón, con muchas experiencias y reflexiones a sus espaldas, se había transformado en Batman, y el joven Enzo Fernández era Robin. Messi es el gran héroe de los niños y adultos que sueñan con el fútbol y construyen tramas aventureras en sus cabezas. Yo misma lo imagino en el universo de DC creciendo como Superman y convirtiéndose en Batman. Porque el lado amargo de los que le criticaban y el tiempo oscuro en París tienen muchos elementos de la ciudad de Gotham. Messi, en el imaginario de sus seguidores, se moldea con una enorme sonrisa y puede ser Superman, Clark Kent, Batman o el nuevo Ken futbolero revolucionario de Miami.

Hay ficción en su existencia, la literatura y el cómic van de la mano cuando Liniers hace un delicioso homenaje al primer despertar de Messi tras la victoria del Mundial de Qatar y lo dibuja feliz en la cama contemplando emocionado el espectacular trofeo sobre la mesilla de noche. La viñeta tiene una cartela que hace un guiño delicioso al microcuento clásico de Augusto Monterroso: «Cuando despertó, la copa todavía estaba allí». El microrrelato *El dinosaurio*, un clásico inquietante del siglo xx, es ahora una gigantesca copa, un despertar risueño de un instante soñado que permanece.

Para el escritor catalán Jordi Puntí la figura de Messi ha surgido en paralelo al fenómeno de Harry Potter. En su extenso libro *Todo Messi y más* le dedica una interesante reflexión a este curioso detalle, pues cuando en 1997 Messi tenía diez años el joven mago de la ficción tenía once y los dos sabían hacer magia. Puntí en su libro piensa en los aficionados lectores de Harry Potter que han crecido con ambas figuras como referente. En su imaginación existe la posibilidad de que la Masía sea el equivalente de Hogwarts, ya que ambos son niños elegidos que van superando múltiples pruebas hasta alcanzar sus logros. Además, Puntí nos recuerda que Messi ha disputado, en fecha de enero de 2023, nada menos que cuarenta y un finales de las que ha ganado veintinueve, y ese periplo de aprendizaje, evolución y triunfos es lo que le permite fabular: «Messi exige un lenguaje nuevo, un discurso diferente, innovar en la narración de la misma forma que él innova con su juego» (p. 144). Por lo tanto, la ilusión que el Messi real genera se va transformando en una ficción muy poderosa. Puntí lo explica muy bien, pues nunca lo ha entrevistado, pero lo ha interiorizado como un espacio emocional, como parte de su propia evolución vital, ya que siente que ha sufrido con él en cada lesión y lo ha abrazado con cada gol y cada victoria. Y no solo Puntí, miles de hinchas como él han compartido esa sensación pues «cuanto más planetario es su eco, cuanto más global es el fenómeno, más cerca te sientes de él y más humano te parece» (p. 144). Como Casciari, Puntí también se siente acompañado por Messi, para uno es la identidad de la diáspora que redime de la tristeza, para el otro es el mago intemporal del fútbol. Y Puntí va más allá, fabulando sobre alineaciones extraordinarias y experimentales como la de aquel Cosmos, el equipo de Nueva York que en la década de los sesenta fichaba a grandes figuras como Pelé o Carlos Alberto. Para Puntí ese juego de la imaginación y sus posibilidades tal vez sea posible a través de los videojuegos o la realidad virtual mezclando esas tácticas y estilos en un mundo alternativo donde el rastro de Messi perdure en el tiempo.

Su llegada a Estados Unidos y el legado global

Termino este capítulo contemplando fascinada al Messi que es presente eufórico en los estadios de Estados Unidos. Me alimento de noticias frescas que van marcando el ritmo de su nueva época. Las imágenes de las cabritillas blancas que le acompañan en fotos reales e inventadas por la inteligencia artificial me hacen navegar en los noticieros y descubrir que entre el público de fans que fueron a homenajearle a las afueras del estadio de Miami apareció una cabrita blanca que llamó mucho la atención y disfrutaron los más pequeños. Traer la cabritilla fue idea de Christopher Moramarco, cofundador de la barra Vice City que apoya con pasión al Inter de Miami y que se la habría pedido prestada a una amiga para animar la fiesta de recibimiento. En inglés «cabra» se dice «*goat*» y la palabra lleva las siglas del término GOAT, que en inglés también se refiere al «*greatest of all times*», es decir al «mejor de todos los tiempos». La idea se les ocurrió al recordar la preciosa foto de Leo Messi junto a una elegante cabra que fue portada de la revista norteamericana *Paper* en 2018. En este reportaje acompañado de sugerentes fotos del jugador, Messi se abrió a su público, a la vez que la marca Adidas hacía un delicioso anuncio con una cabra y sus zapatillas. También las cabras aparecieron en París en 2021, y en esta ocasión Adidas puso las esculturas de siete elegantes cabras doradas frente a la Torre Eiffel para celebrar con Messi su séptimo Balón de Oro de la FIFA.

Los noticieros del verano de 2023 han disfrutado con los golazos de Lionel Messi para el Inter de Miami en la Leagues Cup. Muchos seguidores se han suscripto al AppleTV+ para poder verlo en directo en su nueva etapa y aplaudir cada uno de los diez goles en los siete partidos que ha disputado. Messi ha sido el catalizador del mejor juego, ha inspirado a sus compañeros de equipo generando una dinámica cordial, vibrante y llena de resultados en cada partido. Es el responsable directo de que se proclamen campeones de la Leagues Cup. Para Leo ha sido su 44º título de una carrera llena de éxitos.

Su debut fue el viernes 21 de julio ante el Cruz Azul mexicano, y nos regaló un gol de último minuto. El rosa le sienta bien, y contra el Atlanta United anotó en dos oportunidades. Luego llegó su encuentro con el Orlando City SC, y volvió a marcar dos goles, aunque se llevó una tarjeta amarilla y tuvo sus diferencias con un jugador en los túneles durante el descanso. Después se ha enfrentado con su nuevo equipo al FC Dallas y volvió a entusiasmar con un doblete. Su presencia ha sido como un talismán, pues el Inter Miami no había vivido la experiencia de las victorias consecutivas ya que venía arrastrando el sabor de nueve derrotas enlazadas. Llegó la victoria el 19 de agosto con un gol al Nashville en el minuto veintitrés y una ronda de penales en la que su equipo ganó 9-10.

Messi en siete partidos hizo magia y ya está cambiando el rumbo de este deporte en Estados Unidos. Todos sentimos que, con su presencia, el territorio del fútbol de ese país aprenderá a palpitar con más fuerza. Messi es el modelo que la cantera necesita, es el catalizador clave para un club que estaba pidiendo a gritos crecer con energía y construir nuevas aspiraciones. Messi es el futuro que sabe labrar esperanzas y logrará que el fútbol masculino estadounidense se consolide y adquiera el reconocimiento global que tanto anhelaba. Su legado se construye en presente continuo y hace que el fútbol sea sinónimo de dicha infinita.

Epílogo

Como bien expresó Fernando Segura M. Trejo en la introducción de esta obra, Lionel Messi representa a un verdadero héroe de carne y hueso que ha superado ampliamente, con un talento y una humildad inigualables, las pruebas que la vida le puso. Desde las dificultades de salud en su infancia hasta la decepción en cierto momento del público argentino. Su dolorosa partida del Barcelona, asimilar la miopía de algunos aficionados del PSG y tantas otras peripecias tan bien narradas desde diversas ópticas en los distintos capítulos del libro.

En el mundo actual, en el que predomina la tecnocracia positivista, los relatos míticos parecen haber perdido peso y valor. Sin embargo, son una parte fundamental de la cultura. Un escritor muy sabio y muy reconocido, incluso en el mundo anglohablante, dijo: «El mito es la última verdad de la historia, todo lo que vino después es efímero periodismo»[122]. No en vano las religiones usan relatos míticos para explicar lo que nos sucede. Es un modo de conocimiento diferente al científico, pero no por ello menos valedero. No procuran ser exactos, ¡pero sí legítimos en sus enseñanzas!

En estas páginas finales queremos revalorizar el mito, porque el mundo ha erigido a Leo Messi como un mito viviente

---

122. Cfr. Borges, Jorge Luis (2011), «El congreso del mundo», *Textos recobrados*, Madrid, Penguin Random House.

que muestra camino. Veamos cómo se cumplen las características de los relatos míticos en su historia. Como en toda construcción del mito, hay una misión, un emisor y un destinatario.

Una misión que cumplir: en este caso, jugar al fútbol con una habilidad divina, sin perder nunca la humildad intrínseca a todo ser humano que sabe que viene del polvo y en polvo se convertirá. Alguien que asigna la misión: el misterio que sostiene la existencia, que muchos llamamos Dios, y ha bendecido a Messi con dones especiales. Lionel siempre que puede lo agradece. Esos dones han sido pulidos con trabajo incansable, como se narra a lo largo de esta obra colectiva. Lógicamente, hay un destinatario de la misión: el pueblo, y no solo el argentino sino muchos pueblos que lo disfrutan maravillado.

Además, la trama contiene un sujeto, auxiliares y oponentes. El sujeto que lleva adelante la misión, el héroe, es el propio Messi. Hay oponentes que tratan de impedirla, pero de verdad es difícil identificar a un defensor que haya obstaculizado de manera sostenida el despliegue de su habilidad dentro de la cancha. Aunque sí hubo individuos que, desde las tribunas, lo abuchearon alguna vez y luego quedaron desairados. En el Mundial de Qatar, en el partido contra Australia, hubo por ejemplo una escena que se hizo viral cuando un aficionado lo filmaba con su celular mientras en las gradas su grupo gritaba: «Where is Messi?» y él, inmediatamente, respondió con un golazo [123].

Hay auxiliares que colaboran con el héroe. Dentro del campo se ha juntado con jugadores como Iniesta, Xavi Hernández, Busquets, Neymar, Luis Suárez, Agüero, Di María, De Paul, entre tantos otros. Y fuera del campo, su historia no podría haber

---

123. En YouTube en el canal GeniusMessi se puede encontrar el momento: «Australian fans chanting "Where is Messi?" and Messi scores right after that», en: https://www.youtube.com/watch?v=Ftla1TNzgZ0.

sido escrita sin Antonela, sus hijos, sus padres, su abuela y el resto de su familia. Todo esto fue descripto con detalles precisos en este libro.

No obstante, parece imposible sostenerse como un héroe mítico que camina al mismo tiempo entre los mortales, que deja ver no solo sus proezas sino también sus fragilidades. Messi lo ha logrado, transita entre nosotros y toca nuestras vidas. Probablemente varios de los lectores podrán haberlo vislumbrado en carne y hueso desde las tribunas de un estadio o en la puerta de entrada del hotel en el que estaba hospedado con su equipo (por cierto, siempre quiso compartir la vida de los equipos que integró como uno más). Al observar al Messi que habita entre nosotros, nos han pedido que incluyamos en este epílogo algunos de los momentos que compartió con Scholas Occurrentes [124].

Por orden cronológico, aparece primero el 13 de agosto de 2013. Ese día, el papa Francisco recibió a los seleccionados de Italia y Argentina que al día siguiente jugarían un partido en su homenaje por el lanzamiento del proyecto educativo Scholas. El encuentro fue en el aula Clementina del palacio pontificio. Lionel Messi y Gianluigi Buffon, capitanes de las selecciones, recibieron de manos del papa un olivo, símbolo de paz en las grandes religiones monoteístas: islam, judaísmo y cristianismo. El mensaje destacaba que los jugadores famosos, con su ejemplo, pueden contribuir a educar a millones de niños y jóvenes.

Ese día, también en el Vaticano, en la Casina Pío IV, lugar sumamente simbólico en el que se reúnen académicos de todas las religiones y culturas para dialogar sobre los grandes temas de la humanidad, con la participación de su canciller monseñor

---

124. www.scholasoccurrentes.org.

Marcelo Sánchez Sorondo, Messi subió a la red la primera escuela de Scholas, en la que hoy participan varios centenares de miles en el mundo. Cuando caminábamos hacia la computadora para hacer el clic sobre la escuela a incorporar y le dijimos, bromeando, que teníamos que usar el programa Team Viewer puso cara de desesperación, pero enseguida entendió la broma y sonrió con la sencillez de siempre. Al día siguiente, se hizo el acto de la plantación del olivo con los capitanes en el estadio Olímpico de Roma en el momento inmediato anterior al inicio del partido entre Italia y Argentina.

Ese acto abrió la posibilidad de llevar esta celebración a los inicios de partidos de selecciones en las eliminatorias para los mundiales, clásicos entre clubes en diversos países y encuentros de otros deportes en el mundo, en tanto actos sacramentales a favor de la paz realizados por los capitanes de los equipos que competirán, con la potencialidad de ser vistos por millones de personas.

En lo referido a Lionel Messi, destacamos asimismo la celebración en el estadio Kempes de Córdoba cuando jugaron Argentina y Bolivia por la clasificación al Mundial Brasil 2014. Allí tuvimos la oportunidad de comentarle cómo se estaba extendiendo por el mundo el proyecto educativo del papa Francisco. Aun en ese momento de tanta tensión competitiva, antes del puntapié inicial, Leo escuchó con atención y se alegró.

En este recorrido junto al Messi de carne y hueso también hay que destacar su vínculo con el premio Pelota de Trapo. Cuando el papa Francisco visitó la República de Mozambique en 2019, recibió a un grupo de jóvenes de ese país, quienes le regalaron una pelota de trapo confeccionada con plásticos y otros materiales descartados. Se emocionó muchísimo cuando la recibió. Les contó que cuando era chico jugaba con sus amigos con una pelota así. El papa pidió entonces al Movimiento Scholas hacer el concurso Pelota de Trapo para destacar los valores del fútbol como un juego.

Así lo hicimos y Messi fue el primer ganador, votado por niños y jóvenes de todo el mundo por los valores humanos que encarna en su honestidad, juego limpio, espíritu de equipo, entre otros, además de su habilidad. José María del Corral le entregó la Pelota de Trapo, bendecida por el papa Francisco en Barcelona, y la recibió con mucho entusiasmo. Este premio está siendo utilizado ahora por Scholas en Estados Unidos para promover en ese país la pasión por el juego y la generación de sentido en la vida de los jóvenes. Así es como ha pasado por varios países y la idea es expandir este galardón por más latitudes.

En estos caminos junto con Messi debemos mencionar también a Maradona, a quien este libro se encarga de recordar en diferentes dimensiones. Otro prócer del fútbol que por su amor al papa Francisco tanto ayudó en los partidos por la paz que Scholas ha impulsado. Cuando surge la comparación entre ambos, solemos decir: que nadie separe lo que Dios y el pueblo han unido. Como indica una letra futbolera, comentada por los autores de varios de los capítulos, coreada a viva voz en Qatar 2022 y que luego se expandió con fuerza y ecos inmortales: «¡Al Diego, en el cielo lo podemos ver, con don Diego y con la Tota, alentándolo a Lionel!».

Enrique Palmeyro   **José María del Corral**

Agradecimientos

El primer agradecimiento es para mi madre, Laura Josefina Trejo Campos, sé que me sigue sonriendo e inspirando, y ahora le dedico este libro. A mi hermano Adrián, por haber compartido tantas tardes de fútbol y ahora verlo papá de Alyeen y Adrián, mis sobrinos que me iluminan con su ingenio. A mis abuelos, Carlos Trejo y Laura Campos, a mi padre en la vida, Américo, quienes, como mi madre, me acompañan desde otro lugar. Así como Lionel ha extrañado y expresado su reconocimiento a su abuela Celia, lo mismo deseo plasmar aquí con humildad y mucho amor, en especial hacia mi madre y abuelos.

Toda persona que realiza una obra, de la índole que sea, debe gran parte del aliento a muchas personas. Por cuestiones de espacio me quedaré corto, pero aspiro a ser representativo. En la elaboración de este trabajo expreso con todo mi corazón el cariño a cada uno de los autores, por su tiempo y la sinceridad en las conversaciones y cada línea escrita, Claudio Vivas y Daniel Garnica, Rubén Costa, Sergio Levinsky, John Williams, Patrick Mignon, Ana María Ospina, Diego Murzi, Pablo Brescia y Ana Merino. Gratitud a los demás participantes, entre el prólogo de Víctor Hugo Morales, el epílogo de Enrique Palmeyro y José María del Corral, así como a los escritores de las frases de elogios en apoyo al libro.

El mundo del fútbol social me permitió sumergirme en vivencias y sentidos, lazos de convivencia y nuevas esperanzas ahí donde ha habido fuertes desilusiones, accidentes y rupturas. Mi agradecimiento para toda la comunidad de proyectos que ha confluido en el Mundial Homeless World Cup, desde los suburbios en París cuando solía entrenarme y los viajes con la delegación de Francia a Melbourne, Milán, Río de Janeiro, México y la edición organizada en París 2011. De ahí salió la ardua pero comprometida tesis de doctorado. Mismo reconocimiento para la red de Streetfootballworld, hoy aglutinada bajo Common Goal. Hay una persona que además de mi admiración me ha acompañado en varias incursiones, Adriana Islas Govea, colega de profesión. Agradezco la generosidad de Federico Addiechi y de Patrick Gasser para abrir puertas. En esta avenida social, a la vez internacional y local, menciono a dos movimientos más con los que he continuado, Street Child United y Scholas. Para todas estas asociaciones que procuran contribuir a mejorar la vida de niñas, niños, adolescentes y adultos, la figura de Lionel Messi siempre es sinónimo de esfuerzo, valentía y humildad, además del talento.

A Emmanuel Petit y Jorge Valdano, ambos campeones del mundo con sus selecciones, ambos bondadosos con aquel joven lleno de sueños que decidía adentrarse en estas ramificaciones ligadas, de una forma u otra, al fútbol. Sabias personas como el profesor Fernando Signorini, preparador físico y amigo de Maradona, también me han ayudado a interpretar a Messi. A Carlos Bianchi por responder siempre amablemente. A Matthieu Robert en la Federación Francesa de Fútbol. A Bruno Marioni desde que era DT de Pumas de la UNAM y se convirtió en un amigo. A Karina Mora, Jorge Osio y Ricardo Sánchez por el acceso a las actividades sociales en el Nido Águila del Club América. A Dady Elizondo quien abrió las puertas al club Al-Rayan en Qatar en 2022, ahí donde los niños se entrenan imaginándose hacer movimientos similares a los de Messi. Anteriormente, cuando viajé a Rosario a fines de 2014, pedí visitar alguna acción social de la Fundación Messi. Me dijeron, aunque no puedo comprobarlo, que su padre Jorge autorizó los circuitos en el club Sarmiento. La sesión fue dirigida por Ernesto Vecchio, uno de los primeros entrenadores en Newell's Old Boys de Lionel.

En una altísima consideración coloco a la asociación Salvemos al Fútbol. Cada vez que sucede un episodio de violencia, de esos que involucran grandes escándalos, somos solicitados por diferentes medios de comunicación en Argentina. Nos ha sucedido ser llamados por vehículos de España, Estados Unidos, México, Brasil, Colombia y hasta Australia. Nunca tenemos la receta a las respuestas, pero un punto que Diego Murzi y Federico Czesli han introducido es el cuidado en el trabajo formativo, en las fuerzas básicas. Estoy convencido de que Lionel Messi podrá aportar mucho en esta materia en el futuro. Aprovecho para reconocer a Mariano Bergés y Belén Nassar, incansables integrantes de Salvemos al Fútbol.

Una de las alternativas para reducir la agresividad entre aficionados ha surgido en Colombia y se la conoce como «barrismo social». Aquí quiero agradecer a Raúl Martínez y a Sergio Velázquez de Medellín, así como a Alirio Amaya en Bogotá. En una sesión en la que me tocó disertar, el diálogo con los barristas desembocó en los confines del duelo y transitó por mi llanto en Medellín. Las lágrimas nos hacen crecer y no significan ceder a las derrotas. Lionel Messi ha marcado así el rumbo. Otra importante señalización proviene del proyecto Fútbol por la Paz desde fines de los años 1990. Ha sido un honor entrevistar a sus fundadores, Alejandro Arenas, John Vahoz y Jürgen Griesbeck.

El estudio del fútbol y del fenómeno de Lionel Messi me ha permitido dar charlas en espacios académicos. En Brasil, mi gratitud especial en la Universidad Federal de Goiás para el profesor Flávio Sofiati y mis alumnos Vitor Gomes, Luiz Rodrigues, el capitán de la Policía Ricardo Junqueira y Thaissa Netto. En Río de Janeiro, donde Lionel estuvo muy cerca de coronarse con la selección argentina pero no se dio en el Mundial 2014, pude disertar sobre su figura en la Fundación Getúlio Vargas y el Instituto Cervantes, así como conocer a estudiosos del fútbol y sus astros en Brasil, entre ellos Bernardo Buarque de Hollanda, Rosana Teixeira, Juan Silvera, Rafael Soares y Bruno Thomas. Miguel Freitas y Luiz Ribeiro en el estado de Paraná, Felipe Lopes en São Paulo, Sócrates Junior (hijo del gran Doctor Sócrates, ícono no solo del fútbol sino de la democracia) y Evandro Silveira en Ribeirão Preto. Además, como dice Ronaldo Helal, Messi hizo que muchos en Brasil quisieran a Argentina campeona en Qatar.

En Inglaterra, en las excursiones por Sheffield, los profesores David Wood y Peter Watson, estudiosos de este deporte en América Latina, incluida la rama femenina, me han ayudado. Asimismo, haber impartido charlas sobre Messi en la Universidad de Leicester, ahí donde se dio un impulso fundamental para introducir el fútbol a la sociología desde los años 1980, se lo debo agradecer a John Williams. En Francia, los seminarios organizados por Patrick Mignon en la Escuela de Altos Estudios en Ciencias Sociales de París fueron fuente de encuentros. Dedico también unas palabras a los historiadores Paul Dietschy y Richard Holt.

Como el lector lo percibirá, la decisión de interpretar a Lionel Messi como fenómeno mundial parece algo natural, pero se gestó en etapas. En el Centro Internacional de Estudios del Deporte (CIES) en Suiza, del que fui becario y con el que he colaborado en diferentes publicaciones y seminarios, cuando les hice llegar una serie de artículos sobre Messi, me incitaron a proseguir con su exploración sociológica, en particular Christophe Jaccoud, Kevin Tallec y Thomas Busset.

En México, mi país de nacimiento y al que regresé luego de muchos años afuera, desde mis estudios de maestría en el Centro de Investigación y Docencia Económicas (CIDE), profesores entusiastas como Enrique Cabrero y David Arellano me alentaron cuando pocos veían potencial en estos temas. Más adelante pude coordinar números de la revista internacional de historia *Istor*, gracias a su editor David Miklos. Maradona y Messi estuvieron lógicamente presentes. En la Ciudad Internacional Universitaria de París, un espacio fundado en 1919 para fomentar la paz mediante el hospedaje de estudiantes del mundo entero, Marivel Gómez Treviño, directora de la Casa de México entre 2007 y 2008, nos ayudó a publicar dos libros colectivos a partir de ciclos que pasaron también por las Casas de Argentina, España, Suiza y Grecia. El joven Lionel estaba emergiendo por aquel entonces como un posible sucesor de Maradona. Espero regresar a esos lugares para conversar sobre el ya consagrado Messi. Daniel Añorve en la Universidad de Guanajuato, Samuel Martínez en la Iberoamericana, la doctora Alma Luna en Unipol y la doctora Daniela Salgado en la Universidad Panamericana de Guadalajara recibieron mis charlas en suelo mexicano. En la Embajada de Francia, donde se me considera *alumni* por haber estudiado el doctorado en París, han valorado mis investigaciones en gran medida gracias a Guillaume Boccara. Sin citar nombres, algún funcionario me expresó su desilusión de ver perder a Francia en Qatar, pero su alegría de saber a Messi campeón. Gracias también a Juan Rodríguez, integrante de la fanaticada de Pumas.

En Argentina me quedaré corto, pero la lista incluye a los miembros del Observatorio Social del Deporte creado en la pandemia por el Ministerio de Turismo y Deporte y la Universidad Nacional de San Martín, las diplomaturas del Ministerio de Seguridad en las que se me invitó a participar, a José Garriga, Verónica Moreira, Pablo Alabarces, Edgardo Broner y Eugenio Visconde. A Diego Roldán en la Universidad Nacional en la tierra de Lionel, Rosario.

Por los apoyos a la investigación es un deber mencionar al CONACYT —ahora CONAHCYT— por las becas de México para maestría, doctorado y posdoctorado, sumadas a la de FIFA (vía el CIES), la UEFA y The British Academy. Y antes del estudio del fútbol y Messi a la Cámara Franco-Argentina de Comercio para la licenciatura en la Universidad del Salvador y la Sorbona.

En el mundo del periodismo mis agradecimientos son transnacionales. A Jenaro Villamil, y todas las personas del Canal 14 y el Sistema Público de Radiodifusión del Estado Mexicano (SPR) que contribuyeron al proyecto *Tertulias desde Qatar*, a cada una de ellas mi gratitud. Al canal de la Ciudad de México, Capital 21 y a Igor Eichin.. A Antonio Abascal del Sistema Estatal de Televisión del Estado de Puebla. Erendira Palma en *La Jornada*. A Batsheva Faitelson en NMás, la plataforma de Televisa. Al programa *ESPN-Radio Fórmula*, y una mención especial para Beto. A Paco Gabriel de Anda, exjugador profesional ahora panelista de ESPN, más allá del fútbol, por compartir expresiones de amor hacia nuestras madres y por el libro a su padre. A Francisco Arredondo en TUDN. No pueden faltar en Argentina Ariel Scher, Ezequiel Fernández Moores, Alejandro Wall, Daniel Arcucci, Andrés Burgo, Oscar Barnade, Julián Capasso, Luciano Osorio, Sergio Altieri y la Radio de la

Universidad de Lanús. En la TV Pública, Claudio Martínez, Mariano Ordóñez y Ángela Lerena. Mi admiración por la plataforma radial *Relatores*, a Matías Canillán, Maxi Giuliboni y Fabiana Segovia en especial. En Radio Francia Internacional, donde ha sido un honor ser invitado, a Annie Gasnier, Carlos Pizarro y las demás personas con las que he dialogado. A Mauricio Córdova por su rincón en Radio La Red en Ecuador.

A tantos amigos con los que jugué al fútbol, a los pampeanos queridos, Francisco Fiorucci, Alejandro Tavella, Mariano De Santis, Marcos Fiorucci. Gastón Cores en Buenos Aires, Julien Richard y William Bourgault en Francia, admiradores de Messi. Miguel Garrido en Madrid. Jorge Silva y todo el viejo equipo del CIDE. Al sociólogo Luis Martínez Andrade.

Jorge Forbes, Beatriz De Nava, Julio Horno, Miriam González, Angy Ortiz —mamá de Ayleen y Adrián—, Andrea Fernández, Jorge Mejía, Alonso Arreola, Vero Cervetti, Enrique Savio, Susana Dassen, Liliana López, Sara Yarayami, y Yoseline Apurani mi guía en Doha. Sin dudas me quedo corto en las menciones.

Lo mismo ocurre con la familia, pero todas y todos están representados de alguna forma. Al tío Carlos Trejo y su familia. A las tías, las que siempre nos escuchan, a Virginia Bravo y Adriana Robles. A Vero Pérez. A los primos Santi Kent Lagunas y Andrés Delgado. Esta lista se suscribe a las personas con las que suelo hablar de Messi. A los médicos que han sido fundamentales, Norma Castañeda y José Robles, por su cariño hacia mí y a mi madre Laura. Así como Lionel tuvo en su vida médicos que hicieron diferencias.

A Rubén Costa, por ayudarme a entender un poco más la cultura del FC Barcelona. A Francisco Marmolejo y la Fundación de Qatar por la receptividad. A Rafael Fernández en la

Universidad de California en San Diego. Al movimiento Scholas Ocurrentes promovido por el Papa Francisco y su sede en México. A Lore «Campanita» en representación del Barwargento, hoy llamado Argentine Neighborhood en Al Wakra. A Patrick Mignon, uno de mis directores de tesis, un amigo indispensable.

A Ediciones Urano, por supuesto, a Alejandro Papaleo por haberme ayudado a impulsar este libro. A Lucía Mendez Negroni por toda su orientación, a María Julia Arcioni por la edición en la Ciudad de Buenos Aires, a Antonio Corzo y Júlia Fas en Barcelona, junto a todos los profesionales en las diferentes fases y oficinas de la editorial.

A Diego Maradona por haber llenado de asombro mi niñez y adolescencia. A Lionel Messi por permitirme, como a tantos millones en el mundo, reconectarme con sensaciones de la infancia.

Fernando Segura M. Trejo

Sobre los autores

Pablo Brescia: escritor argentino y crítico literario radicado en Estados Unidos, profesor de Letras en la Universidad de South Florida. Ha sido compilador de varios libros, entre ellos dos sobre Diego Maradona: *Planeta Diego* (Ariel, 2022) y *Diego Maradona: A Socio-cultural study* (Routledge, 2022) junto con Mariano Paz. También ha publicado volúmenes sobre sobre Juan José Arreola, Jorge Luis Borges y Julio Cortázar.

Rubén Costa Ullua: rosarino radicado en Barcelona. Licenciado en Comunicación Social por la Universidad Nacional de Rosario (Argentina) y periodista por la Universitat Autònoma de Barcelona (España). Ha trabajado y colaborado en Radio Uno, Fisherton CNN, Rock&Pop, La Red, COM Ràdio, Wikidiario, Report.cat, FDRadio.net (USA), Dosis Futbolera (España). Responsable de *Políticamente Futbolero*, de Ràdio Hostafrancs (España) y Radio Zónica (Argentina).

Daniel Garnica: mexicano, coordinador de programas deportivos del movimiento Scholas Occurrentes en México. Fue integrante del cuerpo técnico de Claudio Vivas en Atlas de Guadalajara en México, Independiente de Avellaneda y Boca Juniors en Argentina. Contribuyó a crear las áreas de inteligencia deportiva en Cerro Porteño y Nacional en Paraguay, Deportes Temuco en Chile y Cusco FC en Perú. Pedagogo deportivo por la Universidad Panamericana y abogado por la Universidad de Guadalajara.

Sergio Levinsky: escritor, periodista y sociólogo argentino radicado en España. Colabora con diversos medios gráficos internacionales. Ha cubierto todos los mundiales masculinos desde México 1986, así como once copas América y siete Mundiales de Clubes de FIFA. Autor de los libros *AFA: el fútbol pasa los negocios quedan*, *Maradona: rebelde con causa* y *El deporte de informar*, editor del libro *Messi* de Guillén Balagué para América en español.

Ana Merino: escritora española. Profesora e investigadora en la Universidad Internacional de Valencia (Viu). Catedrática por la Universidad de Iowa en Estados Unidos, donde fundó el Spanish MFA. Con el *Mapa de los afectos* (2020) ganó el Premio Nadal. Ha escrito poemas y cuentos sobre fútbol, así como impartido cursos sobre fútbol en la Universidad de Iowa y Darmouth College. Ha sido columnista en *El País* de España.

Patrick Mignon: francés, doctor en Sociología, escritor, autor del libro *La passion du football* (Editorial Odile). Fue director del laboratorio de sociología del Instituto del Deporte y la Performance Física en Francia (INSEP) y profesor en la Escuela de Altos Estudios en Ciencias Sociales de París. Ha estudiado fenómenos relacionados con la pasión del fútbol desde 1985 y escrito numerosos artículos, capítulos e informes sobre culturas deportivas.

Diego Murzi: doctor en Ciencias Sociales por la Universidad de Buenos Aires. Magíster en Sociología por la Escuela de Altos

Estudios en Ciencias Sociales de París. Investigador del Conicet y de la Universidad de San Martín especializado en estudios sociales del deporte. A partir de sus investigaciones ha ganado becas del gobierno de Francia y de la FIFA. Cubrió los mundiales de Rusia 2018 y Qatar 2022 como consultor.

Ana María Ospina: periodista franco-colombiana de la redacción en español de RFI (Radio Francia Internacional) en París. Colaboradora de Claro Sports, Deutsche Welle y otros medios para América Latina y Europa. Especializada en actualidad deportiva. Graduada en Periodismo por la Universidad de Antioquia, Medellín, Colombia.

Fernando Segura M. Trejo: nacido en Ciudad de México, creció en Argentina. Doctor en Sociología por la Escuela de Altos Estudios en Ciencias Sociales de París. Ha realizado investigaciones de campo sobre diferentes aristas del fútbol en Argentina, Brasil, Francia, Inglaterra, México, Australia, Rusia, Colombia y recientemente Qatar. Ha seguido con atención la carrera de Lionel Messi desde sus inicios. Condujo la serie *Tertulias desde Qatar* para el Canal 14 de México sobre el Mundial 2022. Ha sido profesor en la Universidad Federal de Goiás en Brasil, el CIDE en México, investigador visitante en las universidades de Sheffield y Leicester, y el Centro Internacional de Estudios del Deporte (CIES) en Suiza.

Claudio Vivas: argentino, director general de selecciones nacionales de fútbol en Costa Rica. Con una trayectoria que supera los treinta y cinco años como director técnico, comenzó en Newell's Old Boys de Rosario, acompañó a Marcelo Bielsa como asistente principal del seleccionado mayor de Argentina, así como al Real Club Deportivo Espanyol de Barcelona y al Athletic Club de Bilbao. Ocupó el cargo de director general de fútbol infanto-juvenil en Boca Juniors, Independiente de Avellaneda y Estudiantes de La Plata en Argentina, transitó también por clubes de México, Perú y Bolivia. Su intervención para que Lionel Messi fuera considerado por Argentina, en medio de las ofertas de selecciones españolas, trazó el inicio del recorrido que hoy conocemos.

John Williams: doctor en Sociología, profesor titular en la Universidad de Leicester, pionero en los estudios sobre fútbol en el Reino Unido, autor de numerosos libros sobre historia del fútbol y la biografía del Liverpool, entre ellos *Red Men Reborn, The Miracle of Istambul* (junto con Stephen Hopkins) y *Football Nation* (junto con Andrew Ward), así como decenas de artículos sobre sociología y transformaciones del fútbol inglés. Ha indagado también en el estudio de otros deportes.